정치가 던지는 위험

정치가 던지는 위험

예측 불가능한 소셜 리스크에 맞서는 생존 무기

POLITICAL RISK

콘돌리자 라이스 · 에이미 제가트 공저 | 김용남 옮김

21세기북스

"콘돌리자 라이스와 에이미 제가트의 『정치가 던지는 위험』은 모든 비즈니스 리더들이 반드시 읽어야 할 필독서이다. 이 책에서 제공하는 현명하고 실용적인 가르침을 적용하는 데 실패한다면 기업은 빠르게 쇠퇴하고 말 것이다. 반대로 능숙하게 적용하는 기업은 정치적 위험 요소들을 잘 극복하고, 나아가 그것을 기회로 더 번창할 수 있을 것이다. 흥미진진한 사례들을 바탕으로 논리 정연하게 풀어낸 『정치가 던지는 위험』은 페이지를 넘길 때마다 독자들의 관심을 사로잡을 것이다. 우리는 미래를 예측할 수는 없다. 하지만 이 놀라운 걸작의 도움을 받아 미래를 대비할 수는 있다."

– 짐 콜린스, 『좋은 기업을 넘어 위대한 기업으로』의 저자, 『위대한 기업의 선택』의 공저자

"탁월하고 유익한 책이다. 진작 나왔어야 했다. 정치적 위험에 대한 당신의 생각을 완전히 바꿔놓을 것이다."

– 에릭 슈미트, 구글 전 CEO

"라이스 전 국무장관과 제가트 박사는 최고 수준의 정치적 위험들을 다루었던 자신들의 전문적인 경험과 여러 사례를 곁들여 유용하고 심오한 전략서로 녹여냈다."
– 프레드릭 스미스, 페덱스 회장 겸 CEO

"과거에는 정치적 위험들이 정부나 중앙은행과 같은 정치 행위자들에서 비롯되었다. 그러나 라이스와 제가트가 분명하게 보여주듯이 기술의 발전은 정치 행위의 주체들을 완전히 바꿔놓았다. 이 책은 정치적 위험의 영역이 지난 20여 년 동안 어떻게 변화했는지, 앞으로 얼마나 더 변할지를 탁월하게 보여준다."
– 이안 브레머, 유라시아 그룹 회장, 『우리 대 그들』 저자

"콘돌리자 라이스는 전 세계 민주주의 여정에서 능력 있고 통찰력 있는 안내자의 역할을 해왔다. 정부 체제가 직면한 도전들에 대한 그녀의 지식과 명민한 판단은 오늘날 민주주의의 위기에 대한 중요한 해결책을 제시할 것이다."
– 코피 아난, 유엔 전 사무총장

'정치 과잉의 시대!'

2007년 스티브 잡스가 최초로 아이폰 모델을 선보이며 역사적인 프레젠테이션을 할 당시만 해도 2019년 대한민국에서 이러한 이야기가 회자될 것이라고 과연 몇 명이나 예측했을까?

2005년 당시 우리나라 최고 권력자가 "이제 권력은 시장으로 넘어갔다"고 말했을 때 종국적으로 옳은 방향인지는 개인마다 의견이 갈렸지만, 많은 사람들이 정치권력의 쇠퇴와 함께 주도권이 시장으로 넘어가는 것은 21세기의 시대적 현상, 또는 트렌드trend라고 여겼다. 반대 방향으로 가는 일은 없을 것이라고 생각했던 것이다. 우고 차베스 같은 독재자가 민간 기업들을 국유화하는 남미의 베네수엘라와 같은 일부 국가를 제외하고 적어도 자유시장주의가 정착된 선진적 민주국가에서는 말이다.

그러나 많은 사람들의 예상과는 달리 국가권력과는 다른 형태의 정치적 행위가 위력을 발휘하고 있다. 아이폰으로 시작된 스마트폰의 대중화는 지구 반대편에 있는 이름 없는 개인에게 때로는 어마어마한 정치권력을 부여했다. 소셜미디어에 올린 호소력 있는 몇 장의 사진, 몇 줄의 이야기가 대중의 감정선을 건드리는 날에는 어떠한 후폭풍이 불어올지 모르는 상황이다.

종업원이 임산부인 손님의 배를 걷어찼다는 주장이 SNS를 통해 알려진 어느 프랜차이즈 식당의 전국 매장들은 한동안 매출 감소에 시달려야 했고, 해당 가맹점주는 막대한 손해를 입은 채 식당을 처분한 후 농사를 지으러 낙향해야만 했다. 추후에 폭행을 당했다는 임산부의 주장이 사실과 다른 것으로 밝혀졌지만 회복할 수 없는 손해를 입었다.

이처럼 통신기술이 발전함에 따라 등장한 새로운 정치권력이 초래하는 위험들이 폭증하고 있는 가운데, 정부와 정당, 국가기관들과 같은 기존의 정치권력에 의한 위험들이 줄어들고 있는 것 같지도 않다. 적어도 최근의 대한민국 사회에서는 말이다. 에너지 정책의 급격한 변경으로 인해 장래가 유망해 보이고 대학의 인기 학과로 분류되던 분야가 갑자기 정원조차 채우지 못하는 학과가 되기도 한다. 사람이 먹지 못할 재료를 사용했다는 혐의로 수사기관에 의해 사법 처리를 받은 식품업체는 오랜 법정 투쟁 끝에 무고함이 밝혀졌지만 도산 위기를 겪어야만 했다.

이제 기업과 개인은 시쳇말로 '찍히면 죽는다'는 말이 실감날 정도로 마치 지뢰밭을 걸어가듯 다양한 형태의 정치가 만들어내는 위험

속에 놓여 있다. 그렇다고 어떠한 정치 주체들에게도 '찍히지 않는' 행운이 따르기를 바라고만 있을 것인가?

항상 운이 좋기만을 기대하는 것은 리더의 역할을 다했다고 할 수 없다. 훌륭한 리더라면 어떤 형태의 정치적 위험이 언제 도래할지 정확히 예측하기는 힘들더라도 위험을 일찍 식별하고, 어쩔 수 없이 겪어야만 하는 위험이라면 그에 따른 피해를 최소화하기 위해 고민하고 준비해야 한다.

『정치가 던지는 위험』은 국가 등 전통 권력뿐만 아니라 스마트폰으로 무장한 개인까지 가세한 다양한 형태의 정치적 집단이 초래하는 위험들 속에서 기업과 조직, 그리고 개인이 살아남기 위한 생존 방법을 담고 있다.

콘돌리자 라이스 전 국무장관과 에이미 제가트 교수가 제시하는 다양한 실제 사례들을 통해 미국을 비롯한 세계 각국의 기업들이 수많은 정치적 위험 속에서 살아남고 번영하기 위한 치열한 노력들을 엿볼 수 있다. 더불어 이 책 곳곳에서 저자들의 통찰력과 분석력에 감탄하게 된다. 이들이 학자로서, 또 공직과 기업체에서 일하면서 얼마나 중요한 경험을 했는지 알 수 있다.

새로운 정치 세력들의 부상, 이들이 만드는 예상하지 못했던 유형의 정치적 위험들. 이를 헤쳐 나가고 더욱 강해져서 결국 위대한 기업으로, 조직으로, 개인으로 살아남고 싶다면, 『정치가 던지는 위험』에서 지혜를 얻고 정치 근육을 단련해야 할 것이다.

그것이 20세기에는 예측할 수 없었던 '징치적 위험의 과잉 시대'를 살아가는 21세기 리더의 조건이다.

역자 김용남

차례

1장

'블랙피쉬' 효과
21세기의 정치적 위험

POLITICAL
RISK

POLITICAL RISK

2013년 4월, 씨월드 엔터테인먼트[1]는 '잘나가는' 회사였다. 테마파크 기업 중 처음으로 증시에 상장되어 기업 가치를 25억 달러로 평가받았다. 증시 상장을 통해 무려 7억 달러가 넘는 현찰을 거머쥘 수 있었다.

「뉴욕 타임스」가 때맞춰 격찬을 해주었다. "씨월드는 수많은 미국 가족들에게 펭귄, 범고래와 함께하는 즐거운 시간을 선사해주었다."

기사와 함께 사진이 실렸다. 귀여운 펭귄 두 마리가 뉴욕 증권거래소를 뒤뚱뒤뚱 걸어 다니는 모습이었다.

쌍둥이 엄마가 간판 기업의 주가를 폭락시켰다

하지만 씨월드의 동화 같은 성공은 그로부터 18개월 만에 악몽으로 변해버리고 말았다. 주가가 무려 60%나 폭락했고 대표이사 짐 애치

슨이 사임을 발표했다. 이번에는 신문 기사에 귀여운 펭귄이 등장하지 않았다. 그 자리를 거대한 범고래 사진이 차지했다. 씨월드에서 가장 유명한 범고래였다. 이 고래가 회사의 운명을 삼켜버렸다.

'정치적 위험'이 씨월드와 경영진을 강타했다. 이것은 과거 전통적인 정치집단에 의한 위험 수준이 아니었다. 통신기술의 발전에 따라 훨씬 강력해진, 소규모 집단 또는 개인의 행위가 상상을 초월할 만큼의 영향력을 행사하는 '21세기의 정치적 위험'이었다.

이 모든 것이 샌디에이고 씨월드의 범고래 쇼에 쌍둥이 아이들을 즐겨 데려가던 어떤 엄마로부터 시작되었다. 그녀의 이름은 가브리엘라 코퍼스웨이트. 로스앤젤레스의 다큐멘터리 영화 제작자였다.

그녀는 2010년 씨월드 올랜도 파크에서 '틸리컴Tilikum'이라 불리는 범고래가 공연 중에 조련사 던 브랜쇼를 공격해 죽음에 이르게 했다는 기사를 읽고 영화를 만들어보기로 결심했다. 그 후 2년간에 걸쳐 씨월드가 범고래를 어떻게 대했으며, 이런 방식이 동물은 물론 인간(조련사)에게 어떤 결과를 초래했는지 카메라에 담아냈다. 「블랙피쉬Blackfish」라는 탐사보도 형식의 다큐멘터리 영화였다. 제작비는 7만 6천 달러에 불과했다.

하지만 이 저예산 영화가 2013년 씨월드의 증시 상장 직후 개봉하자, 유명 인사들의 관심을 끌기 시작했다. 입소문이 빠르게 퍼졌다. 할리우드 여배우 올리비아 와일드도 트위터에 글을 올렸다.

동물 보호 단체들이 여론의 주도권을 잡았다. 온라인 청원이 이어졌고 연예인들까지 나섰다. 윌리 넬슨, 베어네이키드 레이디스, 허트,

olivia wilde ✔
@oliviawilde

"이번 주 보고 싶은 영화: 「블랙피쉬」. 조심해요, 씨월드! 우리는 당신들이 어떤 짓을 해왔는지 알고 있어요."

3:31 PM - 17 Jul 2013

583 RETWEETS **395** FAVORITES

칩 트릭 등의 뮤지션들이 씨월드 공연을 취소했다. 씨월드와 협력했던 기업들도 등을 돌리기 시작했다. 현대, 파나마잭, STA 여행사, 타코벨, 버진아메리카 항공, 사우스웨스트 항공 같은 기업들이 후원 계약을 철회했다. 특히 사우스웨스트는 씨월드의 동물을 항공기에 그려 넣는 등 26년간 협력 관계를 이어온 곳이었다.

여론의 압력이 마침내 정부 차원의 움직임으로 이어졌다. 연방정부의 감독기관과 캘리포니아주 의회가 씨월드의 안전 관행에 대해 조사에 착수한 것이었다.

그러는 사이 관객 수는 감소했고 주가는 급락했다. 다음 페이지의 도표는 영화 「블랙피쉬」가 씨월드에 어느 정도 영향을 미쳤는지 보여준다. 2013년 7월, 영화가 개봉하기 전의 씨월드 주가는 38.92달러였는데 2014년 말에는 15.77달러 수준까지 내려갔다.

제작비 7만 6천 달러짜리 저예산 영화 한 편이 대중은 물론, 주 정부와 연방정부 차원의 정치적 움직임에 불씨를 당겼고, 결국에는 전성기를 구가하던 씨월드 엔터테인먼트를 초토화시켜 버린 것이다. 이 회사의 주가는 최근까지도 회복되지 않고 있다.

이 같은 몰락의 시작은 두 아이의 엄마가 '범고래 사고'를 다룬 신문 기사를 읽은 것으로부터 시작됐다. 이러한 연쇄 효과에 '블랙피쉬 효과the blackfish effect'라는 신조어까지 생겨났다.

과거의 정치적 위험은, 독재자가 기업의 자산을 몰수하거나 의회가 법을 만들어 산업을 규제하는 등 대개 정치권력에서 발생하는 문제였다. 물론 지금도 정치권력이 중요한 요인이자 결정자이지만, 더 이상 '유일한 결정자'는 아니다. 그에 필적할 만한 영향력을 가질 수 있는 주체와 수단이 생겨났기 때문이다.

"씨월드의 침몰"
씨월드의 주가는 다큐멘터리 영화 「블랙피쉬」가 발표된 이래 최대 60%까지 떨어졌다.

출처 : 「워싱턴 포스트」

정치가 던지는 위험

스마트폰만 있으면 누구든 '문제'를 일으킬 수 있는 세상

스마트폰 또는 트위터, 페이스북 계정으로 무장한 사람이면 누구든 정치적 위험을 일으킬 수 있다. 다른 사람 또는 단체, 소비자, 정치인의 관심과 행동을 여러 단계에서 촉발할 수 있다.

통신기술의 고도화에 따라, 멀리 떨어진 곳에서 일어난 사건이 놀라운 속도로 퍼져 나가, 전 세계는 물론 개인의 삶과 조직의 비즈니스에 예측불허의 영향을 미친다. 그 결과 전에는 나와 상관없던 먼 곳의 일이, 남의 일이 아닌 나의 위기로 불쑥 다가오는 경우가 눈에 띄게 늘어났다.

베트남에서 발생한 반중국 시위가 엉뚱하게도 미국의 의류 품절 사태로 이어진다. 시리아 내전이 유럽의 난민 증가와 테러 공격을 촉발해 해당 국가들을 휘청거리게 만든다. 그 바람에 관광 산업 종사자들이 타격을 받는다. 시카고 공항에서 비행기 밖으로 끌려 나간 동양인 승객을 찍은 동영상이 중국에 퍼지면서 일부 기업이 경영에 위협을 받는다. 북한의 독재자가 난데없이 할리우드 영화제작사에 사이버 공격을 감행한다.

이 모든 것이 우리 부모 세대가 예전에 보았던 정치적 위험과 차이가 있다. **21세기의 정치적 위험은 예전보다 훨씬 가까이에 있다는 것이 특징이다.** 각국의 수도, 군대, 정당처럼 '통상적인 곳'이 아닌 곳에서 위험이 늘어나고 있음을 강조하기 위해 우리는 '정부의 행위' 대신 '정치적 행위'라는 용어를 선택했다. 비즈니스에 깊숙이 영향을 미치는 정치적 행위가 가정과 길거리, 사람들이 모이는 장소, 채팅방, 기숙사, 회의실, 동네 술집 등 모든 곳에서 발생하고 있다. 더 이상 '특정 장소'의 제한이 없다. 어디서든 일어날 수 있다.

이에 따라 기업은 다큐멘터리 영화 제작자에서 유럽연합EU과 같은 국제기구에 이르기까지 세계 각국의 온갖 정치 행위자로부터 발생하는 수많은 위험을 관리해야만 한다. 다음 장에서 논의하겠지만, 블랙피쉬 효과는 정치적 위험의 한 가지 형태에 불과하다. 전통적인 지정학적 위험부터 사이버 공격, 테러는 물론 회의실 안으로 침투해 들어오는 신종 위험에 이르기까지 다양한 위험이 확산되고 있다.

우리는(콘돌리자와 에이미―옮긴이) 전부터 정치적 위험에 관한 글을 쓸 생각이었다. 그리던 중 2012년 경영대학원에 심화 수업을 개설하기로 했다. 새로운 시대에 닥친 정치적 위험이 무엇인지, 이 위험이 어떻게 변화하고 있는지, 비즈니스는 어떻게 대처할 수 있는지 가르치고 연구하려는 목표였다.

지난 30년간 스탠퍼드 대학교에서 교수로 재직한 콘돌리자는 조지 부시 대통령의 국가안보 보좌관을 거쳐 국무장관을 역임한 뒤 최근에 대학으로 돌아왔다. 그녀는 기업의 사정에도 밝다. 쉐브론, 트랜스아메리카, 휴렛팩커드, 찰스 슈왑 이사회에 참여한 적이 있다.

에이미도 「포춘」 선정 500대 기업을 컨설팅하는 맥킨지에서 몇 년을 보내고 UCLA 러스킨 스쿨의 교수로 재직한 후, 후버연구소의 선임연구원으로 합류했다.

콘돌리자는 국무상관이었을 때, 안보와 외교 문제만이 아니라 경제

정치가 넌지는 위험

현안에 대해서도 많은 시간을 쏟았다. 중국과는 지적재산권 보호에 대해 많은 대화를 나누었고, 한국 및 러시아와는 미국산 농산물 교역에 대해, 또 다른 많은 나라와는 세계무역기구의 규정과 위반에 대해 토론 및 협상을 했다.

특히 러시아 푸틴 대통령과의 이상한 만남에서, 오랜 시간 밀고 당겨야 했던 주제는 탄도미사일 방위망이나 나토NATO 확대에 관한 이야기가 아니었다.

논란의 핵심은 돼지였다. 돼지고기를 덜 익힐 경우 기생충인 선모충이 살아남을 때가 있는데 이따금 이로 인해 병에 걸리는 사람이 나온다. 러시아는 자국 전문가의 우려를 근거로 미국산 돼지고기 수입에 무역 장벽을 세우려고 했다.(미국의 수출업체들은 "러시아의 안전 조치가 자국의 돼지고기 관련 산업을 보호하려는 꼼수"라고 믿었다.)

미국산 돼지고기가 러시아에 위협적이었던 이유

"우리는 꼬박 한 시간 동안 돼지고기 얘기를 했지요. 푸틴 대통령은 왜 러시아인이 미국인만큼 돼지고기를 많이 익히지 않는지, 따라서 선모충으로 인한 위험이 러시아인에게 얼마나 위협적인지 계속 강조했습니다. 그래서 나는 고향 앨라배마의 조리 습관이 어떻게 다른지 비교해주었고요."

콘돌리자의 경험담이다. 두 사람의 대화는 오늘날의 현실을 보여준다. 즉, 국가안보 문제가 이제는 경제와 멀리 떨어져 있지 않다는 것이다. 냉전을 벌였던 미국과 러시아의 관계에서도 비즈니스가 정치와 매우 긴밀해졌다.

물론 시장은 정치적인 규약과 환경, 관련 기관들에 의해 형성되며 성장하고 규제를 받는다. 무역 체제와 국가 간 협정, 제재, 국내법 등 많은 요소가 엉켜 있는 가운데 어떤 시장에서 누가, 어느 정도로 경쟁할지 결정된다. 그러니까 환경이 제각각인 인도나 중국, 브라질 혹은 미국 가운데 어느 곳에서 비즈니스를 할 것인지가 중요하다.

하지만 한편으로는 냉전 종식과 세계화 진전에 따라 생산자와 소비자 간의 거리가 더 이상 중요하지 않게 된 것처럼, 각국별 시장과 정치의 간격 또한 좁아진 게 사실이다. 이런 가운데 비즈니스의 속도는 날이 갈수록 빨라지고 있다. 예컨대 실리콘밸리의 기술 창업 기업은 태동기부터 초고속으로 외국 시장을 향해 움직인다. 세계에서 가장 성공한 벤처 경영자이자 투자자인 마크 안드레센이 말한 것처럼.

"예전에는 기업이 세계적으로 성장하는 데 오랜 시간이 필요했기 때문에, 사업 구상과 기획이 사업의 확장과 함께 진행되었죠. 하지만 새로운 세상에서는 확장이 먼저 이루어집니다. 따라서 생각하고 계획하는 일이 뒤처지게 돼요. **인터넷 기업의 경우, 180명의 직원을 고용하기도 전에 180개의 국가와 연관되는 셈입니다.**"

콘돌리자는 스탠퍼드 대학교 경영대학원 수업에서 지방정부, 국가 혹은 유엔UN 같은 조직들이 비즈니스와 관련해 어떻게 갈등 혹은 협력에 직면하는지, 때로는 이로 인해 어떤 불확실성이 초래되는지 가

정치가 던지는 위험

르쳤다.

　매년 우리는 30명의 스탠퍼드 대학교 경영대학원 학생들과 함께 정치적 위험 상황을 분석했다. 우리가 정부 또는 민간 분야에서 얻은 경험을 토대로 뛰어난 투자자들은 물론, 유수 기업의 CEO, 실무를 맡은 위험관리자들과 인터뷰를 했다. 이를 통해 개인과 조직이 의사 결정 과정에서 왜 실수를 거듭하는지에 대해 심리학과 조직 이론, 정치학 이론을 접목해 연구할 수 있었다. 수업 과정에서 다양한 사례 연구와 모의실험 등을 통해 검증해보았다.

잘나가는 기업들은 '사내 CIA'를 가지고 있다

　미국 정보기관에 대해 세 권의 책을 쓴 에이미는 유수의 기업들이 위협에 대처하기 위해 '정보 위험 평가 능력intelligence threat assessment capabilities'을 개발하고 있다는 조사 결과를 놓고 놀라움을 금치 못했다. 소비재 제조업체부터 로펌, 첨단기술 기업에 이르기까지 다양한 회사들이 주요 국가의 정치적 변화를 주시하고, 그로 인해 발생할 수 있는 물리적·경제적 평판 리스크를 분석하는 '소규모 사내 CIA'를 운영하고 있었다.

　이 책은 이 모든 과정과 결과를 공유하기 위한 것이다. 이 책을 읽으면서 해당 기업의 경영자 입장이 되어보기 바란다. 언제든 현실로 다가올 수 있는 (결정하기 쉽지 않은) 위험 시나리오에 대해 당신이라면 어떤 결론을 내리겠는가.

미국 크루즈 운영사의 경우, 멕시코에서 심각한 범죄가 발생했을 때 해당 지역에서 발을 빼는 것이 옳은 판단인가? 일본 통신회사는 민족 갈등과 민주주의 위기를 겪는 미얀마에서 군부와 협력 사업을 벌일 경우 이에 따르는 위험을 어떻게 줄일 수 있을까? 첨단기술 기업은 대규모 사이버 공격의 조짐에 어떻게 대처할 것인가?

이 책에서 우리는 다양한 분야의 기업들이 실제로 겪었던 정치적 위험들과 해결 사례들을 공유한다. 페덱스, 로얄캐리비안 인터내셔널, 레고 그룹, 로열더치셸과 같은 기업들의 사례를 참고할 수 있다. 씨월드, 보잉, 소니 픽처스, 유나이티드 항공 등을 통해 각별히 주의해야 할 점들을 파악할 수 있다.

비즈니스 외의 특별한 분야도 다뤄보았다. 핵 도발, 항공모함에서 일상화된 위험, NASA 우주왕복선 사고 등의 사례를 통해 위험관리의 성공과 실패를 가르는 '간발의 차이'를 통찰할 기회를 함께 가질 것이다.

우리의 바람은 이 책이 우리 수업을 듣지 못한 예비 창업자부터 기업의 핵심 관계자, 다국적기업 경영진 같은 비즈니스 관계자는 물론, 정책 입안자와 정치인에 이르기까지 각자가 직면하는 정치적 위험과 그로부터 얻을 수 있는 기회를 보다 잘 관리할 수 있도록 도움을 주는 것이다.

우리의 목표는 기업들이 겪은 성공 또는 실패 같은 흥미 위주 이야기를 들려주는 것이 아니다. 어떤 입장에서든 정치적 위험을 감당해

낼 수 있도록, 자기 입장에 맞게 활용할 수 있는 유용한 구조(틀, 체계)를 제공하는 것이다.

정치적 위험을 관리하는 조직만이 살아남는다

우리의 핵심이 곧 당신의 핵심이다. 즉, 정치적 위험을 잘 예측하고 관리하는 사람만이 강력한 경쟁 우위를 차지하게 될 것이다. 이런 점에서 우리가 제공하는 4가지 구조는 단순하지만 강력하다. 하지만 단계별로 접근하기 전에 들러야 할 곳이 있다.

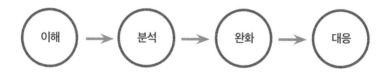

먼저 우리는 21세기의 정치적 위험을 이해하기 위해 요소별로 분류하고 분석해볼 것이다.(이 위험에는 어떤 것이 있는지, 어디에서 왔는지, 왜 관리가 어려운지 등.) 2장은 위험 요소의 확산에 대해 검토하고 기업이 손에 쥐고 있어야 할 '정치적 위험의 10가지 유형'을 제시한다.

3장에서는 정치적 위험이 시간에 따라 어떻게 진화해왔는지 살펴보고, 위험을 확산시키고 다양화하며 끝없이 이어지도록 환경을 제공하는 경영, 정치, 기술상의 트렌드에 대해 검토한다. 4장은 매우 난해한 문제를 다룬다. '대부분의 기업이 정치적 위험 관리가 중요하다는

효율적인 위험관리를 위한 질문

이해	분석	완화	대응
1. 우리 조직의 정치적 위험 수용 범위는 어디까지인가?	1. 우리가 직면한 정치적 위험에 관한 양질의 정보를 어떻게 얻을 것인가?	1. 우리가 식별한 위험에 대한 노출을 어떻게 줄일 것인가?	1. 최근의 실수들을 활용하고 있는가?
2. 위기 수용 범위에 대한 이해를 공유하는가? 그렇지 않다면 어떻게 발전시킬 것인가?	2. 어떻게 철저한 분석을 할 것인가?	2. 적시에 경고와 조치를 취할 수 있는 훌륭한 시스템을 갖추고 있는가?	2. 위기에 효율적으로 대응하고 있는가?
3. 어떻게 사각지대를 줄일 것인가?	3. 정치적 위험 분석을 경영상의 의사 결정에 어떻게 활용할 것인가?	3. 위험 상황이 실제로 일어났을 때 어떻게 손실을 줄일 것인가?	3. 지속적인 학습을 위한 체계를 개발하고 있는가?

사실을 알면서도 왜 실제로 관리하는 데는 어려움을 겪는가?' 이 논의는 자연스럽게 '효과적인 정치적 위험 관리에 장애로 작용하는 요인들' – 이른바 5가지 문제 – 에 대한 논의로 이어진다.

5장은 정치적 위험에 효과적으로 대처한 로얄캐리비안 인터내셔널과 대응 실패로 부진의 늪에 빠진 씨월드를 조금 더 자세히 살펴보면서 차이점을 분석한다.

6장부터 9장까지는 정치적 위험에 대한 우리의 대응책을 단계별로 나눠 제시한다. 학술 연구를 통한 결론과 경영자 인터뷰, 수업에서 분석한 사례, 우리의 개인적 경험에서 얻은 통찰을 공유한다.

각 장은 3가지의 (스스로에게 던지는) 질문에 토대를 두고 구성되었다. 당신이 신입사원이든, 중간 관리자든, 이사회 멤버든 일상과 조직에 이 질문들을 적용해 위험관리 능력을 개선할 수 있다. 질문들을 왼쪽

정치가 던지는 위험

에 요약해두었다.

10장에서 우리는 직관을 뛰어넘는 최종적인 통찰에 도달한다. 정치는 언제나 불확실하지만, 정치적 위험 관리가 순전히 추측일 필요는 없다. 다가올 위험을 뚜렷하게 알지는 못해도 그로부터 나와 조직을 지켜내는 방법은 있는 것이다.

우리가 다루려는 주제는 다음과 같다.

- 정치적 위험에 대한 이해와 우선순위
- 약점을 드러내지 않으면서 확대된 기회와 효율 활용
- 더 나은 의사 결정을 위해, 반대 의견을 내놓는 팀이나 예상 시나리오 등을 적극적으로 활용
- 관리를 통해 위험을 최소화하면서도, 불가피한 일이 발생할 경우 피해를 최소화하기 위한 전략 개발
- 위기를 예상 및 대처하고 회복하기 위한 꾸준한 학습 사이클 개발

페덱스 설립자이자 회장 프레드 스미스가 말한 것처럼, **"정치적 위험에 취약한 사람들은 주의를 기울이지 않은 채 애써 무시하곤 한다. 심각한 위험이 코앞에 닥쳤는데도."**

앞으로 살펴보겠지만, 정치적 위험 관리는 페덱스가 1973년에 첫 배송을 시작한 이후로 회사의 DNA가 되었다. 당신의 조직에서도 위험관리 문화가 DNA로 자리 잡을 수 있도록 이 책이 도움이 되길 바란다.

- 21세기의 정치적 위험은, 어떤 정치적 행동이든 기업 경영에 상당한 영향을 줄 개연성이 크다.
- 정부는 더 이상 비즈니스에 대해 중요한 결정을 내리는 유일한 존재가 아니다. 경쟁 우위를 원하는 기업은 다양한 범주의 정치적 행위자로 인해 발생하는 정치적 위험을 관리해야 한다. 손가락을 움직여 휴대전화에 280자(한글 기준 140자–트위터)를 입력할 수 있는 사람이라면 누구든 정치적 행위자가 될 수 있다.
- 이 책의 목표는 정치적 위험 관리 능력을 향상하기 위해 모든 비즈니스에 적용할 수 있는 유용한 도구를 제공하는 데 있다.

| 역자 주 |

1) 미국 5개 주에서 12개의 해양 테마파크를 운영하고 있으며 디즈니, 유니버설 스튜디오와 더불어 미국을 대표하는 대형 테마파크 업체 중 하나다.

2장

우고 차베스만
정치적 위험이 아니다

POLITICAL
RISK

"베네수엘라 국민의 건강을 지키기 위해 코카콜라의 코크 제로를 판매 금지하고 생산을 즉각 중단할 것입니다."

2009년 베네수엘라의 보건부 장관 호세 만틸라가 이런 발표를 했다. 그 당시 코크 제로는 다이어트 음료 시장을 노린 코카콜라의 야심 찬 신제품이었다. 회사는 이 음료의 CF에 제임스 본드 시리즈 「007 퀀텀 오브 솔러스」를 등장시키는 등 전 세계의 젊은 층을 겨냥해 대대적인 마케팅을 벌이는 중이었다.

하지만 베네수엘라에서만은 예외였다. 정부의 강력한 조치에 따라 출시 몇 주 만에 판매대에서 자취를 감추고 말았다. 베네수엘라의 코크 제로 퇴출은 '국민의 건강 보호'를 위해서가 아니었다. 그보다는 정치적 차원, 즉 우고 차베스 대통령이 천명한 급진적 사회주의 노선에 따른 결정이었다. 1999년에 집권해 2013년 죽을 때까지 베네수엘라를 통치한 차베스는 서구의 상징을 공격하고 그들이 투자한 자산의 대부분을 국유화하는 등 반자본주의 운동을 벌였다. 코크 제로는 그가 목표로 삼았던 제재 대상 가운데 하나일 뿐이었다.

베네수엘라의 원유 생산량이 크게 늘자, 차베스는 서구 자본이 투자한 석유산업에 막대한 초과 이익세를 부과한 데 이어 4개의 석유회사 지분 대부분을 빼앗아갔다. 이로 인해 엑손모빌과 코노코필립스가 베네수엘라에서 철수를 결정하는 동시에 국제사회에 중재를 요청했다. 오클라호마에 본사를 둔 헬머리치앤페인은 11개의 원유 굴착 장비를 차베스 정부에게 몰수당했다.

농업 분야에서도 자산 몰수 및 국유화가 이어졌다. 미국의 대형 식품회사 카길이 운영하던 정미소가 베네수엘라 정부 소유로 넘어갔으며, 영국의 정육 기업 베스티푸드가 소유했던 농장과 토지도 국유화됐다. 이 밖에 멕시코의 시멘트 기업 시멕스, 스위스의 홀심, 프랑스의 라파즈 등의 베네수엘라 법인이 자산을 강탈당했다. 차베스는 금융업과 제조업, 통신 등 주요 산업을 국영화한 데 이어 금 산업마저 국가 소유로 돌려놓았다.

글로벌 비즈니스에서 '정치적 위험'이라고 하면, 대부분의 사람들이 우고 차베스 같은 독재자를 떠올리곤 한다. 정치적 명분을 들이대며 외국 기업들의 자산을 갑자기 빼앗아버리는 통치자 말이다.

하지만 사실 차베스는 이미 '구시대의 유물'이다. 재산을 함부로 몰수하는 권력자가 아직도 어딘가 존재하기는 하겠지만, 예전처럼 흔한 것은 아니다. 펜실베이니아 대학교 경영대학원의 위톨드 헤니츠 교수와 메릴랜드 대학교 경영대학원 베넷 젤너 교수는 "국제법 적용이 엄격해진 데다 개발도상국과 선진국 간의 시장 통합이 이뤄졌기

정치가 던지는 위험

때문에 권력자에 의한 자산 강탈이나 국유화가 거의 자취를 감췄다"
고 말한다.

포퓰리즘 독재자만큼 위협적인 가능성들

21세기의 정치적 위험을 고려한다면, 탄산음료를 금지하거나 석유
굴착 장비를 빼앗는 독재자가 아니라 이제는 다른 유형의 누군가를
떠올려야 한다. 여기에는 휴대전화를 사용하는 평범한 사람들이나,
새로운 규제를 발표하는 지방정부 책임자, 차량 폭탄 공격을 준비하
는 테러리스트, 기업과 국가에 대한 제재를 결정하는 유엔의 전문가
등이 포함된다. 여러 행위가 겹치고 교차하며 각국, 혹은 여러 국가에
걸쳐 위험을 만들어내기 때문에 상황이 복잡할 수 있다.

우리는 위험의 주체를 5가지로 분류했다. 즉, 개인, 지역 조직, 중앙
정부와 정부기관, 다국적 집단, 초국가 및 국제 기구로 나눠보았다.

개인부터 국제기구까지 : 정치적 위험을 일으킬 수 있는 다섯 주체들

- 개인 : 트위터 등 SNS 사용자, 다큐멘터리 영화 제작자, 사회활동가, 소비자보호단
  체 활동가, 유명인사, 평범한 시민 및 구경꾼
- 지역 조직 : 주민 커뮤니티, 정치집단 및 지방정부
- 중앙정부와 정부기관 : 대통령, 행정부처, 입법부 및 사법부
- 다국적 집단 : 사회활동가, 테러리스트, 해커, 범죄조직, 무장집단, 인종 또는 종교
  집단
- 초국가 및 국제 기구 : 유럽연합EU, 유엔UN

개인

사회활동가와 소비자단체는 오래전부터 기업들에게 정치적 위험을 안겨주었다.

오늘날의 사회활동가는 새롭고 강력한 기술 수단들을 갖게 되어 전보다 빠른 속도로 광범위하게 자신의 뜻을 관철해낼 가능성이 높아졌다. 이제는 기업의 방침을 바꾸기 위해 사람들을 만나 설득하거나, 조직을 만들거나, 시위를 벌이거나, 의회에서 증언을 할 필요가 없다. 통신기술을 통해 사람들에게 메시지를 널리 퍼뜨릴 수 있기 때문이다.

더 이상 사람들은 특정 대상을 위험에 빠뜨리기 위해 사회활동 집단에 소속될 필요가 없다. 심지어 자신을 사회활동가라고 생각할 필요도 없다. 구경꾼도 스마트폰과 알파벳 기준으로 '280자'를 가지고 막강한 정치적 영향력을 행사할 수 있다.

짧은 동영상 한 편이 몰고 온 눈덩이 손실

2017년 4월 9일 일요일, 유나이티드 항공은 시카고에서 켄터키주 루이빌로 가는 오후 항공권의 초과 예약을 받았다. 교대 근무를 위한 항공사 직원 4명의 자리가 필요했다. 문제는 '다음 비행기로 스케줄을 바꿔줄 승객'이 자발적으로 나타나지 않았다는 점이다.

결국 항공사는 무작위로 승객 4명을 뽑아 비행기에서 내리게 하기로 결정했다. 그중 한 사람인 데이비드 다오 박사가 "내일 환자 진료 예약이 되어 있다"며 거절했다. 보안요원들이 그를 강제로 좌석에서 끌어내는 과정에서 다오 박사는 머리를 다치고 코가 부러졌으며 입술이 터지고 치아 2개가 빠졌다. 그는 피를 흘리며 반쯤 정신을 잃은 상태로 비행기에서 끌려 나갔다.

승객들은 충격에 빠졌다. 그 와중에 몇몇 사람이 휴대폰으로 그 장면을 촬영해 트위터와 페이스북에 올렸다. 다음 날까지 무려 900만 명이 영상을 시청했고 뉴스 보도가 쏟아졌다.

교통부가 조사에 나섰다. 하원 교통건설위원회 소속 의원 엘리노어 홈즈 노턴이 청문회를 개최했다. 인터넷에는 아래 그림과 같은 메시지가 무한 반복되었다.

유나이티드 항공의 최고경영자 오스카 뮤노즈는 사과 성명을 발표

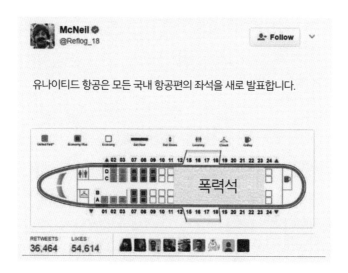

했지만 상황은 개선되지 않았다. 화요일에는 유나이티드 항공의 주식 시가총액이 2억 5500만 달러나 떨어졌다. 몇몇 증권 분석가들은 동영상이 중국의 소셜미디어 플랫폼 웨이보에서 1억 회 이상 시청되자, 유나이티드 항공이 중국 시장에서 입게 될 손실까지 우려하기 시작했다. 많은 사람들이 "다오 박사가 아시아인이어서 인종차별을 당한 것"이라고 생각했다.

'늘 있게 마련인 취소'를 고려한 초과 예약은 항공사들의 관행이었고, 좌석이 부족할 경우 양보하는 승객에게 금전적 보상을 해주는 방법으로 해결할 수 있었다. 하지만 유나이티드 항공은 일을 제대로 해결하지 못하고 문제를 키우는 바람에 상상 이상의 손실을 입어야 했다.

손실이 커진 데는 새로운 기술의 플랫폼이 결정적인 역할을 했다. 개인의 목소리를 증폭시켜 다른 소비자들이나 투자자, 정치인들에게 매우 빠른 속도로 전해주는 환경이 만들어졌기 때문이다.

지역 조직

2015년 핵 개발 중단을 선언한 이란에 대한 유엔의 제재가 철회됐다. 이란 대통령 하산 로하니는 기대감에 취해 트위터에 글을 올렸다. "제재의 빗장이 풀렸고 이제 번영의 시대가 도래했다."

이에 따라 이란에서는 2016년 1분기에만 22개의 새 사업에 외국인 직접투자가 이루어졌다. 중동 지역 내 이란의 외국인 직접투자 순위가 12위에서 3위로 껑충 뛰어올랐다.

하지만 4월에 이르자, 이란 정치 지도자들이 불평을 쏟아내기 시작했다. "미국의 독자적 제재가 여전해서 실제로 진행되는 사업이 없다"는 주장이었다. 미국도 제재를 해제했는데 이게 무슨 말일까?

그럴 만한 사정이 있었다. 이란에 대한 제재 조치가 연방정부만의 것이 아니었기 때문이다. 32개 주 정부가 이란에 또 다른 제각각의 제재를 가하고 있었던 것이다.

예를 들어 캘리포니아주의 연금펀드가 이란에서 에너지 혹은 방위산업을 운영하는 기업에 투자하는 것을 금지했다. 캘리포니아주를 국가로 가정한다면 그 경제 규모가 세계 6위에 이를 것이다. 일각에서는 캘리포니아주의 제재로 인해 투자되지 못한 금액이 100억 달러에 가까울 것으로 추정했다. 플로리다주도 이란에서 석유산업을 벌인 기업에 대해서는 은퇴자금 펀드의 투자를 금지하고 있었다.

미국 연방정부가 주 정부들에게 "정책의 변화를 고려해달라"고 요청했지만 일부 주지사는 이란에 대한 제재를 여전히 해제할 의지가 없다고 선언했다. 텍사스 주지사 그렉 애보트도 그중 하나였다. 그는 "이란과의 잘못된 협상을 반대하는 데 내 힘으로 할 수 있는 모든 것을 할 것"이라고 오바마 정부에 전했다.

지역의 정치적 위험이 어떻게 세계적인 규모의 파장으로 확대되는지를, 때로는 노사분쟁이 여실하게 보여주기도 한다.

미국의 해운 화물 가운데 절반이 서해안의 항구, 특히 롱비치항과 로스앤젤레스항을 통해 이동한다. 그런데 2014년 6월, 노동조합과 사용자협회 간의 협상이 교착 상태에 빠졌다. 이로 인해 업무 처리가 더뎌졌고, 야간 및 주말 작업이 중단됐다.

이 불똥이 다른 곳으로 튀었다. 선박들이 롱비치와 로스앤젤레스 항을 피하려다 보니 서부 지역 다른 주요 항만의 혼잡도가 극에 달한 것이다. 이에 따라 많은 기업들이 캐나다, 멕시코, 미국 동부로 우회 항로를 잡는 사태가 빚어졌다. 이처럼 상황이 심각해지자 노동부 장관이 나서서 "양측이 타협에 이르지 못할 경우 연방정부가 개입할 것"이라고 경고까지 했지만 협상이 타결된 것은 2015년 2월이 되어서였다.

우회로 늘어난 운송 경로는 기간과 비용을 증가시켰다. 아시아에서 LA로 물품을 운송하는 데 통상 2주 걸리던 것이 2배로 늘었다. 소규모 기업과 농업 분야가 특히 타격을 받았다. 많은 농산물 컨테이너가 항만 운송을 염두에 두고 LA 외곽에 자리 잡고 있었는데, 알다시피 LA는 온화한 기후로 식품이 부패하기 쉬운 곳이다. 농업운송연합은 "농산물 손실이 월평균 17억 5천만 달러 규모에 이르렀다"고 추정했다.

좋은 비즈니스 : "먼저 좋은 이웃이 되어라"

지방정부 및 노사 협상 외에, 지역 단위로 나타나는 정치적 위험의 흔한 예는 "내 뒤뜰에는 안 돼"라는 님비NIMBY 운동이다.

네브래스카의 토지 소유자들이 주도한 님비 운동이 캐나다에서 텍사스에 이르는 1200마일 길이의 트랜스캐나다 파이프라인 사업을 중단시킨 적이 있다. 2012년 파이프라인을 묻을 경우 토지가 손상될 거라고 주장하는 목장주들이 네브래스카 주지사가 이 사업을 승인하는 법안에 반대하며 소송을 제기했다.

지역의 반대가 국가 차원의 논쟁을 불러일으키자 오바마 대통령이 나서서 법률에 대한 거부권을 행사했다. 그러나 2017년 트럼프 대통령이 파이프라인 완공에 장애 요인을 제거하는 행정명령에 서명함으로써 양상이 다시 바뀌었다.

위험을 제대로 관리하는 기업은 반대의 목소리가 커지기 전에 지역의 이해당사자들과 좋은 관계를 맺는 것이 중요하다는 점을 잘 알고 있다. 먼저 좋은 이웃이 되는 것이 좋은 비즈니스이다.

예를 들면 알코아는 브라질에서 보크사이트(알루미늄 원료) 광산을 열기 2년 전에 일찌감치 봉사활동과 의사소통 캠페인을 시작했다. 지역주민과 소통하기 위해 위원회를 창설했고 지역사회가 원하는 계획을 위해 3500만 달러의 발전기금을 내놓았다.

어떤 광산 투자자가 말한 것처럼, "우리 모두는 누군가의 뒷마당에 있으며 협력을 위해서는 같은 편이 되어야 한다. 왜냐하면 앞집의 반대만큼 파괴적인 것이 없기 때문이다."

중앙정부와 정부기관

중앙정부는 막강한 권한을 가지고 있다. 과세, 규제, 몰수, 수용은 물론 커다란 사업을 추진 또는 중단하기도 한다. 자본시장을 쥐락펴락해서 위험을 만들어낼 수도 있다. 정부 내 부처들이 특정 산업에 위험을 초래하기도 한다. 독재국가든 전체주의, 혹은 민주주의든 간에, 모든 정부는 정책을 수행하기 위해 각각의 부처에 역할을 나누고, 각 부처는 제각각의 동기와 전통, 관심에 따라 업무 방식에서 다른 부처와 마찰을 빚게 마련이다. 이들 기관 사이의 관할권은 이따금 모호하고 경쟁적이어서 불확실성을 증폭시키고 상황에 따라서는 특정한 산업에서 부패를 조장할 때도 있다.

가장 극적인 '관할권 논쟁' 중 하나가 소비에트연방의 붕괴로 인해 발생했다. 사실상 하룻밤 만에, 모스크바의 통제 아래 있던 영토와 자산이 새롭게 독립한 국가의 소유가 되었다.

쉐브론이 이런 충격을 받은 기업이었다. 이 회사는 1989년에 카자흐스탄 아티라우 시 부근의 석유 및 가스 사업권을 따냈다. 그런데 뭔가를 생산해보기도 전에 카자흐스탄이 갑자기 독립국가가 되었다. 그렇다면 신생 민족국가에서 회사의 계약은 여전히 유효할까? 카자흐스탄은 이전의 옛 계약 주체인 소련과는 다른 규정과 요구 사항을 내세우게 될까?

분명한 것 하나는 협상이 알마티(당시의 카자흐스탄 수도)와 대통령 누르술딘 니자르비예프를 통해 진행되리라는 것이었다.

정치가 던지는 위험

대부분의 국가는 특정 산업이 자국의 이해와 긴밀하게 연관되어 있다고 생각한다. 이런 부문을 '전략적 산업'이라 부른다. 예를 들면 러시아는 석유와 가스를 전략적 산업이라 여겨 거대 국영기업인 가스프롬을 보호하고, 유럽 국가들에 맞서 정치적인 이익을 챙기는 데 이 회사의 힘을 활용한다. 유럽은 에너지 공급의 상당 부분을 러시아에 의존하고 있기 때문이다. 실제로 가스프롬은 2006년과 2009년에 유럽으로의 공급을 차단한 적이 있는데 정치적 긴장이 정점에 달했던 시기였다. 러시아의 '파이프라인 정치'는 이런 전략적 산업에서 나온다.

기술 발전으로 유선전화가 사라지고 비즈니스 모델이 바뀌기 전까지만 해도 많은 유럽 국가들이 통신을 전략 산업으로 여겼다. 물론 중국의 국가자본주의 모델은 지금도 전통산업에서 인터넷에 이르기까지 사실상의 모든 산업을 전략 산업으로 여긴다.

미국 정부의 규제 : 스탠퍼드 대학교도 망할 뻔했다

중국이 전략 산업 스펙트럼의 한쪽에 앉아 있다면, 미국은 전혀 다른 쪽에 앉아 있다. 중국에서는 국가가 중요한 산업 대부분을 좌우하고 있지만, 미국 정부는 산업이 국유화될 가능성에 예민하게 반응해 왔다.

미국의 건국 시기부터 경제 관련 논쟁의 핵심은 민간에 대한 정부의 세금 부과에 대한 것이었지, 민간 산업을 국가의 '전략' 산업으로 바꾸려는 것이 아니었다. 미국 성장의 핵심 산업, 특히 철도 산업까지 민간의 수중에 있었다. 미국 정부에게 있어 '국가의 이익'은 민간의 독점을 막는 것이었다. 연방정부가 일부 민간 기업의 소유권을 가졌던 순간은 매우 드물었고 경제 위기에 따른 일시적인 조치의 결과일 뿐이었다.

이러한 미국의 성향이 초창기의 스탠퍼드 대학교를 거의 망하게 할 뻔했다. 1893년에 릴랜드 스탠퍼드가 사망하자, 미국 정부는 스탠퍼드가 센트럴 퍼시픽 철도를 건설하는 데 썼던 장기 정부대출을 회수하기 위해 그의 부동산에 대한 소송을 제기했다. 이 소송이 종결될 때까지 스탠퍼드의 자산이 동결되었다. 그 결과 미망인 제인 스탠퍼드는 가문 소유의 신생 대학을 운영하느라 허리띠를 졸라맸다. 그녀는 가문의 보석을 팔아 도서관용 책을 구입하려 했으나, 보석 매수자를 찾지 못했다. 결국 사비를 털어 6년 동안 대학 운영 자금을 대는 한편 교직원들의 급여를 충당해야 했다.

미국의 이런 경험은 예외적이기는 하다. 대부분의 국가는 핵심 산업을 국가의 영역 안에 두려 하고, 국가권력을 사용하여 그 산업을 보호하려고 한다. 따라서 글로벌 시장에 진출하려는 기업이라면 해당 산업이 그 국가에서 어떤 부류에 속하는지 먼저 확인한 뒤, 그에 따라 계획을 짜는 게 현명한 첫걸음이다.

다국적 집단

기술 발전은 수많은 다국적 집단들—비정부 조직, 사회활동가, 국제적 노동단체, 사이버 자경단, 국제 범죄조직, 테러리스트, 용병, 무장집단, 종교 및 인종 집단—이 경제에 미치는 영향력을 확대했다.

사이버 집단은 이 중에서 가장 새로운 형태다. 지난 10년 동안 어나니머스Anonymous나 룰즈섹LulzSec 같은 해커 집단이 급부상했다. 흔히 '인터넷 자경단'으로 표현되는, 리더 없는 이들 집단은 느슨하게 조직된 국제 커뮤니티로, 인터넷의 자유를 제한하는 활동 또는 기관에 대해 분노한다. 이들은 엔터테인먼트 회사와 단체, 금융사부터 미국 군사업체, 바티칸, 아랍 독재정권, 음란 사이트, 샌프란시스코 대중교통 당국, CIA, FBI에 이르기까지 다양한 목표물의 정보를 파괴하고 훔치고 장난치는 등의 사이버 공격을 벌인다.

사이버 공간에서는 커뮤니티와 집단의 일원이 되는 것이 어렵지 않으며 익명성까지 보장된다. 따라서 독립적인 해커들과 그룹, 정부가 어떻게 접촉하고 때로는 연결되는지는 명확하지 않다. 심지어 어떤 위법 행위가 특정 컴퓨터를 거쳐 이루어졌는지 분석할 때조차, 누가 키보드를 만졌는지, 그가 어떤 기관의 직접 지시 혹은 교사, 묵인을 받았는지, 국가에 의해 고용되었는지 여부를 판단하기가 정보기관으로서도 쉽지 않다.

실제로 이런 일이 있었다. 2017년 5월 '낫페트야NotPetya'라 불린 사이버 공격이 수많은 나라의 컴퓨터 시스템을 무력화했다. 이 랜섬웨어 공격은 체르노빌에 설치된 방사능 모니터부터 인도 운송 기업의 전산 장비에 이르기까지 모든 것을 파괴했고, 그 희생자는 러시아 석유 기업 로스네프트부터 미국 거대 제약사 머크에 이르기까지 다양했다.

공격자는 수만 대의 컴퓨터 저장장치를 암호화해서 잠가버렸다. 컴퓨터 및 정보의 소유자가 원래는 자기 것이었던 데이터에 접속하려면 비트코인으로 몸값(랜섬)을 지급해야 한다는 협박 메시지가 화면에 떴다. 하지만 몸값을 지불한 일부 사용자들마저 데이터를 돌려받는 데는 실패했다. 감염된 기기가 영구적으로 손상되었기 때문이다. 수많은 글로벌 기업들이 복구 비용과 손실을 만회하는 데 수십억 달러를 들여야 했다.

사이버 공격 : 누구의 책임이며, 배후에는 누가 있나?

대체 누가 '낫페트야' 공격을 감행한 것일까? 일련의 사태에 대한 책임은 누구에게 있는 것일까?

보안 전문가들과 경찰은 한동안 그 범위를 좁힐 수 없었다. 이 악성 코드는 전문가라면 누구나 구입해 개인 컴퓨터를 통해 퍼뜨릴 수 있었다. 스스로를 '야누스 사이버 범죄 솔루션'이라고 부르는 집단이 원래 이 악성 소프트웨어를 만들어 몸값을 다소 챙긴 것으로 알려졌다.

하지만 그다음부터는 혼란스러워진다. 공격자(해커)들은 또한 '이터널 블루'라는 사이비 도구(프로그램)를 이용했는데, 이것은 미국 국가

정치가 던지는 위험

안보국NSA이 본부에 보관하던 중 아무도 모르게 도난당한 것이었다. 자칭 '새도 브로커스'라는 비밀 집단이 온라인에 퍼뜨린 것으로 알려졌다.

그렇다면 새도 브로커스는 누구일까? 부패한 NSA 내부자일까? 반국가 행동가 집단일까? 외국 스파이일까? 아니면 이런 사람들이 한데 모인 비밀결사일까? 대규모 공격의 책임은 이터널 블루를 훔친 새도 브로커스가 져야 할까? 아니면 인터넷에 악성코드를 퍼뜨린 누군가가 져야 할까?

조사가 확대되자 양상은 더욱 복잡해졌다. '낫페트야'가 세계적으로 퍼지기 전의 초기 단계에서는 우크라이나 정부와 일부 기업을 상대로 했기 때문에 일각에서는 그 배후로 러시아를 지목했다. 하지만 러시아의 주요 은행과 기업들도 해커들의 공격을 피할 수 없었던 점을 고려하면 개연성이 다소 부족한 주장이었다.

공격자의 의도를 해독하기가 어려웠음에도 불구하고, 영국과 미국 정부는 일련의 사태에 러시아가 개입했음이 틀림없다고 8개월 만에 결론짓고 말았다. "우크라이나를 와해하려는 크렘린의 노력의 일환"이었다는 것이다.

이러한 사례에서 볼 수 있는 것처럼, 정치와 경제, 그리고 기술은 '인화성 있는 복합물'이다. 기술을 이용함으로써 특정 집단은 비용과 노력을 들이지 않고도 지리적 경계를 넘어 비슷한 생각을 가진 사람들을 찾아내고 모집해 자극할 수 있다. 이러한 집단이 정치적인 이유로 어떠한 행동을 벌일 가능성은—가상의 공간이든 현실의 공간이든, 혹은 둘 다이든—정부와 기업 모두에게 급부상한 리스크 요인들이다.

초국가 및 국제 기구

초국가 및 국제 기구는 여러 국가들 및 수억 명의 사람들을 한데 결속한 공식 조직이다. 이들은 관료 체계와 특수한 규정 및 절차, 회원국에 대한 집단적 권한과 처벌권을 가진다. 회원국이 많은 데다 제각각의 목소리를 내므로 행동을 취하기 어려운 때도 있다. 하지만 국제기구는 이따금 자신의 의지를 회원국의 경제와 사회에 깊이 관철시킬 수 있는데, 이것이 국제기구의 존재 이유이기도 하다.

원래 유럽 통합의 목적은 상당히 원대했는데, 그것은 200년 넘게 파괴적 갈등을 경험했던 대륙에서 전쟁을 막기 위한 노력이었다. 유럽연합EU과 그 전신들은 독일과 프랑스가 더욱 넓은 유럽 안에서 정치적, 경제적 운명을 함께할 수 있다면, 두 나라가 다시는 전쟁을 벌이지 않으리라는 생각으로 기획되었다. 이웃 나라들의 관점에서 보면, 독일이 강력해지더라도 더 이상 위험하지 않을 수도 있는 것이다. 독일인들도 이 생각을 인정했을 뿐 아니라 받아들였다.

여기에 더해, 그들은 합쳐진 시장이 더욱 큰 경제 성장으로 이어지길 바랐다. 궁극적으로는 국제 무대에서 유럽연합을 미국이나 중국과 같은 정치 세력으로 만들고 싶었다.

하지만 외부의 입장에서 보면 유럽연합이란 이해하기 어려운 복잡한 존재일 수 있다. 오래전 헨리 키신저가 국무장관 시절 이렇게 말한 적이 있다.

"문제가 생기면 나는 브뤼셀이나 런던, 파리나 본(예전의 서독 수도) 가운데 어디에 전화를 걸어야 하죠? 국무장관으로서 나는 모든 곳에 연락하는 게 낫다는 것을 알게 되었습니다."

키신저의 말은 지금도 옳다. 유럽연합에는 3가지 핵심 기관으로 유럽의회, 유럽이사회, 유럽연합 집행위원회가 있다.

유럽의회는 각국에서 선출된 의원으로 구성된다. 그러나 유럽의회에는 법률 제정 권한이 거의 없다. 그 권한은 주로 각국 입법부에 양도되었다. 유럽이사회는 국가 및 정부 수장은 물론 서열이 낮은 장관들까지 포함된다. 이사회는 강력한 기관이지만, 간헐적으로 모이는데다 각국의 주권을 강화하려는 경향을 보이며, 중요한 주제에 대해서는 독일, 스페인, 슬로바키아, 스웨덴에 이르기까지 다양한 국가의 만장일치를 획득해야 한다.

유럽연합 집행위원회는 브뤼셀에 있는 관료 체제로 28명의 위원, 3만 3천 명의 직원과 1억 5500만 유로의 예산을 갖고 있다. 이 위원회는 확실히 EU 기구 중에서 가장 강력하고 체계가 갖추어져 있다.

국제기구와 개별 국가 간의 '새는 틈'

유럽연합 집행위원회는 책무 또는 관할권을 세밀하게 설정해놓았지만, 실제 정책 이슈는 혼란스럽게 겹칠 때가 있다. 예컨대 에너지 정책은 주로 개별 국가의 권한이다. 독일은 원자력을 금지하는 반면, 프랑스는 전력의 80%를 원자력에서 얻는다. 그런데 환경 정책은 대체로 위원회의 관할이다. 그렇다면 수압으로 셰일가스를 뽑아내는 기술을 사용하는 것은 환경 정책의 소관인가, 에너지 정책의 소관인가?

유엔은 1945년에 평화, 안보, 테러, 인도주의 위기 등에 대한 국제적인 협력을 진작하기 위한 목적으로 창설되었다. 창설된 이후로 22개국에 대해 26번의 다자간 제재를 부과했다. 유엔 제재는 형평성과 실효성이 있다는 점에서 각국의 시장은 예측 가능하다. 국제적인 법적 구속력이 있는 제재는 한 국가 혹은 몇몇 국가에 의한 즉흥적인 합의보다 대체로 더 공평하게 받아들여진다.

1979년에 이란 혁명이 일어나면서 50명이 넘는 미국인 인질이 억류되자, 미국은 이란에 단독으로 제재를 가했다. 반면 이란의 핵무기 활동에 대한 국제적인 우려가 커지는 가운데 2006년의 결의안이 만장일치로 통과되기 전까지 유엔 안보리는 제재를 가하지 않았다.

미국과 유엔 안보리 제재 사이의 오랜 시간적 간극 때문에 발생한 문제 중 하나는 미국 기업들이 이란에서 철수한 반면, 동맹국 일부는 그곳에서 비즈니스를 이어갔다는 점이 있다. 마침내 유엔 안보리의 제

정치가 던지는 위험

재가 내려졌을 당시, 이란의 가장 큰 교역국은 일본과 독일이었다.

아무리 정교하게 설계된 제재라도 장시간 지속되면 무력화되는 경향이 있다. 1991년 걸프전 이후 사담 후세인에게 내려졌던 제재들이 이런 경우에 해당한다. 이라크가 허용치를 초과하여 석유를 암시장에 내다 판다는 사실을 주요 국가들 모두 알고 있었다. 하지만 그런 거래가 이득이 되었기 때문에 유럽연합과 국제사회는 뻔히 알고도 모른 척했다.

더구나 금지 조치를 감시해야 할 유엔 위원회가 논쟁의 장으로 변질되자, 후세인이 무기로 사용할 수 있는 물자들을 구입하지 못하도록 하는 제재들이 약화되었다. 그러다 2001년에 이르러서는 이라크에 대한 제재 자체가 무력화 되어버렸다.

이라크는 극단적인 사례지만, 국제 제재는 통상적으로 느슨하게 집행되곤 한다. 모든 국가가 국제법의 규정, 또는 국제법의 정신을 따르지는 않는다. 또한 협상이 종종 모호한 언어로 이루어진, 최소한의 공통분모 접근법으로 귀결되기 때문에, 허술한 점이 많을 수밖에 없고 개별 국가는 이 허점을 이용해 이익을 챙기려 한다.

오늘날의 정치적 위험 유형

그렇다면 위험 유발 행위자들이 취하는 정치적 행동은 어떤 것일까? 경영자나 리더들이 가장 걱정해야 할 것이 있다면 무엇인가? 여기에 제시한 목록도 이미 길지만 더욱 늘어나고 있다. 우리는 정치적 위험의 주된 유형 10가지를 표로 요약했고 개별 유형에 대해 논의할 것이다.

'기후 변화'와 '경제적 위험' 2가지가 목록에 없다는 것을 알아챌 것이다. 그 2가지가 중요하지 않아서가 아니라 분석적인 이유에서 배제했다.

기후 변화는 농업 생산, 생태계, 낮은 해안지대에 사는 수백만 사람들을 위협하는 세계적인 문제이다. 북극에서 빠르게 녹는 빙하가 지형을 바꾸고 있으며, 심각한 가뭄 같은 천재지변이 국가들 간의 갈등을 부추기고 있다.

하지만 우리의 연구에서 기후 변화는, 개별적 위험이라기보다 위험을 더욱 크게 만드는 요소라고 할 수 있다. 기후 변화는 환경단체의 운동부터 새로운 법률과 규제는 물론, 내전 및 국가 간 갈등에 이르는 상황을 만들어낸다. 우리의 10가지 목록에 이런 위험이 이미 포함되어 있다.

기업이 직면하는 경제적 위험도 충분히 고려하고 생략한 것이다. 대부분의 경영자는 인플레이션, 노동시장, 성장률, 실업률, 1인당 소득과 같은 지표들을 들여다보며 주기적으로 경제적 위험들을 고려한다. 경영대학원 교과과정이 이런 위험에 대해 가르치고, 아마존 서점은 이와 관련된 경제 도서로 가득 차 있다.

그러나 우리의 핵심은 다르다. 우리는 정치적인 행동이 어떻게 비즈니스에 영향을 미치는지에 주목하고 있으며, 이 주제는 경영학 수업이나 경제서 코너에서는 주목받지 못하는 반면, 놀랍게도 기업의 경영진과 이사회에서는 상당한 관심을 모으고 있는 주제이다. 기업의

정치가 던지는 위험

정치적 위험의 10가지 유형

지정학적 사건	국가 간 전쟁, 중대한 권력 이동, 다자간 경제적 제재 및 개입
내부 갈등	사회 불안, 인종 갈등, 이민, 민족주의, 분리주의, 연방주의, 내전, 쿠데타, 혁명
법, 규제, 정책	외국인 소유권 규정의 변화, 세금, 환경 관련 규제, 국내법
계약 위반	몰수 및 정치적 이유로 인한 신용 부도를 포함한 정부의 계약 취소
부패	차별적 과세, 구조적인 뇌물
법률의 영토 외 적용	일방적 제재, 범죄 수사 및 기소
천연자원의 조작	정치적인 목적에 의한 에너지 및 희귀 광물의 공급 변화
사회운동	집단행동을 촉진하는 '전염성' 사건 또는 의견
테러	정치적인 목적으로 사람과 재산에 대한 위협 또는 폭력 사용
사이버 공격	지적재산의 절도 및 파괴, 스파이 행위, 강탈, 기업·산업 및 정부·사회에 대한 파괴

경영진은 정치적 위험에 대해 많은 생각을 하면서도, 체계적인 이해와 관리법에 대해서는 아는 바가 많지 않다.

지정학적 사건

광범위하게 보면, 정치적 위험들은 큰 전쟁, 중대한 권력 변화, 다자간 제재 또는 군사 개입과 같은 지정학적 사건들로부터 발생한다. 이러한 사건이 국가 간의 권력을 조정하여 경제에 파장을 일으키곤 한다. 이런 효과는 직접적이고 즉각적이다. 소련 붕괴로 쉐브론이 겪어야 했던 일을 다시 생각해보라.

반면 지정학적 사건의 간접적 효과는 종종 즉시 알아채기 어렵지만 비즈니스에 매우 중요하다.

미국의 실리콘 제품 제조업체 다우코닝은 중요한 지정학적 사건으로 인한 간접효과와 그것을 어떻게 다룰지에 관한 훌륭한 사례를 제공한다.

2003년 봄, 미국과 이라크는 전쟁을 향해 치닫는 것처럼 보였다. 다우코닝 경영진은 일찌감치 이 문제에 관심을 쏟고 있었다. 그들은 미국이 대규모 부대, 대량의 장비와 물자를 이동해야 할 것이기 때문에, 이라크와의 전쟁이 일어날 경우 대서양을 횡단하는 운송 능력이 크게 부족해질 것으로 판단했다.

결국 전쟁은 일어났고 예측은 맞아떨어졌다. 하지만 그 전에, 다우코닝은 재고를 비축하고, 운송 일정을 앞당겼으며, 이 조치를 통해 전쟁 발발로 인한 운송 능력 감소에 따른 경영상의 부담을 줄일 수 있었다.

내부 갈등

국가 내부의 갈등은 이따금 국가 간 갈등만큼이나 비즈니스에 심각한 영향을 준다. 내부 갈등에는 사회 불안, 인종 갈등, 중앙정부와 지방정부 사이의 불만 등이 포함된다. 내부 갈등은 극단적인 경우, 분리

정치가 던지는 위험

주의 운동으로 번질 때도 있는데, 2014년 영국으로부터 분리 독립을 시도한 스코틀랜드의 국민투표나 2017년 스페인에서 분리 독립을 하기 위한 카탈루냐의 국민투표, 이라크 중앙정부에서 독립을 쟁취하려는 쿠르드족의 저항 같은 것들이다. 쿠르드족의 투쟁은 1932년 영국 통치가 끝난 뒤로 지속되어 왔다.

궁극적으로 내부 갈등은 내전, 쿠데타, 혁명으로 이어질 수 있고 이웃한 국가로의 집단 탈출을 양산할 수 있다. 지난 몇 년간 시리아, 예멘, 부룬디 내전뿐 아니라, 체첸공화국, 다르푸르, 소말리아, 아프가니스탄과 같은 만성 갈등 지역을 빠져나온 난민의 수가 크게 증가했다. 2015년 유엔 난민위원회 고등판무관은 정치적 갈등과 박해가 6500만 명이 넘는 사람들을 난민으로 만들었다고 파악했는데, 이것은 50년간 최대 규모였다. 전 세계 인구의 113명당 1명꼴이며 캐나다와 호주, 뉴질랜드 인구를 모두 합한 수보다 많다.

집단이주는 이웃 국가들에 연쇄적으로 영향을 준다. 2015년 60만 명의 우크라이나인들이 정치적 망명 혹은 다른 형태의 거주를 찾아 이웃 나라로 떠났다. 2016년 기준, 요르단에 거주하는 시리아 난민이 전체 인구의 10%에 이르는 것으로 추정되었다. 2017년 50만 명의 로힝야인이 미얀마 군부의 폭력과 박해로부터 도망쳐 방글라데시로 이동했다.

내부 갈등이 경제적 안전에 심각한 영향을 끼칠 수 있다는 사실은 놀라운 게 아니다. 쿠데타는 국가 소득을 7%까지 감소시킨다고 분석된다. 정치학자 제이 울펜더는 쿠데타가 발생한 해에만 해당 국가의 경제성장률이 평균 2.1% 줄어든다고 보고했다.

기업 운영의 혼란, 해고당하는 노동자, 갑작스러운 정책 변화, 부패 등이 갈등 지역에서 흔히 나타나는 경제적 여파이다. 기업의 사회적 책임을 다해 가며, 튼실한 기업으로서 주의를 기울여 경영을 했더라도 평판 리스크와 같은 심각한 문제에 직면할 수 있다. 다양한 이해당사자들과 든든한 관계를 맺고 있더라도 말이다.

법, 규제, 정책

징치적 안정성과 정책적 안정성을 동일한 것으로 오해한다면, 법, 규제, 정책 변화를 놓치거나 이로 인해 화를 입을 수 있다. 정치적 안정성과 정책적 안정성은 같은 것이 아니기 때문이다.

어떤 나라의 체제가 안정적이라고 해도 소유권 규정이나 세금, 환경 규제 및 기타 법률과 정책은 그렇지 않을 수도 있다. 비교적 안정된 법률 체계와 적절하게 작동하는 관료 체계, 높이 평가된 통화 조절 능력, 낮은 부패 지수를 갖춘 '안전해 보이는' 나라에도 비즈니스에 대한 정치적 위험은 존재하기 마련이다.

수업에서 우리는 2011년 아일랜드의 샌레온에너지가 참여했던 폴란드 셰일가스 사업에 관한 사례를 다루었다. 당시 폴란드 사업은 유망해 보였다. 지질학자들은 폴란드에 유럽 최대 규모의 셰일가스가 묻혀 있을 거라고 추정했다. 폴란드 또한 에너지의 3분의 2를 러시아에 의존해온 만큼, 자원 독립을 열광적으로 꿈꾸고 있었다. 정치적인 환경도 좋았다. 부패하지 않은 전문적인 관료 체계와 20년 이상의 민주주의 경험을 갖고 있었다. 폴란드의 주요 정당들은 셰일가스 사업을 강력히 지지했다.

다만 샌레온에너지가 예상하지 못했던 것은, 셰일가스에 대한 내부의 강력한 지지로 인해 폴란드 정부가 도를 넘을 수도 있다는 점이었다. 폴란드 정부는 2013년, 가스 사업의 수익에 80%의 세금을 부과하기로 했다. 아울러 정부가 일정 지분을 갖는 국영기업을 설립해 운영하자고 제안했다.

샌레온에너지와 함께 컨소시엄을 구성한 캐나다 회사 대표가 말했다. "폴란드인은 곰을 쏘기도 전에 곰 가죽부터 나누자고 요구한 것이죠." 아직 개발되지도 않은 사업에 대해 규제부터 부담시킬 계획을 세운 것이다. 셰일가스 탐사 사업에서 피할 수 없는 지리적, 경제적 불확실성에 정부의 세금과 규제, 이익 배분 요구 같은 개입이 더해져 정치적 불확실성을 가중시킨 것이다.

폴란드 정부는 컨소시엄 참여 회사 가운데 탈리즈만 마라톤오일 등이 철수하고 나서야 허겁지겁 방침을 바꾸었다.

콘돌리자는 "세금 자체가 시장을 갑자기 왜곡시키는 위험은 아니며, 중요한 것은 변화의 급격함과 심각성이다"라고 당시 상황을 정리했다. 우리는 이 문제에 대해 더 많이 생각하고 토론할수록 정책과 법률, 규제를 (중간에 끊을 수 없는) '연속체'로 봐야 한다는 생각이 확고해졌다. 특히 세금처럼 정부가 수시로 바꾸고 관리해가며 효과를 볼 수 있는 분야라면 더욱 그렇다.

2008년 금융 위기 이후, 40개 이상의 국가가 경영 활동을 지원하겠다며 기업의 소득세율을 인하했는데, 대부분의 경우 일시적인 인하 조치에 불과했다.

(정책과 법률, 규제) 연속체의 반대쪽 끝에는 "외국 기업에는 시장을 개방하지 않는다"는, 겉모습과는 전혀 다른 규정을 두는 경우도 있다. 이런 유형의 정책 변화들은 드물게 발생하므로 예측하기 어렵고, 시장이 받아들이기는 더욱 어렵다.

정책이 시장을 왜곡하는 결과로 이어지기도 한다. 실제로 그런 일이 2002년 중국에서 일어났는데, "모든 정부기관이 국산 소프트웨어만 구매해야 한다"는 발표가 나온 것이었다. 중국 정부가 내세운 이유는 자국 소프트웨어 산업을 진흥하겠다는 명분이었지만, 실제 효과는 외국 소프트웨어 기업이 시장의 80%를 차지하는 국영기업에 제품을 팔지 못하게 하는 것이었다.

계약 위반, 몰수 및 채무불이행

때로 정부는 굳이 정책을 바꾸지 않더라도 비즈니스에 새로운 정치적 위험을 불어넣을 수 있다. 기존 계약을 재협상하거나 철회, 또는 위반하는 것으로 충분하다. 우고 차베스처럼 극단적인 경우, 외국 자본을 아예 몰수해버린다. 물론 앞서 언급한 것처럼, 노골적인 몰수는 드물다. 이제는 정치적 이유의 신용 부도를 포함한 재협상이나 계약 철회가 보편적이다.

외채를 갚지 않는 나라들의 속셈

2004년 세계은행의 연구는 3710억 달러에 이르는 민간 기업의 인프라 투자 계약(1990년대) 가운데 15~30%가 정부에 의해 재협상 혹은 분쟁 대상이 되었다고 밝혔다. 또한 하버드 대학교의 경제학자 켄 로고프가 말한 것처럼, "대부분의 국가가 적어도 몇 번씩은 파산에 이른 바 있다."

1995년 이후만 봐도, 국가부채 채무불이행을 경험한 나라가 러시아, 파키스탄, 인도네시아, 아르헨티나, 파라과이, 그레나다, 카메룬, 에콰도르, 그리스 등이다. 아르헨티나는 13년 동안 두 번에 걸쳐, 에콰도르와 베네수엘라는 국가 역사상 열 번이나 채무불이행 상태에 몰렸다. 다른 4개 나라는 아홉 번 빚을 갚지 못했다.

국가는 어떤 경우 진짜 부채를 갚을 수 없다. 또 어떤 경우에는, 정치적 이유로 외국 채권자에게 빚을 상환할 의사가 없다.

스탠퍼드 대학교 교수 마이크 톰스와 마크 라이트가 정리한 것처럼, "정부가 외채를 갚을 예산을 책정한다는 것은, 유권자에게 인기를 얻을 수 있는 대안보다 외채에 대한 의무를 우선시하는 것이다." 그래서 정부는 가끔 자국 유권자의 지지보다는 해외 신용을 잃는 쪽을 선호한다.

1998년 러시아는 전문가들의 예측과 달리 빚을 갚지 않고 루블화를 찍어냈는데, 그 결과 루블화가 평가절하되어 인플레이션을 80%까지 끌어올렸다. 나중에 드러난 바에 따르면, 옐친 정부는 루블화를 평가절하함으로써 수출을 늘리라는 노동조합과 기업들의 압박을 강하게 받았다.

그리스의 2015년 채무불이행은 더 심각했다. 그해 1월에 당선된 좌파 총리 알렉시스 치프라스는 딱 한 가지 문제에 몰두했다. 그리스에 대한 긴급구제의 조건이었던 긴축재정을 원래 수준으로 되돌리는 것이었다. 동시에 그는 최저 임금을 인상하고 세금을 줄이는 역행을 통해 불과 몇 개월 만에 그리스를 사상 최초로 채무불이행을 선언한 선진국으로 만들었다.

한 국가의 경제 상황을 살펴볼 때도 정치적 위험 분석이 왜 그토록 중요한지 보여주는 대목이다. 경제 문제에 대한 국가의 결정이 반드시 경제적인 이유에서만 이루어지는 것은 결코 아니다.

부패

부패는 피할 수 없다. 국제투명성기구의 2014년 부패 인식 지표에서, 어떤 국가도 100점을 얻지 못했다(0점은 매우 부패하고 100점은 매우 청렴한 등급). 단지 두 국가(덴마크와 뉴질랜드)만이 90점 이상을 받았다. 3분의 2가 50점 이하 점수를 받았다. 이 범주에는 G20 국가 중 절반과 대규모 신흥시장 브릭BRIC 국가(브라질, 러시아, 인도, 중국) 모두가 포함되었다. 러시아는 매우 낮은 점수를 받았는데 나이지리아 및 키르기스스탄과 같은 순위였다.

신흥시장은 2가지 이유에서 부패하기 쉽다. 첫째, 경제와 정치 영역이 매우 의존적이고 이는 뇌물의 동기를 제공한다. 공직자가 민간의 이익과 비용 분배에 재량권을 가졌을 때 부패의 가능성이 높다.

둘째, 신흥시장은 전형적으로 취약한 기관들을 갖고 있다. 그 결과 많은 법률이 문헌상에 존재하지만, 법치는 구조적으로 또는 예측 가능하게 실현되지 못한다. 예컨대 세관 직원은 양식을 정확하게 작성하지 않은 외국 기업을 고발한다고 협박하거나 위반을 봐주는 조건으로 뇌물을 요구할 수 있다.

기업의 해외시장 사업 비용을 늘리는 역할 외에도, 부패는 미국의 해외부패방지법FCPA과 영국의 뇌물방지법에 의해 무거운 과징금뿐만 아니라 민형사적 제소의 위험으로 이끄는 계기가 된다. 수십 년 동안 미국은 해외에서 뇌물을 금지한 유일한 국가였다. 영국의 뇌물방지법은 2011년에 시행되었다. 이런 법률의 집행이 늘어나는 추세다.

2016년의 경우, 해외부패방지법에 걸린 기업들이 낸 벌금 액수가 25억 달러에 이른다. 굵직한 네 건이 포함된 데 따른 결과였다. 특히 이스라엘의 복제약 제조업체 테바는 러시아, 우크라이나, 멕시코의 정부 담당자들에게 뇌물을 줬다는 혐의로 기소되어 5억 1900만 달러의 벌금을 납부했다.

기업의 부패 혐의 처벌로는 1994년 록히드 마틴의 2500만 달러가 상당 기간 동안 최고 기록으로 남아 있었다. 그런데 2008년 지멘스가 대번에 이 기록을 경신했다. 미국과 독일 당국에 17억 달러의 벌금과 과징금, 이익 환수를 당하면서 사상 최대 규모의 해외부패방지법 소송을 매듭지었다. 할리버튼도 2009년 뇌물 사건에 대해 5억 5900만 달러의 벌금을 추징당했다.

미국과 영국의 반부패법은 광범위하게 적용돼 당사자끼리는 물론 제3의 공급업체와 선물을 주고받는 것도 해당된다. 현지의 일반적 관행이더라도 외국 정부 공직자에게 선물을 주는 것도 마찬가지다. 여기서 '선물'은 사실상 모든 것일 수 있다. 상품 할인권, 자선행사 기부, 중고 노트북, 심지어 장례 비용까지 포함된다. 게다가 '정부 공직자'라는 신분도 상황에 따라 다르게 적용될 수 있다. 예를 들면 중국의 경우 의사와 대학교수도 공무원으로 간주한다.

반부패법의 적용 범위가 넓기 때문에 영국이나 미국에 있는 어떤 기업이 세계 어느 곳에서 비즈니스를 하더라도 적용될 수 있다.

법률의 영토 외 적용

2015년 14명의 국제축구연맹FIFA 간부들에 대한 체포와 기소가 보여줬던 것처럼 미국 법은 매우 넓게 확장된다. 스위스 경찰이 취리히의 고급 호텔로 출동해서 FIFA 고위 간부 7명을 체포하는 모습이 텔레비전에 보도되었다.

경찰이 FIFA 위원들을 연행하자 호텔 직원이 이들의 미디어 노출을 막으려고 고급 침구로 보호벽을 세웠으나 헛된 시도였다. 모든 순간이 카메라에 담겼고 전 세계에 방영되었다. 이 작전은 부패방지법이 미치는 넓은 영역을 생생하게 보여준 사례였다. 스위스 경찰은 브라질, 케이먼제도, 코스타리카, 니카라과, 우루과이, 베네수엘라, 영국 출신의 FIFA 간부들을 체포해 반부패법 위반으로 기소하고 미국 법정에 세울 수 있었다.

미국의 '311조 제재'도 영토 외에 적용된다. 9·11테러 이후 테러에 맞서기 위해 제정된 미국의 애국법 '311조'는 모든 국가 또는 금융기관이 돈세탁에 연루됐을 경우 제재를 가하도록 재무부의 금융범죄단속국에 권한을 부여한다. 대통령의 조치나 의회의 승인도 필요 없다.

이러한 제재는 해당 기관의 미국 금융기관 거래를 금지하고, 특히 해당 국가 또는 은행의 미국 달러를 이용한 해외 거래를 차단하는 데 목표가 있다. 게다가 311조로 제재를 당한 금융기관과 거래를 하는 제3자도 미국 금융기관과의 거래를 차단당할 수 있다.

북한에 돈을 돌려주기 위한 미-러 합작

311조 제재의 대상들은 이란, 미얀마, 우크라이나, 나우루이며 시리아, 마카오, 라트비아에 있는 은행들도 대상이다. 이러한 제재 결과는 심각하다. 아랍의 무장조직 헤즈볼라에 돈을 송금한 것으로 고발

당한 레바논계 캐나다 은행은 강제 폐쇄되었다. 또 다른 은행은 사업의 80%를 잃었다.

311조 제재의 효과는 그야말로 강력하다. 2005년 미국은 마카오에 기반을 둔 방코델타아시아를 북한의 활동에 개입했다는 이유로 311조 제재 목록에 추가했다. 그러나 미국이 나중에 '은자의 왕국(북한)'과 진행한 핵 협상의 일환으로 이 은행에 예치된 북한의 자산 중 2500만 달러를 동결 해제하려고 했을 때, 세계의 어떤 은행도 이 거래의 진행을 맡으려 하지 않았다.

콘돌리자가 기억하기로는, 북한에 파견되었던 크리스 힐 미국 특사가 은행을 수소문하느라 몇 주를 보내고, "향후 미국이 어떠한 처벌도 하지 않을 것"이라며 은행 경영자들을 확신시키는 데 또 몇 주를 보냈다. "그럼에도 아무도 손을 대고 싶어 하지 않았다"고 콘돌리자가 회상했다.

"러시아의 중앙은행조차 혼자서는 그 일을 맡으려 들지 않았죠. 그래서 러시아 중앙은행과 뉴욕 연방준비은행이 합작해 북한의 2500만 달러 송금을 진행했어요. 매우 이례적인 협력이 이루어진 것이죠."

천연자원의 악용

1960년대 석유수출국기구OPEC가 결성된 것은 당시 세계의 석유 생산과 운송을 장악하고 있던 다국적 석유 기업들(일명 '7공주')로부터 가

정치가 던지는 위험

격 결정권을 빼앗아 오기 위해서였다.

그 후 1973년 OPEC의 아랍 회원국들은 과거 아랍과 이스라엘의 전쟁에서 이스라엘을 지지했던 미국, 포르투갈, 남아공, 네덜란드 등에 맞서 석유 금수조치를 단행했다.[2] 석유 가격이 4배로 폭등했고 미국, 유럽, 일본에서 높은 인플레이션과 경제 침체가 동시에 나타났다. 이때 '스태그플레이션'이라는 용어가 생겨났다.

에너지 회사들은 위기를 맞자 대체 에너지 투자뿐만 아니라 알래스카, 북해, 멕시코만, 캐나다 등 OPEC 국가 이외의 석유 탐사에 많은 투자를 했다. 오늘날 세계 석유 생산은 1973년보다 50%나 많다. 자동차 회사들은 1970년대 석유파동으로 연료 효율성 기준을 만들게 되었고, 이로 인해 산업의 판도가 바뀌었다.

오늘날 OPEC의 영향은 비OPEC 국가의 셰일가스 개발에 따라 감소한 반면, 다른 자원에 대한 '국가적 조작'으로 산업 전반에 대한 위험이 가중되고 있다. 대표적인 사례가 중국이다.

중국은 전기차 배터리와 휴대폰, 컴퓨터는 물론 미사일, 야간투시경(고글) 같은 첨단기술 장비에 필수 재료로 쓰이는 17종의 희토류 90% 이상을 공급한다. 덩샤오핑이 선언한 바와 같이, "중동에 석유가 있다면, 중국에는 희토류가 있다."

중국은 희토류의 가격 책정과 생산에 개입하고, 외국 기업에 더욱 비싼 대금을 청구함으로써 중국 기업을 불공정하게 지원했다는 비난을 받아왔다. 2014년 미국과 일본, 유럽연합은 희토류에 대해 깐깐하게 수출을 통제한 중국을 상대로 세계무역기구WTO에 제소해서 승소했다.

중국은 희토류에 대한 시장 지배적 지위를 대외 정책의 도구로 이용하기도 했다. 2010년 영토 분쟁이 발생하자 중국은 일본으로 향하는 모든 희토류의 선적을 전면 취소하는 등 압박을 가했다. 많은 전문가들은 "희토류에 대한 중국의 독점적 통제가 특정 산업과 국가들을 전략적으로 취약한 위치에 놓이게 한다"고 우려한다.

사회운동

그린피스는 온라인 사회운동의 힘이 얼마나 세졌는지 보여준다. 2010년 그린피스는 소셜미디어 캠페인을 이용해 다국적 식품기업 네슬레에 맞서 승리했다.

네슬레 제품의 원료 중 하나인 팜유가 인도네시아 오랑우탄의 서식지를 파괴함으로써 생산됐다는 게 쟁점이었다. 네슬레가 문제의 공급처와 계약 관계를 청산하지 않자, 그린피스는 사이버 시위를 벌여 회사를 압박했다. 3월 17일 그린피스는 네슬레의 주력 상품 '킷캣KitKat'

초콜릿 바의 포장 사진을 활용해 네슬레의 팜유 사용에 관한 보고서를 냈다. 여기에는 킷캣 로고가 '킬러'라는 단어로 바뀌어 있었다.

귀 기울이는 태도가 분노를 누그러뜨린다

같은 날 오랑우탄 옷을 입은 그린피스 시위자들이 네슬레 영국 본사 앞에서 집회를 열었다. 동시에 그린피스는 킷캣 광고를 조롱하는 60초짜리 동영상을 유튜브에 올렸다. 이 동영상에는 초콜릿 바 포장을 뜯어 피 흘리는 오랑우탄의 손가락을 먹으려는 남자가 등장한다. 영상은 이런 메시지를 전한다.

"오랑우탄에게 휴식을 주세요. 숲을 파괴하는 기업으로부터 팜유를 사들이는 네슬레를 먹지 맙시다."

네슬레가 유튜브 본사에 동영상을 삭제해달라고 요청하자, 그린피스는 이를 다른 공유 사이트에 게시했고 그 주소를 트위터로 퍼 날랐다. 영상물은 곧바로 유명해졌으며 수억 회의 조회 수를 기록했다.

그린피스의 영국 책임자 존 소벤은 "네슬레가 자기들의 페이스북에서 비판 글을 금지했을 때가 킷캣 캠페인의 정점이었다"며 "비판은 듣지 않겠다는 오만한 태도가 회사에 역풍이 되어 우리의 캠페인 승리에 도움이 되었다"고 회상했다.

이제 사회운동은 헌신적인 활동가에게만 해당하는 일이 아니다. 휴대전화와 소셜미디어가 평범한 시민들에게도 평범하지 않은 힘을 부여했다.

"기업은 과거에 그들이 보지 못했던 방식으로 정치적인 소비자 운동에 휩쓸려 들어가고 있다"고 펜실베이니아 대학교 와튼스쿨의 모리스 슈바이처 교수는 말한다.

유나이티드 항공은 자신들을 습격한 매우 빠르고 강력한 트위터 폭풍에 대한 수습책을 발 빠르게 찾아냈다. 다오 박사가 끌려 나가는 영상이 온라인을 장악한 지 3주 뒤, 유나이티드 항공은 "보안상의 위험 상황이 아닌 한 승객을 비행기에서 강제로 내리게 하지 않을 것"이라고 발표했다. 또한 초과 예약으로 인한 승객 보상금을 1만 달러로 인상했다.

사회운동이 언제나 위협적인 것은 아니라는 점도 인식해야 한다. 이따금 비즈니스와 명분, 혹은 양쪽 모두에서 지지를 얻는 기회가 될 때도 있다. 2014년 P&G는 생리대 신제품에 대한 사회적 마케팅 활동을 시작했다. '여자답게 Like a Girl'라는 온라인 캠페인이었다.

여성 위생용품은 소셜미디어와 어울리는 주제가 아니다. 공공연하게 거론하기에 한계가 있기 때문이다. 하지만 이 회사는 유튜브에 3분짜리 영상을 올렸는데, 이를 통해 모욕적으로 들릴 수 있는 '여자답게'라는 말을 여성에게 '힘을 주는 메시지'로 바꾸어놓았다.

이 영상에서 아이들은 달리거나 던지는 등의 운동을 '여자답게' 해 보라고 요구받는다. 여자아이들은 자신감에 넘쳐 뛰고 던지며 즐겁게 논다. 이 동영상이 뜨거운 사랑을 받았고 150개 이상의 국가에서 9천만 회의 조회 수를 기록했다. P&G는 '#LikeAGirl' 트위터 캠페인을 시작했고 팔로잉이 3배로 폭증했다. 목표로 했던 연령층에서 구매 의사가 50% 이상 늘어났으며 브랜드의 주가가 두 자릿수로 상승했다. 회사의 설문 조사에서, 동영상을 본 남성 3명 중 2명이 "앞으로는 '여자답게'라는 말을 비난용으로 쓰기 전에 다시 생각할 것"이라고

정치가 던지는 위험

답했다. 이처럼 P&G는 소셜미디어의 힘을 상품을 파는 차원이 아니라, 생각을 바꾸는 데 이용했고 성공을 거뒀다.

테러

테러는 특히 경제와 안보에 대한 우려를 가중시켰다. 2015년과 2016년 사이 유럽에서 성공 또는 실패한 테러 시도가 기록적으로 많았는데, 터키와 벨기에, 독일뿐 아니라 프랑스에서 대규모 사상자를 낸 테러가 자행되었다.

프랑스는 이로 인해 2016년 2분기 경제 성장이 멈췄고 그 밖의 유로 존 역시 성장률이 절반으로 떨어졌다. 그해 7월 G20 정상회의에서 경제 장관들은 지정학적 갈등과 테러가 경제에 위협이 되고 있다고 강조했다. 프랑스 재무부 장관 미셸 사팽은 "빈번한 테러가 불확실성을 만들어내고 있는데, 지역적 불안 혹은 갈등만큼이나 피해가 심각하다"며 테러를 경제 위험 요소로 강조했다.

테러 공격은 종종 특정 기업에 갑작스럽고 폭넓은 연쇄 효과를 유발할 수 있다. 2001년의 9·11테러를 생각해보자. 그날 월스트리트의 금융회사 캔터 피츠제럴드의 손해는 가장 직접적이면서 혹독했다. 960명의 뉴욕 직원 가운데 3분의 2인 658명을 잃었다.(나중에 8장에서 자세히 언급하겠지만, 캔터 대표는 살아남았고 이 비극 이후 놀라운 반전을 보여준다. 위기 상황에서 소통과 회복력에 대한 중요한 교훈을 얻을 수 있다.)

포드와 크라이슬러에게, 9·11테러의 영향은 즉각적이지만 간접적이었다. 사상 최초의 항공교통 이륙 금지 조치에 따라 부품 공급에 문제가 생겼던 것이다. 항공 제작사 보잉은 9·11테러의 '또 다른 후유증'을 6년이 지난 후에야 맞닥뜨리기도 했다. 이 회사는 신형 항공기를 주문받은 2007년이 되어서야 특수 핵심 부품을 담당하는 업체가 9·11테러 이후 직원을 절반가량 해고하는 바람에 제대로 납품할 수 없다는 것을 알게 되었다.

테러는 한 번에 끝이 나도, 기업들은 서로 다른 방식으로 다양한 시기에 그 영향을 받는 것이다.

사이버 공격

시스코의 CEO를 지낸 존 챔버스가 유명한 말을 했다. **"세상에는 두 종류의 기업이 있다. 해킹을 당한 기업과 해킹을 당하고도 당했는지조차 모르는 기업이다."**

그의 말이 옳았다. 전문가들은 「포춘」 선정 500대 기업 중에서 97%가 이미 해킹을 당한 것으로 추정한다. 2016년 구글은 이용자들에게 매달 4천 건의 사이버 공격을 고지한다고 밝혔다. 이는 11분마다 한 건씩 공격이 이루어지고 있다는 뜻이다. 하지만 대부분의 사이버 희생자는 몇 달이 지나도록 자신이 공격당한 것을 알지 못한다. 사이버 침투를 알아차릴 때까지 걸리는 시간은 통상 205일이다.

정치가 던지는 위험

잘 알려진 싱크탱크 국제전략문제연구소CSIS는 2014년의 사이버 범죄로 인한 비용을 스웨덴의 GDP와 맞먹는 5750억 달러로 추정했다. 단 한 건의 비용이 어마어마하게 불어날 수도 있다. 기업이 고객에게 정보 유출을 통지하는 것부터 피해 조사, 소송, 벌금은 물론 사업 손실, 평판 추락까지 일련의 사태를 포함하면 상상 이상의 비용이 발생한다.

2013년 대형 유통회사 타겟은 사이버 공격으로 인해 2억 9200만 달러의 손실이 발생했는데, 그중 보험으로 보상받은 금액은 9천만 달러에 불과했다. 2017년 신용평가기관 에퀴팩스가 보유하고 있던 1억 4300만 명의 고객 정보가 유출되었고, 이에 따른 손실이 수십억 달러에 이르는 것으로 추정되었다.

국가, 범죄자, 해커 등이 다양한 목적과 여러 방식으로 사이버 공격을 벌인다. 가장 빈번한 목표물은 정부 시스템이다. 미국은 군사 및 정부의 통신망에 시도되는 매달 수백만 건의 사이버 침입을 막아낸다. 2015년 중국 정부의 지시에 따른 것으로 보이는 해커들이 미국 인사국으로부터 공직자 2200만 명의 비밀 정보를 훔쳐냈다. 나중에 정부 책임자들을 접촉하거나 위협하려는 목적으로 벌인 첩보 활동으로 분석된다.

기업에 대한 사이버 공격은 방식과 이유가 다양하다. 훔치거나 염탐을 하거나 방해하거나 파괴한다. 특정 제품과 활동에 반대하기 위해, 지적재산을 훔치기 위해, 경쟁자 또는 외국 정부를 돕기 위해, 다가올 협상에서 이익이 될 만한 정보를 얻기 위해 공격한다. 어떤 이는 이익을 얻기 위해 고객 신용카드 정보를 훔치는 반면, 어떤 이는 그냥 '할 수 있는 것은 무엇이든' 공격하기도 한다.

언론은 타겟, J. P. 모건 체이스, 앤섬 보험, 홈디포, 소니 픽처스, 에퀴팩스와 같은 대기업의 피해를 주로 보도하지만 대기업만이 사이버 공격의 대상인 것은 아니다. 정보통신기술에 의존하는 기업은—사실상 거의 모든 기업이—본질적으로 취약하다. 인터넷에 연결된 '스마트한' 휴대전화, 컴퓨터, 프린터 등 어떤 장치라도 해커가 회사의 통신망으로 타고 들어오는 경로로 활용될 수 있다. 세계 어느 곳에서든 들어올 수 있다.

해커들은 2013년, 대형 유통사 타겟의 거래업체인 파지오 메카니컬 서비스의 컴퓨터 시스템에 침투했는데 이 회사는 가족이 운영하는 소규모 냉장고 및 에어컨 공급업체였다. 해커들은 이 회사를 통해 타겟과 거래했던 고객 4천만 명의 신용카드 및 개인정보들을 훔쳐내는 데 성공했다.

치부까지 까발려 사회적으로 매장하는 공격

기업에 대한 사이버 공격이 이윤만을 위한 것이라고 생각한다면 에이미 파스칼의 이야기를 들어보라. 그녀는 미국 역사상 최악의 사이버 공격이 일어났을 때 소니 픽처스 엔터테인먼트의 스튜디오 책임자였다.

2014년의 해킹 사건에서 몇 테라바이트에 이르는 소니의 비밀이 도둑맞았다. 개봉 예정인 영화 대본들, 스타급 연예인들과의 계약 사항, 직원 수천 명의 개인정보가 낱낱이 공개되었다. 게다가 에이미 파스칼을 사임에 이르게 했던 수많은 이메일들(할리우드 유명인들에 대한 비방과 뒷담화)까지 낱낱이 까발려졌다. 이 밖에도 수천 개의 하드 드라이브와 서버의 정보가 파괴되었으며, 통신망을 복구하기 위해 회사가 며칠간 문을 닫아야 했다.

그런데 소니 픽처스 해킹 사건은 소니라는 기업만의 문제가 아니었다. 최고위급 미국 정부 책임자들이 개입하는 국가안보 사건이 되었다. 이 회사가 제작한 북한 지도자 김정은을 다룬 코미디 영화 「인터뷰」를 개봉할 경우 영화관까지 공격하겠다는 해커의 협박을 받았기 때문이다.

결국 이 사건은 국제적인 위기로 번지는 과정에서, 오늘날 모든 기업이 직면한 사이버 공격의 단면을 여실히 보여주었다.

내부로부터의 위험

지금까지 나열한 목록은 외부에서 비롯된 정치적 위험이다. 하지만 가장 큰 정치적 위험이 때로는 내부에서 비롯된다는 점 또한 인식할 필요가 있다. 기업들은 자신의 잘못된 기업문화와 관행들을 안일하게 생각하다가 커다란 타격을 입곤 한다.

2017년 폭스 뉴스와 우버는 여직원의 처우와 관련해 비난을 받은 것은 물론 경영 위기까지 겪었다. 폭스 뉴스는 성희롱 사건으로 인해 공동설립자이자 회장 로저 에일리스와 20년 베테랑 진행자 빌 오릴리가 해고됐다. 폭스 뉴스 경영진은 오릴리가 저지른 6건의 성희롱 사건을 피해자와의 합의로 덮으려 했다. 「뉴욕 타임스」가 몇몇 합의 사례를 폭로하자, 더 많은 여성들이 피해를 주장했고 광고주들의 불매운동이 뒤따랐다.

우버에서는 퇴사한 직원의 블로그 게시물이 성희롱과 차별 등 '뒤틀린 실리콘밸리 문화'를 다룬 신문 기사로 이어진 뒤 직원 20명이 해고됐다. 이것도 모자라 설립자 트래비스 칼라닉까지 퇴출당했다. 이처럼 갑작스러운 듯 보이는 위기는 사실, 기업 스스로 자초한 것이었고 수년간 알면서도 고치지 않았던 잘못이 쌓인 것이었다.

- 과거에는 정치적 위험이 주로 정부에 의해 발생했다. 하지만 지금은 그렇지 않다.
- 위험을 발생시키는 주체는 5가지로 나눌 수 있다. 즉, 개인, 지방 조직, 중앙정부, 다국적 집단, 국제기구.
- 위험은 다양해지고 있다. 낡은 형태의 정치적 위험에 새로운 위험이 추가로 발생한다.
- 정치적 위험의 10가지 유형은 다음과 같다. 지정학적 사건, 내부 갈등, 정책 변화, 계약 위반, 부패, 법률의 영토 외 적용, 천연자원의 악용, 사회운동, 테러, 사이버 공격.

| 역자 주 |

2) 1948년 이스라엘 정부 수립 이후 아랍 여러 나라와 이스라엘 사이에 수차례 무력 충돌이 빚어졌다. 이스라엘 건국 직후 제1차 중동전쟁이 발발했으며 제2차(1956년)와 제3차(1967년)에 걸쳐 반복되었다.

3장

어떻게 여기까지 왔나
냉전 이후 경영, 기술, 정치 분야의 거대한 흐름

POLITICAL
RISK

POLITICAL RISK

2014년 2월 5일, 마닐라 시장 조지프 에스트라다는 출퇴근 직장인에게 반가운 소식이 될 만한 새 법안에 서명했다. 필리핀의 대도시 마닐라는 인구가 급증하는 바람에 무계획적으로 뻗어나갔고, 거리마다 차량들로 터져나갈 지경이었다. 교통체증이 극심해 출퇴근에 5시간 이상 허비하는 것이 보통이었다.

결국 시 당국은 교통체증을 해소하기 위해 새벽 5시부터 밤 9시까지 하루 16시간 동안 주요 도로에 화물트럭 통행을 금지하는 조례를 통과시켰다. 에스트라다 시장이 자신 있게 선언했다. "버스와 트럭이 도로의 무법자였던 시대는 끝났습니다."

하지만 다른 문제가 대두되었다. 마닐라는 해외 화물의 절반가량을 취급하는, 필리핀에서 가장 중요한 항구를 품고 있었다. 시장이 트럭 통행을 규제하기 전에는 매일 6천여 개의 컨테이너가 트럭에 실려 항구를 드나들었다. 하지만 조치 이후 그 수가 3500개로 줄었다. 그러자 컨테이너가 적체되기 시작했다. 가뜩이나 복잡한 항구의 도로들이 컨테이너로 막혔고, 이로 인해 운반 장비가 제대로 드나들지 못해 작업 효율이 떨어지는 악순환이 빚어졌다. 터미널의 화물 처리 시간이 6일에서 10일로 늘어났다.

결국 중앙정부가 개입해야 했다. 베니그노 아키노 3세 대통령이 "성급하게 조례를 만들었다"면서 마닐라 관료들을 공개적으로 비난했다. 에스트라다 시장은 조례를 만든 지 7개월 만에 금지 조치를 해제하는 행정명령에 서명하고 말았다.

마닐라 시장의 조치로 일본 자동차 회사 토요타도 영향을 받았는데, 필리핀은 생산을 위한 부품을 태국으로 운송하는 허브였다. 토요타는 2014년 마닐라의 트럭 통행 규제로 필리핀에서 운송되는 선박 물동량이 10% 줄면서 해외 매출에서 8억 9700만 달러의 손실을 빚었다.

사키치 토요타가 토요타 자동차를 설립한 1933년에 비해 세상은 매우 많이 달라졌다. 1950년에 토요타는 492대의 자동차를 수출했다. 그해에 미국에서 가장 많이 팔린 자동차는 미국산 쉐보레 벨에어였다. 모스크바에서 가장 많이 판매된 차는 러시아산 가즈 포베다였으며, 파리에서 1위로 판매된 차는 프랑스산 르노 4CV였다.

하지만 2015년 미국에서 가장 많이 팔린 자동차는 토요타의 캠리였고, 러시아에서 몇 달에 걸쳐 1위를 차지한 모델은 러시아산 라다가 아니라 한국의 기아자동차 리오였다.

이처럼 자동차 생산과 판매가 세계화로 인해 급변하고 있는 가운데, 마닐라에 위치한 토요타 화물의 컨테이너 문제는 자동차 같은 전통산업마저 경영 환경이 얼마나 많이 변화했는지 보여준다. 일본의 자동차 회사가 필리핀 시장의 정치적 결단에 대해 걱정해야만 하는 상황이 된 것이다.

벤처투자자 마크 안드레센이 말한 대로다. 오늘날 **"국제적 시각을 대체할 만한 것은 없다."**

이 장에서 우리는 지난 30년간 이러한 상황을 형성해온 3가지 트렌드, 즉 공급망 혁신, 통신 혁명 및 냉전 후 정치 급변을 살펴보고자 한다. 이러한 메가트렌드(거대한 변화) 현상이 기업에게 가장 좋은 시기 혹은 가장 좋지 않은 시기를 만들어냈으며, 전례 없는 경제적 기회와 함께 전례 없는 정치적 위험을 함께 선사했다.

비즈니스 트렌드: 세계화 및 공급망의 혁신

지난 30년을 분석해보면 공급망 관리가 어떻게 혁신되어 왔는지 알 수 있다. 오늘날의 공급망은 그 어느 때보다 길어졌고, 최적화되었으며, 세계적이다. 아주 작은 기업도 국제 장거리 공급망을 보유하게 되면서 해외의 저임금 및 저렴한 운송비, 최적화된 생산 시스템이라는 기회와 이윤을 확보할 수 있다.

페어폰도 그중 하나이다. 네덜란드에 본사를 둔, 전 직원이 27명에 불과한 휴대전화 회사 페어폰은 공급망의 변화를 수시로 파악해 스마트폰 제조에 있어 사회적인(비경제적인) 영향을 최소화하려고 한다. 물론 텅스텐이나 탄탈륨과 같은 일부 소재는 르완다 또는 콩고민주공화국 등 분쟁 국가들로부터 조달한다. 다른 부품들은 북미, 유럽, 중동

등을 거쳐 중국에 있는 휴대폰 조립 공장으로 모은다. 결국 페어폰의 소재와 부품들은 전 세계를 거의 한 바퀴 돌아 휴대폰으로 만들어져 소비자에게 도착하는 것이다.

우리는 페어폰이 공급망을 어떻게 설계했는지 알기 위해 개발 책임자 비비 블리케모렌을 인터뷰했다. "우리가 다른 회사와 다른 점은 위험을 피하기보다는 최대한 이용하려고 한다는 점이죠. 무조건 피하기보다는 문제가 있는 부분을 찾아서 고치려고 노력해요."

페어폰은 중국에서 사회적 또는 환경적인 문제를 일으키지 않는 협력사를 신중하게 선별하고, 아프리카 분쟁 국가라 해도 상대적으로 안정적인 지역의 소재를 공급받기 위해 협력사와 긴밀히 작업한다.

공급망 혁신은 1980년대 토요타에서 촉발되었는데, 그 후로 기업들은 부품 재고 비용을 줄이고, 잘나가는 상품을 소비자가 원할 때 생산해 판매함으로써 이익을 늘릴 수 있도록, 최적의 관리 시스템을 개발해왔다. 이로 인해 효율성과 주문 제작 기술이 눈부시게 향상되었다. 아마존 프레시의 경우, 뉴질랜드산 그래니 스미스 품종 사과를 주문하면 다음 날 아침 현관에서 받을 수 있다. 휴대전화 단말기는 2000년에 비해 지금 선택할 수 있는 모델이 900가지나 더 많다.

당연히 공급망 혁신에도 어두운 면이 있다. 더 장거리의, 더 최적화된, 더 세계적인 공급망은, 멀리 떨어진 곳에서 일어나는 장애에 더욱 취약할 수밖에 없다. 기업들이 이윤과 속도를 찾아 더 많은 곳으로 영역을 확대함에 따라, 언제 어디서든 일어날 수 있는 정치적 행위가 상품과 서비스를 중단시킬 수 있게 된 것이다.

이런 재앙은 갑자기 발생한다. 2014년 중국은 베트남의 배타적 경제수역으로부터 70마일 떨어진 분쟁 지역 시사군도 부근에 석유 굴착장치를 설치했다. 이에 따라 반중 시위가 베트남에서 거세게 일어났다. 불똥이 베트남 내 중국 자본 공장으로 튀었다. 나이키 신발 하청 공장부터 아이패드에 재료 및 부품을 납품하는 공장들까지 대거 폐쇄됐다. 대형 장난감-의류 제조업체 리앤펑은 시위가 발생한 일주일 동안 베트남 공장의 가동을 중단해야 했고 유통업체에 공급할 제품 선적도 중단했다. 이로 인해 월마트와 타겟 같은 미국의 대형 업체들이 판매에 피해를 입었다. 중국-베트남의 영토 분쟁에서 촉발된 정치적 위험이, 전혀 상관없어 보이던 미국 유통업체의 상품 진열대에 영향을 미친 것이다.

볼트와 너트 때문에 3년 미뤄진 보잉 787 프로젝트

공급망이 길어지고 복잡해지다 보니, 때로는 문제가 발생해도 이를 발견하는 데 오랜 시간이 걸릴 때가 있다. 앞에서 잠깐 언급했던 보잉이 그랬다.

2007년 보잉의 새 모델 '787 드림라이너'는 말 그대로 '악몽'이 되었고, 생산이 3년이나 지연되고 말았다. 출발점은 9·11테러였다. 테러 발생 후 항공기 이용자의 감소가 항공기 제작 감소로 이어졌고, 이 여파가 다시 부품업체에 영향을 줌으로써 비행기 동체 조립용 초강력 볼트와 너트를 생산하는 기업들의 대량 해고와 구조조정을 초래했다.

테러의 폭풍이 가신 뒤 보잉이 787 기종을 생산하려 했을 때, 그들은 볼트와 너트 공급업체 알코아가 그사이 인력을 41%까지 감축하는 바람에 생산 스케줄에 맞출 수 없다는 사실에 직면했다. 볼트와 너트가 비행기에서 차지하는 비중은 가격 기준 3%에 불과했다. 그런데 이처럼 미미한 부품의 공급 차질이 1360억 달러 규모의 드림라이너 사업을 출발부터 망쳐버린 형국이었다.

더욱 심각한 문제는 보잉의 잘못된 대응이었다. 홈디포 같은 유통사에서 임시로 구입한 볼트와 너트로 항공기 조립을 일단 마치고 나중에 바꿔 끼우려던 차선책이 언론 보도로 드러나는 바람에 경영진이 나서서 잘못을 인정해야 했다. 이로써 보잉 787은 개발 완료와 함께 최고 실적의 주문을 기록하고도 가장 오랜 기간 동안 팔지 못한 비운의 항공기 모델로 기록에 남았다.

정치적 움직임으로 인한 공급망의 취약성에 대해 우리가 염두에 두고 있어야 할 가장 중요한 부분이 '누적 위험cumulative risk'일 것이다. 비즈니스 흐름은 복잡한 글로벌 환경 어딘가에서 일어나는 정치적 행위에 따라 꼬이고 다시 꼬이는 경우가 많다. 선거 혹은 쿠데타, 지역 시위 또는 영토 분쟁, 스캔들이나 외교 위기, 규제의 변화, 사이버 공격, 전염병, 정부의 개입, 테러 공격 등등이 그렇다.

2016년에 발생한 다음의 사건들을 생각해보라. 대부분 예전에는 가능성이 크지 않다고 여겼던 것들이다.

정치가 던지는 위험

- 유럽 통합에 가장 큰 타격을 준 영국의 EU 탈퇴 투표.
- 이탈리아 총리 마테오 렌치의 개혁안을 유권자가 거부하자 총리 사임. 이탈리아와 EU의 관계 약화.
- 이란과 사우디아라비아의 외교 단절.
- 베네수엘라 식량 부족, 소요 발발.
- 콜롬비아 정부와 콜롬비아무장혁명군 FARC 사이의 평화협정 체결로 50년간의 갈등 마무리.
- 미국 민주당 중앙위원회와 야후, 도메인 서비스 공급업체 다인, 링크드인에 대한 대규모 사이버 공격.
- 브라질에서 지카 바이러스 발생, 리우 올림픽 시기 20개국에 확산.
- 중국 주식시장의 충격. 당국의 개입과 거래 중지 명령.
- 우크라이나, 시리아, 이라크, 아프가니스탄의 대규모 군사적 충돌.
- 터키의 쿠데타 불발로 민주주의 후퇴.
- 벨기에, 프랑스, 독일, 인도, 인도네시아, 페루, 태국, 미국을 포함한 30여 개국에서 테러 발생.
- 브라질 대통령 지우마 호세프 탄핵.
- 한국 대통령 박근혜 탄핵.
- 북한이 다섯 번째 핵 실험 강행.
- 로드리코 두테르테가 필리핀 대통령에 당선되어 중국과는 친교, 미국과는 긴장 관계를 공언.
- 에티오피아 집권당이 1991년 권력을 잡은 뒤 가장 규모가 큰 시위가 발생, 정정이 불안.
- 중앙아시아에서 가장 평온했던 카자흐스탄이 이슬람의 폭력과 시위로 동요.
- 세계 최강 마약왕이자 '엘 차포'로 알려졌던 호아킨 구스만이 멕시코 감옥에서 탈출했다가 붙잡혀 다시 투옥.
- '파나마 페이퍼스 Panama Papers' 스캔들[3]이 국제적인 조사, 규제 개혁, 아이슬란드 총리의 사임을 촉구.
- 중국이 남중국해 산호섬에 3200에이커의 땅을 만들어 군사시설을 지으면서 영토 분쟁 발생.
- 도널드 트럼프가 미국 대통령에 당선.

페덱스 설립자 프레드 스미스가 강조하는 것처럼, "당신 사업과는 상관없는 것으로 보이는 정치적 위험에 대해 늘 심각하게 고려하고 있어야 한다."

2016년 페덱스의 위험분석팀은 "브렉시트 가능성이 25%, 트럼프가 미국 대통령에 당선될 가능성이 25%에 이른다"고 예측했다. 8장에서 보겠지만, 페덱스는 예기치 않았던 일에 대해 생각보다 자주 계획을 세울 필요성이 있다고 생각한다. 그래서 이 회사는 가능성이 적은 일이 현실이 될 경우에 대비한 '우연 대비 방침'을 마련해두고 있다.

자연재해는 자주 일어나는 장애 요인이며, 공급망 관리의 핵심이기도 하다. 아주 가끔 일어나는 사건으로 인해 공급망이 중단되는 일은 거의 없다. 속담처럼 번개는 같은 곳에 두 번 내리치지 않는다. 그러나 어딘가에서는 발생한다.

'적시(제때) 공급'이라는 재고 관리 방식은 이 같은 중단 위험성을 확대한다. 공급망이 최적화되어 있어서 각각의 핵심 연결망에 며칠 분, 또는 몇 시간분의 재고만을 보유하고 있다는 것 자체가 이미 위험한 일일 수 있다. 이는 문제가 발생하면 완충장치가 없다는 의미다. 정치학자 마틴 랜도와 도널드 치즈홀름은 '적시'가 '만약의 경우'를 대체해버렸다고 경고한다. 단기 이윤 추구가 장기적인 위험을 만들어낸 꼴이다.

앞에서 우리는 어떻게 포드와 크라이슬러가 9·11테러 이후 미국의 항공기 이류 금지 조치와 씨름해야 했는지 언급했다. 크라이슬러

정치가 던지는 위험

는 모든 부품의 공급을 항공에서 육상 운송으로 바꾸도록 협력업체들에게 요청했다. 반면 포드는 기민하게 대응하지 못했고, 공급 체계를 바꾸려고 했을 때는 가능한 물류업체를 찾아낼 수 없었다. 포드는 다섯 곳의 공장 문을 닫아야 했고 그 분기 생산을 13%나 감축하고 말았다.

하지만 크라이슬러도 사태 초기에는 장애 발생에 취약할 수밖에 없었다. 두 회사 모두 공급망이 최적화되어 있었기 때문에 새로운 공급 물량이 도착할 때까지 생산 라인을 가동할 만한 여유분을 갖고 있지 않았다.

극한 원가 절감 대신 얻은 것: 정치적 위험과 공급 불안

공급망의 '가시성'도 문제다. 너무 많은 공급업체가, 너무 많은 곳의, 너무 많은 하도급 업체에 외주를 주는 바람에 공급망이 한눈에 보이지 않는다. 경영진은 공급망이 얼마만큼 뻗어 있는지, 누가, 무엇을, 언제, 어디에서 생산하는지에 대해 어렴풋하게 알고 있을 뿐이다.

여기에서도 보잉의 '787 드림라이너'가 타산지석의 교훈을 준다. 볼트와 너트가 문제였지만, 유일한 문제는 아니었다. 이 회사는 책임과 협동을 담보하지 못하는 매우 복잡하고 불투명한 공급망 때문에 어려움을 겪었다.

787에 대한 전 세계적 주문에 대응하기 위해, 보잉은 항공기 인도 기간을 6년에서 4년으로 줄이고 생산 비용을 100억 달러에서 60억 달러로 감축하는 새로운 시스템을 시도하기로 했다. 공정을 단계별로 나누어, 보잉은 약 50개의 1단계 협력사들과 계약했는데, 1차 협력사는 2차 협력사에서 받은 부품으로 항공기의 주요 부분을 조립하고, 2차 협력사들은 개별 부품을 3차 협력사에서 받아 가공해 1차 협력사에 전한다. 전체적으로 보면, 보잉은 787을 제조하고 인도하기 위해, 5개 대륙 12개 국가에 있는 100개 이상의 협력업체를 활용했다.

2차나 3차 업체에서 재고 부족이나 배송 지연이 발생하면 최종 생산에 상당한 누진적 위험을 미칠 터였다. 이에 따라 보잉은 공급망 관리를 개선하기 위해, 웹 기반 프로그램을 이용해 공급망에 있는 부품들을 추적했다. 괜찮은 아이디어였다. 문제는 2차와 3차 업체들이 가끔 제대로 된 정보를 제때 시스템에 입력하지 못했다는 점이었다.

2016년 2월 기준, 보잉이 2004년부터 주문받은 '787 드림라이너' 1143대 가운데 조립을 완료해 고객사에 인도한 물량은 380대에 불과했다.

보잉사와 동병상련의 기업이 많이 있다. 2008년 IBM의 설문 조사에서, 유통, 제약, 식음료, 통신, 전자를 비롯한 25개국 29개 산업군의 경영진이 "공급망의 가시성 부족이 해결해야 할 최우선 과제"라고 털어놓았다.

공급망의 지리적 확대 또한 기업들을 생산 장애에 취약하게 만든 요인이다. 클리블랜드에 본사를 둔, 용접제품 제조업체 링컨전기의 위험관리자 존 해크가 말했다. "우리는 전 세계에서 재료를 사옵니다.

50개 국가의 공급업체들과 일하고 있는데 이들 중 상당수는 제3세계 국가들이죠."

이 같은 모든 요인이 정치적 위험들로 인한 공급망 장애가 왜 점점 확산되고 있는지 설명해준다. 2013년 세계경제포럼WEF 보고서에 따르면 80%의 경영진이 지정학적 불안정성, 자연재해, 불안정한 가격 등에 대해 걱정하고 있다고 한다.

공급망 장애로 인한 기업 손실 보고가 늘어나는 가운데 기업들이 특히 내전, 정책 변화, 체제 불안, 국가 간 갈등, 테러 등 정치적 위험에서 비롯되는 공급망 장애에 제대로 대비하지 못하고 있다는 사실도 드러났다. 미국 생산성품질센터APQC의 2013년 설문 조사에서 22개 산업군 196개 기업 가운데 83%가 "최근 24개월 동안 갑작스러운 공급망 장애로 인해 애를 먹은 사실이 있다"고 털어놓았다. 상황이 심각했기 때문에 최고경영자가 직접 개입하고 관심을 쏟아야 했다.

그런데 이보다 주목해야 할 사실이 있다. 그들 중 86%가 "충격을 안겨주었던 정치적 사건들이 앞으로도 걱정된다"고 응답했다는 점이다. 왜일까?

이들 기업이 이윤을 찾아 정치적으로 불안정하며 자연재해가 심한 지역의 공급업체들을 찾아 나섰기 때문이다. 많은 기업이 더욱 낮은 생산 비용을 추구하느라 비상 상황에 자주 노출되는 방글라데시와 인도네시아, 브라질 같은 곳의 공급업체를 이용하고 있다. 조사에 응한 기업 중 약 25%만이 이러한 문제들을 예측하고 대비할 준비가 되어 있다고 답했다.

작은 집단, 큰 효과 : 통신기술의 대두

정치적 위험을 조성하는 두 번째 메가트렌드는 기술적인 것이다. 소셜미디어, 휴대전화, 인터넷 확산이 작은 집단에 엄청난 힘을 불어 넣어 주었다. 세계의 48%가 온라인으로 연결되어 있다. 이미 지구상에는 사람보다 휴대전화의 수가 더 많다. 2020년에는 수돗물과 전기보다 휴대전화를 갖는 사람이 더 많아질 것이다. 연결됨으로써 존재한다. 그리하여 정치, 비즈니스, 사회에 엄청난 변화를 불러온다.

2006년 「타임」이 선정한 올해의 인물은 '여러분(You)'이었다. 그간의 전통에서 벗어난 결정이었다. 「타임」은 오랫동안 좋든 나쁘든, 세계에 영향을 미친 지도자와 유명인사를 올해의 인물로 선정해왔다. 마틴 루터 킹, 아돌프 히틀러, 니키타 흐루쇼프 같은 사람들이었다. 하지만 2006년의 '여러분'을 통해 「타임」이 말하고 싶은 게 있었다. 그들은 기술 혁신이 개인에게 얼마나 많은 힘을 부여하게 되었는지 깨달았다. 편집장 리처드 스텐겔은 "개인이 정보화 시대의 성격을 바꾸는 가운데, 사용자 중심 콘텐츠 크리에이터들과 소비자들이 예술과 정치, 상거래를 변화시키고 있으며, 이들이 새로운 디지털 민주주의의 참여 시민이라는 점을 강조했다"고 밝혔다.

경제학자와 정치학자들은 집단행동의 비용, 즉 사람들이 공동의 목적을 추구하는 데 들이는 노력에 관해 많은 연구를 했다. 그 결과 같은 그룹의 구성원들이 추구하는 공동의 목적이라 할지라도 집단행동의 비용은 비싸다는 것을 발견했다.

사람들을 조직하는 것은 어려운 일이다. 가정과 직장에 기울여야 할 시간을 빼앗는다. 추후 생길지 모를 혜택을 위해 노력을 먼저 기울여야 한다. 특히 잠재 구성원이 지리적으로 멀리 있거나 서로를 알지 못할 경우에는, 누가 우리의 편인지 찾아내고, 만나고, 함께 행동에 나서기 어렵거니와 위험할 수도 있다.

게다가 집단이 클수록 각 구성원은 다른 이들이 각각의 몫을 방기할까 봐 걱정하게 된다. 모두가 다른 사람의 태만을 걱정하는 가운데 태만이 만연해 일이 제대로 진행되지 않는다. 그래서 사람들은 자신의 기여가 변화를 이끌어낼 수 없다고 생각한다. 미국 유권자의 절반만이 투표에 나서는 이유 중 하나다. 이런 집단행동의 높은 비용은, 같은 생각과 목표를 공유하고도 실제 대중운동으로 이어진 사례가 왜 역사적으로 많지 않은지 설명해준다.

그러나 통신기술이 집단행동 비용을 급격히 낮추었고, 비슷한 생각을 가진 사람들이 서로를 찾아 정보를 공유하고, 조직하고, 엄청난 지리적 격차를 가로질러, 공통의 목적을 향해 느슨한 협동 방식으로, 개별 행동을 하는 것을, 더 쉽고, 안전하고, 빠르고, 저렴하게 만들었다. 인권 운동가들부터 미녀 가수 테일러 스위프트의 팬들, 테러리스트들에 이르기까지 국가를 초월한 모든 종류의 움직임들은, 통신기술이 집단행동 비용을 줄여주었기 때문에, 보다 쉽고 효율적으로 모집하고, 조직하고 실행할 수 있는 것이다. 매주 지역을 옮겨가며 회의를 하는 것과 스마트폰에서 '전송', '좋아요', '업로드'를 클릭하는 것은 완전히 다른 차원이다.

과일 장수의 분노에서 아랍의 봄까지

2011년 아랍의 봄[4]은 발전된 통신기술이 어떻게 집단행동에 힘을 불어넣는지 보여주었다. 중동과 북아프리카를 휩쓸고 튀니지와 이집트 체제를 붕괴시킨 이 저항 운동은 모하메드 부아지지라는 튀니지의 과일 장수가 억울한 일을 당하면서 시작되었다.

2011년 12월 17일, 한 여성 경찰이 부아지지를 막아섰다. 과일 몇 봉을 공짜로 달라는 요구였다. 그가 거절하자 저울을 빼앗겼고 언쟁이 벌어졌다. 부아지지는 사람들이 지켜보는 가운데 뺨을 맞고 경찰 곤봉으로 두들겨 맞았다. 부패한 경찰에 진절머리가 났던 부아지지는 이런 수치스러운 일까지 당하게 되자, 시청으로 달려가 담당 공무원에게 면담을 요청했지만 거부당했다. 다음 날 부아지지는 시청으로 가서 자신의 몸에 시너를 붓고 불을 붙였다.

인근에서 소규모 시위가 벌어졌다. 부아지지의 사촌도 시위에 참여했다. 그는 휴대폰으로 집회 동영상을 찍어 온라인에 올렸다. 33세의 튀니지 블로거 슬림 아마무가 영상을 발견했고 자신의 페이스북에 올렸다. 페이스북 포스팅이 산불처럼 번졌다. 그날 밤 알자지라 방송이 아랍 각국의 시청자들에게 영상을 수차례 보여주었다.

튀니지의 시위 규모가 점점 불어났다. 몇 주 뒤 튀니지 대통령 지네 엘아비디네 벤 알리가 나라 밖으로 탈출했다. 과일 장수 부아지지의 희생이 나라 밖으로 번져 예멘, 시리아, 이집트, 리비아, 바레인의 저항운동에 불씨를 당겼다. 「워싱턴 포스트」의 마크 피셔가 기사에 쓴 것처럼, "변화의 파도는 오랜 독재자가 자만에 빠진 나머지 한때 환심을 사려 했던 민중으로부터 멀어졌기 때문에, 또한 비밀경찰이 이해하지 못했던 소셜미디어가 많은 사람에게 퍼져 있었기 때문에, 또한 명예가 돈보다 중요한 시골 마을에서 모하메드 부아지지가 친구들 앞에서 모욕을 당했기 때문에 발생했다."

통신기술의 발달로 인해 한 사람의 행동이 대규모의 의도치 않은 정치적 효과를 몰고 올 수 있는 것은 맞지만, 일부 국가에서 여전히 취약한 인권 및 안전 문제를 보면 반드시 그렇지는 않은 것 같다. 그럼에도 사람들은 감정을 기술로 공유해 변화를 만들어낸다.

'최후의 포옹'과 안전한 작업장

2013년 4월 24일, 방글라데시에 있던 8층 규모의 라나 플라자 공장이 갑자기 붕괴했다. 이 사고로 공장 안에서 일하던 1100명의 의류 노동자가 사망했다.

하지만 이 비극은 전혀 예상할 수 없었던 블랙 스완[5]은 아니었다. 방글라데시 산업 현장의 안전 문제는 이미 널리 알려진 사실이었다. 라나 플라자 사고 발생 2년 전인 2011년에도, 수백 명의 의류 노동자가 화재 및 안전사고로 죽었다. 방글라데시는 5천 개의 공장에서 450만 명의 의류 노동자가 일하는, 세계 2위(200억 달러)의 의류 수출국이다.

국제노동조합은 다카Dhaka에서 열린 회의를 통해 국제적인 의류업체, 공급업체, 노동조합, 정부 관료, 비정부기구NGO들에게 '화재 및 건물 안전에 관한 합의문'을 제출했다. 그러나 어떤 의류업체도 이에 서명하지 않았다.

하지만 2013년 라나 플라자가 붕괴된 뒤, 교착 상태에 빠져 있던 노동조합들의 안전 구상이 갑자기 동력을 얻게 되었다. 어떻게 된 것일까?

이번에는 붕괴 소식과 함께, 그로 인한 대중의 분노가 인터넷에 널리 퍼졌기 때문이었다. 사고가 터지고 하루가 지나기 전, 노동자권익협회가 '비리 공개 캠페인'을 시작했다. 붕괴한 공장에 의류 생산을 맡겼던 패션업체의 명단이 만들어졌다. 동시에 「타임」의 사진기자가 촬영한 충격적인 사진이 온라인에 함께 퍼졌다. '최후의 포옹: 방글라데시의 잊을 수 없는 사진'이라는 기사에는 슬픈 최후를 맞이한 연인의 마지막 모습이 담겨 있었다. 부둥켜안은 연인이 건물 잔해에 반쯤 묻혀 있었다. 남자의 눈에는 눈물 같은 피가 흘렀다. 국제노동조합과 NGO 단체, 유엔의 전문가들이 통신망을 이용해 지지자들에게 연락하고 온라인 청원을 시작했다.

한 달이 되기 전에 그 성과가 나타났다. 방글라데시에서 의류를 가장 많이 공급받은 스웨덴의 H&M를 필두로 대형 기업들이 화재 및 건물 안전에 관한, 5년간의 법적 구속력이 있는 합의문에 서명하기 시작했다. 그 내용은 대형 의류업체들에게 안전 조사를 요구하고, 조사 결과를 공개하며, 직원들과 관리자들에게 안전 교육을 제공하고,

정치가 넌지는 위험

수리 비용을 의무적으로 제공하는 한편, 안전 개선안을 거부하는 공장과는 거래를 중단한다는 약속이었다. 여름 무렵 미국은 방글라데시가 공장들에 대한 조사를 개선하고 안전조치를 따르지 않을 경우의 벌금과 제재를 늘릴 때까지 무역 혜택을 중단하겠다고 발표했다. 가을에는 유럽과 미국에 있는 100개의 의류업체들이 합의문에 서명했고, 월마트와 갭Gap을 포함한 유통업체들도 합의에 도달했다.

그린피스의 압박을 '기회'로 연결시킨 레고 그룹

그린피스에 대한 레고 그룹의 경험은 통신기술이 놀라운 방식으로 산업에 영향을 미칠 수 있음을 보여준다.

해양 석유 굴착 장비에 올라가 고공 시위를 벌이는 것으로 유명한 환경 단체에게 레고 블록을 만드는 덴마크 유명 기업은 어울리는 목표물이 아니었다. 하지만 레고 그룹이 셸Shell의 오랜 협력사였다는 사실을 발견한 그린피스는 어떤 아이디어를 생각해냈다.

2014년 그린피스는 북극해의 석유 시추에 반대하는 캠페인의 일환으로 디지털 영상물을 제작했다. 영상에는 레고 블록으로 만들어진 알래스카 야생이 등장한다. 하얀 눈으로 뒤덮인 그곳에 산타클로스, 북극곰, 스케이트를 타는 아이들이 등장한다. 하지만 깨끗했던 야생이 순식간에 오염된 석유 찌꺼기로 뒤덮이고 만다.

영상물을 제작한 그린피스의 전략은 분명했다. 이 단체는 홈페이지에 이렇게 선언했다.

　기업은 협력사와 공급업체를 윤리적으로 선택해야 할 책임이 있습니다. 레고 그룹은 아이들에게 더 나은 세상을 물려주고 싶다며 진보적인 환경 정책을 강조해왔습니다. 그런데 지구상에서 오염물질을 가장 많이 만들어내는 기업 중 하나이자 북극해를 위협하는 셸과 파트너십을 맺고 있습니다. 이것은 끔찍한 결정이고, 아이들에게는 나쁜 소식입니다. 우리는 레고에게 셸과 영원히 결별하여 북극해를, 그리고 아이들을 지켜줄 것을 요구합니다.

　이 영상이 인기를 끌면서 600만 회 시청되었다. 그린피스의 소셜미디어 운동은 효과가 있었다. 레고 그룹은 결국 셸과 50년간의 파트너십을 끝냈다. 그런 다음 그린피스가 요구한 것보다 훨씬 많은 것을 실행에 옮겼다. 곧 보게 되겠지만, 레고는 '닥쳐올 위험'을 주시하며, 이를 훌륭하게 관리하는 기업이다.

　그린피스 비디오는 환경운동에 대한 소비자의 관심이 높아지고 심지어 어린이 장난감 시장에서도 지속 가능한 제품에 대한 선호가 갈수록 중요해질 것이란 의미였다. 그린피스 동영상 파문을 겪은 레고는 1년 뒤 새로운 계획을 발표했는데, 그 내용은 2030년까지 지속 가능한 대안을 실행하기 위해 자재 및 포장, 운영에서 과감한 환경 목표를 설정하고, 1억 5천만 달러의 기금과 100명의 직원으로 '지속 가능 자재 센터'를 창실하는 것이었다.

　　　　　　　　　　　　　　　　　　　　　정치가 던지는 위험

아랍의 봄, 방글라데시 안전사고, 장난감 회사의 파트너십 문제, 이 모든 일들에서 통신기술이 집단행동 비용을 줄여주었다. 먼 곳에서 일어난 사건과 행동을 곳곳에 전파함으로써 상당한 효과를 발휘할 수 있었다. 멕시코 건설자재 회사 시멕스의 엔리크 알라니스는 "소식이 매우 빠르게 이동한다. 니카라과의 나쁜 소식이 순식간에 미국과 멕시코뿐 아니라 유럽에도 알려진다. 우리는 글로벌 기업이기 때문에, 브랜드를 더욱 조심스럽게 관리할 수밖에 없다"고 말한다.

통신기술의 이러한 변화는 억압 사회에서 자유를 추구하는 시민들에게 새로운 희망을 던져주며, 기업들에게는 새로운 도전과 기회를 제공한다.

냉전이 끝난 후 정치의 핵심 트렌드들

지금은 현대사에서 가장 복잡한 안보 환경이다. 과거 냉전 시기에는 미국과 소련의 경쟁이 적과 동맹을 나누는 명확한 기준이 되었다. 교역과 안보에서도 세계가 크게 서구 자본주의 시장과 소련의 계획경제로 분명하게 구분되었다.

그러나 오늘날은 무엇이든 분명치 않다. 중국의 성장, 러시아의 (우크라이나) 침공, 유로 존 내부의 긴장, 핵무기 확산, 중동과 북아프리카 일부 국가의 분열, 비국가 테러 집단과 사이버 범죄망의 부상 같은 몇 가지 트렌드가 현재의 상황을 훨씬 복잡하게 만들고 있다.

이제 안보는 단지 안보에 대한 것만이 아니다. 경제 전쟁이 안보와 긴밀하게 연결되어 있다. 중국에 의해 조종되는 국가들이 세계 경제에서 역할을 확대하고 있는데, 이들은 타국의 인프라에 투자하고, 국부 펀드 및 국영 기업을 이용하여 전략적으로 투자하며, 다른 나라의 국채를 사들인다.

또한 경제 제재가 가장 빈번하게 사용되는 정치적 수단이 되었다. 1990년 이전에는 유엔 안전보장이사회의 제재 대상국이 둘뿐이었다. 1966년의 남로디지아(현재의 짐바브웨)와 1977년의 남아공이었다. 유엔은 그 이후 20개국에 제재를 가했고, 미국이 별도의 자체 제재를 취하기도 한다. 2015년 미국과 유럽연합은 러시아의 우크라이나 침략에 대해 제재를 가하는 한편, 핵무기 합의에 대한 대가로 이란에 대한 제재를 해제했다. 하지만 그 이후의 제재 양상은 더 복잡해졌다. 2016년 미국은 핵무기 제재를 해제했던 이란이 탄도미사일을 실험, 유엔 결의안을 위반했다며 새로운 제재를 가했다.

국제적인 경제 정책 이슈의 경우, 예전에는 7개 선진국이 논의할 영

정치가 던지는 위험

역이었지만, 요즘에는 신흥시장이 중요해지면서 규모를 확장, G7이 G20이 되었다.

세계 경제의 흐름을 바꾼 네 번의 충격

특히 네 번의 뚜렷한 '외생적 충격'이 정치는 물론 경제에 심각한 영향을 미쳤다.

가장 큰 충격은 2001년 9월 11일의 테러였다. 당시 부시 대통령의 국가안보 보좌관이던 콘돌리자에게 9·11테러가 가져다준 가장 큰 깨달음은 미국이 강대국도 아닌, 통치되지 않는 존재들에 의해 위협받았다는 것이었다. 이것은 완전히 새로운 세상이었다. 베스트팔렌 조약이 국제 관계에서 근대 국가 체계를 출범시킨 후로, 강대국은 언제나 다른 강대국에 의해 위협받고, 그들과의 경쟁에 신경을 집중해왔다. 하지만 이제는 아니었다. 모든 영토는 해당 국가에 의해 통제되지만, 아프가니스탄과 같은 나라는 미국에 심각한 해를 가할 위험이 큰 집단의 은신처가 될 수 있었다. 9·11테러는 영국 군대가 백악관에 불을 지른 1812년 전쟁 이후 처음으로 미국 본토에서 벌어진 대규모 공격으로 엄청난 희생을 초래한 결과 안보 문제에 관한 미국인의 생각을 바꾼 사건이었다.

두 번째 충격은 7년이 지난 후 금융 위기였다. 금융 위기는 다른 방식으로 비즈니스에 정치적 위험을 증가시켰고, 긴축 정책과 새로운 규제의 형태로 더 많은 정부 개입을 초래했다. 또한 금융 위기로 인해 사람들 사이에 세계 경제 메커니즘에 대한 수준 높은 인식이 형성되었다. 세계 금융 시스템의 문제로 인해 만약 집을 잃는다면, 국제 경제가 개인의 문제로 와 닿게 되는 것이다.

나머지 2가지 충격은 국제 질서의 변화와 관련된 문제다. 아랍의 봄과 중동의 소요는 정부와 기업 모두에게 그 지역에서 일어나는 일에 어떻게 대처해야 할지 혼란스럽게 만들었다.

혼란의 출발점은 과거 오스만제국이 기울 무렵, 서구 열강(프랑스와 영국, 이탈리아)에 의해 지금의 사우디아라비아, 예멘, 터키, 이라크, 시리아 등의 국경이 종이봉투 뒷면에 적당히 그려지면서였다. 이슬람 종파인 시아파와 수니파는 물론 쿠르드인이 몰려 있는 지역을 가로질러 국경이 그어졌다.

시리아 내전으로 700만 명의 난민이 발생하자 혼선의 정도가 더욱 심해졌다. 유럽 난민 정책에 미칠 영향은 더욱 오래 지속될 전망이다. 이에 따라 유럽연합이 중동의 위험으로부터 가입국의 국경과 시민을 보호하지 못하고 있다는 강력한 불만이 고조되고 있다.

마지막 충격은 콘돌리자가 '강대국의 나쁜 짓'으로 부르는 것이다. 중국이 강대국으로 부상하고 러시아가 다시 국제 무대에 등장하면서 자기 주장을 편 결과, 오래 묵은 영토 분쟁(러시아의 우크라이나, 중국의 남쪽 및 동쪽 섬들)에 불을 지폈다.

두 나라로 인해 다른 문제가 생겼다. 러시아는 분명 석유, 가스, 광물 생산 외에는 국제 경제에 미치는 영향이 미미한 채굴 산업의 거물

정치가 던지는 위험

에 불과했다. 하지만 러시아의 크림반도 합병에 따라 각국의 경제 제재가 이어졌고, 인근의 비즈니스 환경이 불안정해졌다.

반면 중국은 성장을 위한 필수 시장일 뿐 아니라 제조에도 중요한 거점이다. 몇 년 전 거의 모든 산업에서 중국은 뜨거운 감자였다. 그런데 오늘날의 중화인민공화국에는 크게 주의해야 할 사항이 있다. 경제적 민족주의와 지적재산권 보호 문제. 하지만 이것은 또한 아시아태평양 지역에서 점점 공격적으로 변하는 중국에 대한 불편함이 커지고 있기 때문이기도 하다. 남중국해와 여타 지역에 대한 중국의 권리 주장과 동맹국을 보호하고 항해의 자유를 지키려는 미국의 의견이 상충하는 것으로 보인다. 많은 사람들이 이런 낡은 지정학적 이해관계가 중국 내에서 불안정한 비즈니스 환경으로 이어지게 될 것인지 질문한다.

이 밖에 새로운 걱정거리가 등장했는데, 상당한 정치 세력인 포퓰리즘과 보호주의다. 지금까지 당연하게 여겨진 세계 질서는 분명 제2차 세계대전 후에 등장한 것이다. 미국과 그 동맹국들이 고정된 파이나 제로섬 게임이 아닌, 개방된 국제 경제를 만들기로 한 데 따른 것이다. 보호주의와 인근 궁핍화 무역 정책이 유발한 대공황과 제1차 세계대전에 대한 반성이었다. 개방경제는 국가 간의 자유무역과 비교우위 성장으로 이어졌다. 브레턴우즈 체제 ─ 국제통화기금IMF, 세계은행, 관세 및 무역에 관한 일반 협정GATT(현재는 세계무역기구WTO) ─ 가 개방경제를 받쳐주는 수단이었다. 시간은 다소 걸렸지만, 소련의 붕괴와 중국의 개방 및 세계화로 개방경제가 완전히 광범위하게 뿌리내렸다. 전 세계에 걸친 영업 및 제조, 고용 체계를 가진 글로벌 기업이 이러한 결정의 직접적인 결과물이다.

다시 돌아온 위협: 포퓰리즘과 보호주의

그러나 토착주의, 포퓰리즘, 보호주의, 고립주의가 다시 돌아오고 있다. 세계화는 수많은 사람을 가난으로부터 구제했고, 거시경제 성장을 통해 엄청난 수의 사람들에게 혜택을 주었다. 그럼에도 패자는 있었다. 오늘의 경제 환경에서 경쟁할 기술이 없는 사람들에게는, 인도의 콜센터 근무자들(미국 소비자를 응대하는)이 기회가 아닌 위협의 상징이 되었다.

2016년 영국의 브렉시트 투표와 미국의 도널드 트럼프 대통령 당선(정치 경험이 전혀 없는 후보자가 대통령에 최초로 당선)은 부분적으로 세계화에 대한 이러한 반발에서 나온 것이다. 게다가 많은 정치인들이 세계화에 속았다고 느끼는 사람들의 "지금 내 이야기 듣고 있어요?(Do you hear me now?)" 메시지에 응답하고 있음은 분명하다. 이는 지난 미국 선거에서 후보자들—트럼프와 버니 샌더스, 힐러리 클린턴—중 어느 누구도 자유무역을 단호하게 옹호하지 않았다는 점에서도 드러난다. '이민'이라는 주제에서도 그렇다. 많은 유럽과 미국의 정치인들이 이 문제에 관한 한 자신의 분명한 입장을 드러내지 않고 슬쩍 발만 걸쳐두고 있다.

정치가 던지는 위험

미국 정치인들이 미국에서 상품을 사고, 고용하고, 생산하라고 공개적으로 말할 때, 영국의 정치인들이 자국 산업을 보호하려는 정책을 대놓고 밀어붙일 때, 글로벌 기업은 무엇을 해야 하는가?

그럼에도 현실이 보호주의자들의 충동을 완화할 것이다. 결국 세계화는 정책이라기보다는 현실이다. 물론 그렇다 하더라도, 수십 년간 개방과 자유무역을 향해 움직여온 시스템에 대한 위협을 국민이나 기업 모두 과소평가하지는 말아야 한다.

이 시점에서 당신은 이렇게 질문할 것이다. "정치적 위험이 그 어느 때보다 중요해졌다면, 우리는 그 위험에 대한 취약성을 완화하고 관리하기 위해 무엇을 할 수 있을까? 희망은 있는가?"

짧게 대답하면 그렇다. 정치적 위험을 이해하고 관리하는 것은 기업에게 매우 어려운 일이다. 그래서 기업들이 정치적 위험을 좌시하고 만다는 연구 결과가 반복적으로 나오는 것이다. 만일 위험에 집중한다고 해도 잘해 내지는 못한다.

다음 장에서 우리는 왜 정치적 위험 관리가 그토록 어려운 문제인지 조금 더 자세히 살펴본 다음 해결 방안으로 눈을 돌릴 것이다.

Essentials ━━━━━━━━━━━━━━━ **어떻게 여기까지 왔나**

- 경영, 기술, 정치의 거대한 흐름이 최고와 최악의 순간을 만들었다: 비즈니스에서 더 많은 국제적 기회가 생긴 반면, 정치적 위험도 더욱 늘었다.
- 공급망이 더욱 최적화되었고, 더욱 장거리화되었으며, 널리 퍼졌다. 혁신을 통해 비용이 줄었고, 제품의 맞춤 생산이 늘어났다.

- 그러나 이윤 추구가 공급망을 더 위험한 지역으로 내몰았고, 확대된 공급망으로 인해 기업은 전보다 자주 예측하기 힘든 누진적인 위험에 노출되고 말았다.
- 휴대전화, 인터넷, 소셜미디어의 확산이 작은 집단에 강력한 힘을 부여했다. 통신기술이 집단행동의 비용을 줄였으며, 이로써 비슷한 생각을 가진 사람들이 멀리 떨어진 서로를 찾아내 공동의 목적을 함께 달성하기가 쉬워졌다.
- 사회운동은 이제 활동가만을 위한 것이 아니다. 초연결 세상에서는 누구나 휴대폰으로 동영상을 찍어 올릴 수 있고 자발적으로 '트위터 시위'에 참여할 수 있다. 정부와 기업들은 예고 없이 '실시간으로 퍼져 나가는' 사건들과 맞서야 한다.
- 21세기 들어 4가지의 충격이 정치와 경제에 영향을 미쳤다. 2001년 9·11 테러로 인해 큰 위험을 만들 수 있는 능력이 더 이상 강대국의 전유물이 아니라는 사실이 드러났다. 2008년 금융 위기가 정부의 더 많은 개입과 포퓰리즘의 부상으로 이어졌다. 아랍의 봄과 그 이후의 소요가 중동의 국가 체계를 압박했다. 또한 미국이 국내 문제로 돌아선 사이, 중국의 부상과 러시아의 재등장으로 인해 국제 질서가 흔들리고 있다.

| 역자 주 |

3) 2016년 4월 국제탐사보도언론인협회(ICIJ)가 폭로한 파나마 로펌의 내부 자료로, 조세회피처에 페이퍼 컴퍼니를 설립해 탈세한 인물들이 공개됐다. 몇몇 전현직 정상과 각계 유명인이 드러났다.

4) 튀니지에서 일어난 대규모 시위로 촉발된 아랍의 민주화 열풍. 이집트와 리비아, 시리아 등 아랍 세계로 번져 장기 집권 독재자들이 하야하는 계기가 됐다. 그러나 이들 나라 가운데 상당수는 새로운 민주주의 체제를 수립하지 못하고 내전 등의 어려움을 겪고 있다.

5) '검은 백조(Black Swan)'라는 뜻으로 극히 예외적이어서 발생 가능성은 매우 낮지만 일단 발생하면 엄청난 충격과 파급효과를 불러일으키는 사건.

정치가 던지는 위험

4장

심리전과 집단사고
정치적 위험 관리가
제대로 되지 않는 이유

POLITICAL
RISK

POLITICAL RISK

제너럴 일렉트릭GE의 전설적인 경영자 잭 웰치는 원래 지고는 못 사는 사람이었다. 하지만 2001년 5월, EU의 규제기관들이 GE의 하니웰 인수(420억 달러 규모)에 대한 승인을 거절하자(반독점 정책에 따라) 큰 패배를 맛봐야만 했다.

처음에 이 협상은 전형적인 웰치 방식에, 초대형의, 대담하며 눈부신 거래처럼 보였다. 항공기 엔진 분야 선도 업체인 GE는 오랫동안 하니웰의 항공기 전장품 사업에 관심을 갖고 있었다. 그러던 중 2000년 가을, 웰치는 경쟁 업체인 미국 엔진 제조사 유나이티드 테크놀로지가 하니웰 인수를 추진 중이라는 소식을 들었다. 웰치는 곧바로 뛰어들었고, 이틀이 지나기 전에 더 비싼 값을 불러 유나이티드를 물리쳤다.

GE의 하니웰 인수는 미국 제조업 역사상 가장 큰 규모의 기업합병이 될 것이었다. 웰치는 성공을 확신했고, "지금까지 경험한 것 중에 가장 깔끔한 거래"라고 평가했다. 인수 협상을 직접 마무리 짓기 위해, 은퇴를 늦추기까지 했다.

하지만 이 거래는 유럽연합EU 집행위원회의 승인을 받아야 했다. 롤스로이스(항공기 엔진 부문)에 이어 하니웰까지 GE에 빼앗기게 된 미국과 유럽의 경쟁사들이 브뤼셀의 판단에 신경을 곤두세웠다. 그런데 이들의 이야기를 기꺼이 들어줄 준비가 된 사람이 있었다. EU 경쟁관리국의 책임자에 오른 마리오 몬티였다. 그는 EU와 미국이 어떻게 다른지 보여줄 기회를 찾고 있었다.

미국과 EU는 각기 다른 철학과 과정을 통해 이 기업 인수합병에 접근했다. 미국의 반독점 정책은 낮은 가격과 시장 효율성을 통해 소비자를 보호하는 게 목표였던 반면, EU는 경쟁자를 보호하는 한편 합병을 통한 거대 기업이 시장을 지배할 것인지에 집중했다. 특히 EU는 경쟁사들에게 비공개 증언을 할 수 있는 기회를 주었고, 그들은 일제히 반대 의견을 표명했다. 이로써 웰치의 8개월에 걸친 노력이 무위로 돌아가 그의 말대로 "대단히 애석한 일"이 됐다.

잭 웰치는 인수 협상의 경제적인 측면에만 몰입한 나머지, 이 문제에 정치적 요소가 있음을 충분히 고려하지 못했다. GE도 분명 그가 벌인 일을 꼼꼼하게 확인하기 위한 시스템을 적재적소에 갖추지 않았다.

잭 웰치의 GE가 유럽연합에 발목을 잡힌 까닭

웰치와 하니웰 최고경영자 마이클 본시그노어는 거래를 매듭짓는

정치가 던지는 위험

데만 정신이 팔려 있었다. 보도에 따르면 이들은 유럽의 경쟁 정책에 특화된 브뤼셀의 변호사에게 자문을 받지도 않았다.

잭 웰치가 EU에서 겪은 경험은 중요한 질문을 던진다. '정치적 위험 관리는 왜 이렇게 어려운 일인가?' 이 질문이 우리가 이 장에서 풀어야 할 문제다.

설문 조사에 따르면 기업들이 신흥시장에 투자할 때 정치적 위험이 가장 중요한 문제 중 하나라는 것을 알지만, 실제로는 상당수가 여전히 정치적 위험 분석을 위기관리에 통합하지 않는다는 것을 알 수 있다. 2015년 1400명의 경영인을 대상으로 한 에이온Aon[6]의 글로벌 위기관리 설문 조사에서, 이들은 가장 걱정하는 분야로 사이버 위험을 지목했으나, 그중 58%에 달하는 기업이 관리를 위한 위험 평가조차 제대로 마친 적이 없다고 응답했다.(사이버 위협에 대해서는 각국 정부도 마찬가지다. 2017년 유엔 보고서는 전 세계 국가 중 절반만이 사이버 보안 전략을 갖추고 있거나 수립 과정에 있다고 보고했다.)

페이팔의 공동 설립자이자 실리콘밸리의 성공한 투자가 피터 틸[7]은 정치적 위험 평가가 필수적이지만 종종 다루기 어렵다고 말했다.

"행운과 위기는 모호한 단어이고, 이 말들은 '무작위성'과 '우연'이라는 우주의 형이상학적 본성을 의미할 수도 있죠. 그렇지만 이는 또한 우리가 게을러서 생각하기 싫어한다는 걸 나타내는 말일 수도 있어요. 나는 우연 같은 것을 인정합니다. 하지만 위기를 맞는다면 우리는 여기에 대응해 어떤 일이 일어나고 있는지, 어떻게 될 것인지 묻고 싶을 테고, 더 이상 게으르지 않을 겁니다. 어떤 기업에 100만 달러를 투자한다면, 이게 로또가 될 수도 있겠죠(순전히 운에 맡긴다는 말—옮긴이). 그렇지만 더욱 많이 생각하고 따져볼수록, 더 명쾌한 해답을 얻게 된다는 점도 분명합니다."

명쾌한 답을 얻기 위해 깊이 생각한다는 말은 매우 익숙하게 들린다. 이것은 미국의 중앙정보국CIA과 다른 기관의 분석가들이 매일 하는 일이다.

에이미는 효율적인 첩보 분석을 방해하는 장벽에 관해 오랜 기간 연구해왔다. 콘돌리자는 한동안 그런 사람들과 함께 지냈다. 게다가 9·11테러 이후 첩보 활동과 비즈니스 세계 사이에 일대 통합이 일어났다는 점이 밝혀졌다. 많은 기업이 자체적으로 '미니-CIA'를 만들었으며, 이 조직의 임무는 정치적 위험과 기회를 확인하고, 손실을 줄이고, 새로운 기회를 잡기 위해 협력하는 것이었다. 또한 이런 양상은 특정 업계에만 국한되지 않았다. 정치적 위험 조직은 호텔 체인, 크루즈 선박회사, 화학 기업, 법무법인, 소비재 기업, 석유가스 회사, 은행, 하이테크 기업, 벤처 투자회사 등에서 태동해 확대되는 중이다.

설문 조사에 응했던 대부분의 기업이 "정치적 위험을 충분히 관리하지 못한다"고 인정한 반면, 일부 선도적인 기업들은 혁신을 거듭해가며 위험을 적절히 관리하고 있었다.

이 장에서 우리는 이 능력의 차이를 세밀히 살펴보고, 차이가 어디서 비롯되는지 분석해본다. 심리학 이론은 물론 우리의 연구와 경험, 비즈니스 및 국제 안보에서 실제로 발생했던 사례들을 활용하려 한다. 효과적인 위험관리 체계를 만드는 데 장애물로 작용하는 것이 무엇인지 밝혀보겠다. 우리는 이러한 장애물들을 '5가지 어려움'이라고 부른다.

정치적 위험 관리의 '5가지 어려움'

1. 보상의 어려움
2. 파악의 어려움
3. 측정의 어려움
4. 업데이트의 어려움
5. 소통의 어려움

---

1. 보상의 어려움: "아직 발생하지 않은 문제들을 해결했다고 보상받을 수 없다"

정치적 위험 관리는 매력적으로 보일 수 있는 경영상의 결정에 의문을 제기하는 것을 말한다. 말하자면 이런 식이다.

"아니요. 아마 그렇지 않을 수도 있을 겁니다"라든지 "잠깐만요. 이 일의 잠재적 측면을 생각해보셨습니까?"

경제적 이익이 확실해 보이고 정치적 위험은 장기적이거나 예측하기 어려운 경우라면, 경영진 또는 이사회의 입장에서는 반갑지 않은 말이 될 수 있다.

상사에게 달갑지 않은 소식을 전하고 싶어 하는 사람은 없다. 지난 20년 동안 대학에서 정보기술과 관리를 강의하는 토머스 데이븐포트의 말대로 최고정보책임자CIO는 '분위기를 망치는 사람'이 되기 쉽다. "그들은 마케팅 책임자에게 (검증되지 않은) 서버와 소프트웨어를 구매할 수 없다고 말해야 합니다. 예전에는 한동안 아이폰보다 (보안 안전이 확인된) 블랙베리를 써야 한다고 경영진에게 충고해야 했죠. 회사 직원들에게 그들의 10대 자녀보다 뒤떨어진 기술을 이용하라고 하는 게 그들의 일이니까요."

CIO들만 그런 것이 아니다. 정치적 위험을 다루는 데는 리더십과 시간이 필요하다. '다른 쪽 측면'들을 확인하고 그것을 받아들이기까지 말이다. 다국적 석유가스 회사의 위험관리자가 말했다. "우리의 성공 여부는 테이블(경영진과의 회의 테이블을 의미—옮긴이)에 우리 좌석이 있는지, 경영 부서가 우리의 전문지식과 정보에 근거한 결정을 하는지를 통해 확인할 수 있죠. 우리는 분기마다 회장을 만나고 있습니다. 정보분석가들은 가능한 한 경영 부서에 밀착해 있어야 합니다. 그게 성공의 열쇠죠."

훌륭한 분석에 대해 보상하지 않는 조직은 좋은 분석을 얻을 가능성이 적다. 초기 실리콘밸리의 경영인 출신이자, 19번째 국방부 장관을 역임하고, 지금은 스탠퍼드 대학교 교수인 빌 페리는 일부 국방부 장관이 역대 장관들보다 빛나는 성공을 거둔 요인을 연구해왔다. 그 과정에서 명석한 일부 장관들이 단 하나의 이유 때문에 실패한다는 사실을 도출해냈다. 바로 반대 의견을 수용하지 않았고 반대 의견을 낸 사람을 심하게 꾸짖었다는 점이다.

페리 교수는 "그런 일이 몇 번 생기고 나면, 더 이상 반대 의견을 내지 못한다. 그리고 그로 인해 큰 실수를 저지르게 된다"고 설명했다.

건강한 조직에는 '반갑지 않은 진실'을 말하는 사람이 있다

페덱스 설립자 프레드 스미스 또한 "진실을 말해줄 사람들이 주변에 있어야 한다"며 "그렇지 않을 경우, 조직이 커졌을 때 무슨 일이 일어나고 있는지 알지 못하게 된다"고 말했다.

멤피스의 오두막에서 시작한 페덱스를 446억 달러 규모의 세계적 기업으로 키워낸 스미스는 자신의 리더십에 가장 많은 영향을 주었던 사람으로 조지 마셜을 꼽는다. 마셜은 콘돌리자의 영웅 가운데 한 사람이기도 하다. 마셜은 제2차 세계대전을 승리로 이끌고, 국무장관으로 재직했을 때, 서유럽을 재건하는 데 자신의 이름을 딴 경제 계획[8]을 고안해냈다. 스미스에게 영감을 준 마셜의 가장 중요한 자질은 그가 "있는 그대로를 말하는 데 두려움이 없었다"는 점이다. 스미스는 아래와 같이 마셜의 일화를 소개한 적이 있다.

제1차 세계대전 시기, 마셜이 부연대장으로 재직할 때였다. 하루는 존 퍼싱 장군이 방문해 마셜의 상관에 대해 험담을 늘어놓았다. 다른 사람들은 그저 듣고만 있는데 마셜이 나서서 말했다. "장군님, 외람된 말씀이지만, 당신이 잘못 알고 있는 겁니다. 그리고 그게 당신이 틀린 이유입니다." 모든 사람들이 그의 말에 놀랐다. 그런데 나중에 퍼싱이 마셜을 따로 불렀다. "이보게, 나는 자네가 내 참모장이 되어주면 좋겠네." 이것이 내가 따르고자 했던 중요한 교훈이다.

위험관리는 이런저런 문제가 합쳐지는 비용 부문(코스트 센터)[9]에 해당한다. 사이버 보호, 법률 대응팀, 위기관리자와 같은 기능은 수익을 창출하지 못하고 최종적으로 비용이 발생한다.

국제적인 규모의 정치적 위험 관리에 관해서라면, 메리어트 인터내셔널은 세계를 선도하는 기업이다. 메리어트는 9·11테러 이후의 환경에서 철저한 보안이 경쟁 우위가 될 수 있다고 믿었다. 이 회사는 호텔을 소유하지 않고 운영만 맡아서 한다. 메리어트의 국제 안전 및 보안 담당 부사장 알란 올롭은 "메리어트가 추구하는 보안이 투자할 만한 가치가 있다고 호텔 소유주를 설득하는 게 쉽지 않은 일"이라고 말했다.

2009년 올롭은 동남아에서 새 호텔 소유주와 회의를 하고 있었다. 소유주가 올롭에게 말했다. "돈이 없습니다. 은행이 이제는 돈을 빌려줄 수 없을 거라고 해서 당신이 요청한 보안 부문에 투자할 수 없습니다." 올롭은 에두르지 않고 말했다. "만약 그렇다면 이 호텔은 이 도시 어디에나 있는 호텔에 불과할 것입니다. 저희가 요구하는 보안에 투자를 한다면 비즈니스에 상당한 보탬이 될 겁니다. 왜냐하면 사람들이 다른 어느 호텔보다 안전한 우리 호텔에 머물 것이기 때문입니다. 투자의 대가를 얻을 수 있습니다."

호텔 소유주는 돈을 마련해 올롭의 조언을 따랐다. 1년 후 대규모 테러 위협이 동남아에도 닥쳤다. 그러자 다른 호텔에 방을 잡았던 여행객들이 안전한 메리어트 호텔로 옮겨 왔다. "그 소유주에게 했던 말이 입증된 것이죠"라고 올롭이 회상했다.

하지만 이렇게 증명할 수 있는 경우는 드물다. 대부분의 경영자들은 이러한 모든 비용이 '가치가 있는지' 확인하기 어렵다. 정치적 위험 관리는 좋지 않은 일을 예측하고 방지책을 실행함으로써 그런 일이 실제로 일어나지 않게 하려는 것이기 때문이다.

2011년 초 디즈니와 홀랜드 아메리카를 비롯한 많은 대형 크루즈 선박회사들이 멕시코의 항구도시 마사틀란에서 철수해 다른 곳으로 항로를 바꾸었다. 그들의 걱정은 마약과 연관된 폭력 사건이 늘고 있어 육지 관광을 나가는 고객들이 자칫 희생자가 될지도 모른다는 점이었다. 그런데 이런 결정이 '일어날지도 모를 사건들'을 실제로 예방했을까?

쓸모가 있는지, 좀처럼 알 수 없는 투자

2015년 유니버설 스튜디오가 베이징에 할리우드 테마파크를 개장하기 위해 중국 국영 컨소시엄과 수십억 달러의 합작 투자회사 계획을 발표했다. 유니버설은 합작회사의 최대주주가 아니었지만, 미국의 해외부패방지법에 따른 준법 시스템의 통제권을 확보했다. 미국의 법률가와 경영진이 합작회사의 법률 준수 여부를 관리할 포괄적인 권한과 책임을 갖는 일종의 예방 조치였다.

그렇다면 이 결정은 부패를 예방하는 쓸모 있는 조치였을까, 아니면 불필요하게 비용만 발생시킨 조치였을까? 아마 시간이 지나도 확실히 파악할 수는 없을 것이다.

일어나지 않은 사건의 문제점은, 많은 경우 왜 이러한 사건들이 일어나지 않았는지 알 수 없다는 점이다. 정보기관은 이 문제를 매우 잘 알고 있다. 국가 정보기관이 대통령에게 "다른 나라가 기습 공격을 준비하는 것 같다"고 경고하는 상황을 가정해보자. 대통령이 이에 반응해 대처를 한다. 군대를 동원하고, 비공식 경로를 통해 적에게 외교 메시지를 보낼 수도 있다. 그런데 아무런 일도 발생하지 않는다. 첩보에 따라 움직였던 게 성공적이었던 것일까? 그럴지도 모른다. 아니면 적군은 처음부터 공격할 의도가 없었을지도 모른다. 어쩌면 그들은 협상에서 활용하기 위해 허풍을 쳤을 수도 있다. 그도 아니면 단지 군사 훈련을 해본 것일 수도 있는데, 이런 경우 기습에 대한 첩보가 잘못된 경고일 것이다.

실제로 1983년에 그런 일이 일어났는데, 미국은 '에이블 아처'라는 대규모 NATO 핵무기 훈련을 벌였고, 소련이 이를 기습 핵 공격 준비로 오해했다. 이런 오해가 하마터면 전쟁으로 이어질 수도 있는 대응을 촉발했다. 이때가 1962년 쿠바 미사일 위기 이후로 핵전쟁에 가장 가까이 다가갔던 민감한 시기였음이 최근 기밀 해제된 문서에서 드러났다.

여기서 핵심은 예측이 맞는지 알기 어렵다는 점이다. 경고는 무해한 거짓일 수도, 양쪽 모두를 나쁜 결과에 떨게 하는 해로운 거짓 경고일 수도 있다. 또는 끔찍한 결과를 막아주는 진짜 경고일 수도 있다. 하지만 나중에 돌이켜 생각해보아도, 어느 쪽일지 우리는 모를 것이다.

이런 여러 가지 이유로 인해 ─ 우리는 본능적으로 나쁜 소식을 듣는 걸 매우 싫어한다는 점, 정치적 위험이 눈에 보이는 이윤을 창출하지 못하면서도 비용은 발생시킨다는 사실, 그리고 어떠한 정치적 위험 분석이 '가치 있는지' 알기 어렵다는 것 ─ 훌륭한 정치적 위험 관리에 대해 보상하기가 어렵다. 어떤 경영인이 말한 것처럼 "누구도, 일어나지 않은 문제를 해결했다고 인정받을 수 없다."

2. 파악의 어려움

확률에 관해서라면 인간의 판단력은 형편없다. 사람들은 치명적인 자동차 사고가 발생할 가능성이 6만 배나 높은데도, 자동차 사고보다 상어에게 물려 죽는 것을 훨씬 두려워한다. 현실에서는 상어의 공격을 받는 것보다 블랙프라이데이 세일에서 밟혀 죽거나 사다리에서 떨어져 죽을 가능성이 훨씬 크다.

가능성을 잘못 계산하는 이런 경향은 대개 휴리스틱heuristics이라 불리는 인지 오류에서 기인한다. 이러한 오류로 인해 의사 결정이 쉽고 효율적일 때도 있지만 이따금 심각한 실수로 이어질 때도 있다. 심리학자 에이모스 트버스키와 대니얼 카너먼(카너먼은 나중에 노벨 경제학상을 받았다)이 이 분야의 선구자다. 이들의 연구 결과 중에 '가용성 추단법'availability heuristics[10]이 있다. 이 개념은 사람들이 비슷한 많은 사레들을 통해 사건의 빈도를 판단하는 경향이 있다는 것이다. 마음속에 깊이 각인된 끔찍한 사건이 평범한 일들보다 기억하기 쉽다. 사람들은 이런 경향 때문에 자동차 사고보다 비행기 사고를, 독감보다 에볼라를 더욱 무서워한다. 그러나 실제로는 비행기가 자동차보다 70배나 안전한 것으로 평가된다. 또한 에볼라 바이러스로 인해 2014년부터 2016년까지 세계적으로 1만 1천여 명이 사망한 반면, 같은 기간 독감으로 인한 사망자 수는 50만~100만 명에 이른다. 가용성 추단법은 왜 우리가 심장마비나 자동차 사고처럼 빈번하게 일어나는 사건보다, 상어의 공격처럼 뉴스에 나온 사건에 신경을 집중하는지 설명해준다.

수십 년간 심리학자들은 비즈니스 투자, 스포츠 경기, 정치적 사건, 개인적 위험에 대한 계산에 이르기까지 '소망' 또는 '낙관주의' 편견을 연구했다. 사람들은 자신의 투자가 평균보다 높은 수익을 올릴 것이라고 기대하고, 다른 사람보다 자신에게 좋은 일이 많이 생길 것이라고 예상하는 경향이 있다. 좋아하는 스포츠 팀이 이길 가능성이 높고, 선호하는 대통령 후보자가 여론조사 결과와 무관하게 선거에서 이길 것이라고 믿는다.

콘돌리자 또한 매년 내셔널 풋볼 리그NFL 시즌이 시작될 때마다 낙관주의 편견을 경험한다. 클리블랜드 브라운즈는 그녀가 아홉 살이었을 때 이후로 우승한 적이 없다. 그러나 매해 그녀는 이 팀이 역전하리라 믿는다. 심지어 "브라운즈가 플레이오프에 올라가면 경기를 직접 보러 갈 거야"라고 말한다.

브렉시트 투표의 진실: "믿는 대로 될 줄 알았다"

낙관주의 편견은 왜 많은 전문가들이 2016년 6월 23일 영국의 브렉시트 투표 결과에 그토록 경악했는지 설명하는 데 도움이 된다. 브렉시트 국민투표가 있기 몇 주 전부터 여론조사는 박빙의 결과를 보여주었다. 35번의 여론조사에서 '탈퇴' 진영이 17번 앞섰고, '유지' 쪽이 15번 앞선 것으로 나타났다. 「허핑턴 포스트」의 여론조사를 보면 '유지' 쪽이 0.5점가량 앞서 있었다.

투표가 종료되고 일주일 후에 에이미가 컴퓨터에 저장한 「블룸버그」의 여론조사 합계 화면을 보자. 「블룸버그」는 기사에 "마지막까지 결과를 예측할 수 없을 정도로 초박빙"이라고 썼다. 하지만 이틀 전(6월 21일)에 실시했던 여론조사의 평균은 '탈퇴' 쪽이 약간 앞서는 가운

영국의 유럽연합 탈퇴 국민투표 여론 변화 추이

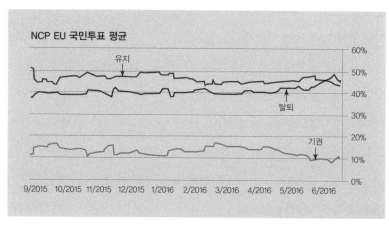

출처 : Number Cruncher Politics
www.NCPolitics.UK

데, 10%의 유권자가 결정하지 못한 것으로 나타났다.

브렉시트의 확률은 낮지 않았다. 그러나 많은 사람들은 영국이 유럽연합을 떠나지 않기를 바라는 마음에, 여론조사 결과의 밝은 측면을 주로 보고 싶어 했다. 도박 시장에서는 투표 몇 시간 전에도 88%가 '유지' 쪽으로 베팅했다. 실제로는 그렇지 않은데도 낙관주의 편견이 브렉시트가 가능성이 낮은 사건처럼 보이게 한 것이다.

각각의 정치적 위험은 개별적인 것으로 보이기 쉽다. 따라서 큰 그림에서 장기적인 관점으로 보았을 때보다 가능성이 낮게 여겨질 수 있다. 앞에서 우리는 어떤 지점에서 공급망이 중단될 위험은 낮더라도, 시간이 지날수록 회사 입장에서 전체 공급망에 축적되는 위험은 훨씬 커진다는 '누적 위험'을 논의했다. 정치적 위험도 마찬가지다.

정치적 위험의 10가지 유형을 다시 한 번 살펴보자.

이런 정치적 위험들 대부분이 가능성이 적은 사건으로 보인다. 개별적으로 보면 대부분 일어날 가능성은 적다. 미국인이 외국 출신 테러범에게 살해당할 가능성은 4만 5808분의 1이고, 이는 음식을 먹고 질식하거나 열사병으로 죽을 확률보다 적다. 어떤 유럽연합 회원국도 지난 35년 동안 혁명이나 쿠데타를 겪어본 적이 없다. 하지만 문제는 내일 어떤 도시에 있는 A란 회사의 비즈니스에 특정한 정치적 위험이 영향을 미칠 가능성은 적을지 모르지만, A라는 기업이 운영하는 여러 현장에서는 불특정한 정치적 위험이 불특정한 시기에 상당한 영향을 미칠 확률이 크다는 점이다. 드문 일련의 사건들을 모두 연결해보면, 전체 발생 가능성이 그렇게 드물지 않다는 것을 알게 된다.

정치적 위험의 10가지 유형

지정학적 사건	국가 간 전쟁, 중대한 권력 이동, 다자간 경제적 제재 및 개입
내부 갈등	사회 불안, 인종 갈등, 이민, 민족주의, 분리주의, 연방주의, 내전, 쿠데타, 혁명
법, 규제, 정책	외국인 소유권 규정의 변화, 세금, 환경 관련 규제, 국내법
계약 위반	몰수 및 정치적 이유로 인한 신용 부도를 포함한 정부의 계약 취소
부패	차별적 과세, 구조적인 뇌물
법률의 영토 외 적용	일방적 제재, 범죄 수사 및 기소
천연자원의 조작	정치적인 목적에 의한 에너지 및 희귀 광물의 공급 변화
사회운동	집단행동을 촉진하는 '전염성' 사건 또는 의견
테러	정치적인 목적으로 사람과 재산에 대한 위협 또는 폭력 사용
사이버 공격	지적재산의 절도 및 파괴, 스파이 행위, 강탈, 기업·산업 및 정부·사회에 대한 파괴

매사추세츠 공과대학MIT 교수 요시 셰피는 『기업 복원력The Resilient Enterprise』에서 누적 위험이 얼마나 중요한지에 초점을 맞췄다. 셰피는 GM 경영진이 자연재해와 인재로 인한 공급망 중단에 대해 자세히 분석하고 나서 왜 깜짝 놀랐는지 설명한다. 2003년 GM의 위험관리 팀이 공급망을 무너뜨릴 수 있는 희소 사건의 목록을 수집하면서, 관리자들에게 지난 12개월 동안 그런 사건들이 실제로 얼마나 일어났는지 물었다. 그들은 "꽤 많았다"고 답했다.

"우리는 목록마다 체크 표시를 했는데, '아! 이런 일이 있었네요', '저런 일도 있었네요' 식의 반응이 이어졌지요." GM 제조 시스템 연구소의 선임연구원 데버라 엘킨스가 회상했다. 셰피 교수가 언급한 것처럼, "특정한 사건이 특정한 공장이나 공급업체에 영향을 미칠 가능성은 적지만, 공급망 중 일부가 몇 가지 유형의 중단을 겪을 누적 가능성은 크다."

이런 현장의 경험에 '가용성 추단법'까지 대입해보면 위협을 조금 더 생생하게 느낄 수 있다. 뉴스는 우리에게 시간 경과에 따른 패턴이 아니라, 현재 일어난 일에 대해서만 전해준다. 따라서 전체적인 흐름은 너무 늦게 파악된다. 2장에서 그리스 총리 알렉시스 치프라스가 2015년에 취임한 뒤 어떻게 갑자기 채무불이행으로 치닫게 됐는지 언급했다. 부도는 마른하늘에 날벼락처럼 보였다.

그런데 마이크 톰즈와 마크 라이트의 조사에 따르면 1980년대 외국 채권자들에게 빚을 지고 있던 국가들 가운데 약 40%인 50개국이 제때 빚을 갚지 못했다. 1820년부터 2004년까지 부도 사례를 광범위하게 살펴보면서, 톰즈와 라이트는 새로운 디폴트 없이 10년을 넘긴 경우가 없다는 사실을 발견했다. 나폴레옹 전쟁 이후로 106개 국가가 총 250회의 채무불이행을 선언했다. 몇몇 국가들은 연속으로 부도를 냈다. 에콰도르와 온두라스는 1820년대 이후 총 120회나 디폴트를 겪었다.

뉴스를 보면서 막연히 생각하는 것처럼, 테러는 지리적으로 멀리 떨어진 곳에서만 일어나지는 않는다. 국제 테러 관련 데이터베이스에 따르면 2014년, 테러범은 세계적으로 1만 6천 건 이상의 공격을 벌였다. 대다수의 테러가 이라크, 시리아, 아프가니스탄, 이스라엘에서 발생했다. 우크라이나, 소말리아, 인도가 각각 800건 이상의 테러 공격

정치가 던지는 위험

을 보도했다. 영국 또한 여러 집단이 벌인 100건 이상의 테러 공격이 있었고, 중국, 미국, 남아공, 독일 등 47개 국가가 10건 이상의 테러 공격을 겪었다. 이는 전 세계 모든 국가의 4분의 1에 이른다. 이 정도면 막연한 게 아니다.

따라서 정치적 위험을 제대로 관리하기 위한 첫 번째 단계는 나의 비즈니스가 **직면한 정치적 위험에 잔인할 정도로 솔직해지는 것이다.** 위험을 이해하기 위해서는 몇 가지 맹점들을 극복해야 한다. 쉽게 떠올릴 수 있는 사건을 실제 가능성으로 착각하는 것, 바라는 결과를 실제보다 그럴싸하게 믿는 것, 가능성이 적은 것과 가능성이 전혀 없는 것을 혼동하는 것, 누적 위험을 간과하는 것 등이 그런 커다란 맹점들이다.

3. 측정의 어려움

브렉시트 여론조사처럼 수치로 측정 가능한 경우에도, 정치적 위험을 제대로 파악하기가 어렵다는 점을 앞에서 논의했다. 브렉시트는 그나마 좋은 케이스다. 많은 정치적 위험들은 수치로 측정할 수 없다. 경제적 위험의 경우 1인당 국내총생산GDP, 고용, 인구통계, 이자율, 환율 등의 지표로 간단하게 평가할 수 있는 반면, 정치적 위험은 질적 개념이다. 또한 비정형화되어 있다.

정치적 위험을 고려할 때는 부정부패, 체제 및 정책 안정성, 사회

분열, 국민 정서, 문화 규범, 지정학, 국내 정치뿐만 아니라 정치 지도 자부터 주민 모임과 비정부기구에 이르는 다양한 사람들의 목적과 영향력까지 염두에 두어야 한다.(물론 이런 핵심 요소들에 대한 양적 기준과 추이를 알려주는 '취약국가 지수' 등의 판단 지표가 있다. 그러나 나중에 다시 쓰겠지만, 많은 정치적 위험이 지역적으로 발생하는데, 이러한 판단 지표는 국가 차원의 조사 결과를 보여주는 경향이 있고, 정말로 중요한 추이보다는 해당 시점의 단편적 상황만을 보여주므로 신중하게 활용할 필요가 있다.)

이렇게 모호한 질적 요인들 중에서도, '정치적 의도'야말로 가장 모호한 범주에 속할 것이다. 정보기관 간부들은 다른 사람의 의도를 알아차리는 것이 가장 어려운 일이라는 것을 안다.

CIA 분석국의 창립 멤버이며 예일 대학교 교수를 지낸 셔먼 켄트는 1964년 분석 대상 정보를 3가지 유형으로 분류했다. 첫째는 '이견이 있을 수 없는 사실'이다. 조직이 알 수 있으며 이미 확인된 사실로 요즘 사례를 들면 중국이 현재 갖고 있는 항공모함의 대수이다. 정답은 두 척이다. 두 번째는 '조직이 알 수는 있지만 모를 수도 있는 정보'이다. 예컨대 중국이 랴오닝이란 항공모함을 보유 중이란 사실은 알고 있으나, 랴오닝의 성능은 추측할 뿐 확실히 알지 못한다. 세 번째는 '누구에게도 알려지지 않은 정보'이다. 이것은 아직 실행되지 않은 의도와 결정의 영역이다. 예를 들면 중국 공산당이 앞으로 얼마나 오랫동안 권력을 유지하게 될지의 문제다.

세 번째, 즉 현재의 의도와 앞으로의 결정 등에 대한 분석이 비즈니스에서 정치적 위험 관리 실력을 여실히 드러내는 부분이다. 일반적

정치가 던지는 위험

으로 정치적 위험에 대한 기업의 판단은 종종 의도를 파악하는 데 달려 있다. 미얀마의 정치적 자유화는 계속될 것인가? 이란은 핵 합의를 어길 것인가? 그리하여 경제적 제재를 촉발할 것인가? 콜롬비아는 콜롬비아무장혁명군과 반세기에 걸친 폭력에 종지부를 찍었던 평화협정을 앞으로도 유지할 것인가? 이러한 질문에 대해 주요 정치적 행위자들도 장담할 수 없을 것이다. 설혹 장담한다 해도 틀릴 가능성이 높다.

사람들은 자신의 의도도 종종 잘못 가늠한다. 관점과 이해관계가 바뀌고, 선택 사항이 바뀌고, 다른 일들이 터지기 때문에, 당초의 계획과는 달리 결혼과 휴가를 취소하고, 직업을 바꾸고, 원래는 지지하지 않았던 대통령 후보자에게 투표한다.

다른 사람의 의도를 가늠해보는 것은 더 어렵다. 국제정치에서 지도자들이 상대의 진정한 의도를 생각하기보다는 그들을 속이는 데 관심을 쏟는다는 점을 떠올려보자.

정치적 위험은 발생 가능성은 적지만 한번 발생하면 비즈니스에 상당한 결과를 초래하는 사건들을 예측하는 것이므로 가늠하기가 어렵다.

위험에는 언제나 2가지 구성 요소가 있다. 하나는 사건이 발생할 가능성, 다른 하나는 그것으로 예상되는 충격이다.

둘 중 하나를 배제하고 나머지 하나에만 집중하는 위험 평가는 가치가 크지 않다. 이를테면 어디에나 사이버 위협이 존재한다. 기업들은 공격을 받지 않았다면 언젠가 공격을 받을 거란 사실을 알고 있다. 시간문제일 뿐이다. 하지만 소수의 기업만이 사이버 공격으로 보안이 뚫렸을 때의 충격이 얼마나 클지를 잘 알고 있다. 또한 우리가 언급한 것처럼 취약성을 이해하고 튼튼한 방어와 대응 능력을 개발하기 위해 시스템과 정책을 점검하는 기업들은 훨씬 적다. 사이버위협의 가능성은 많이 알려져 있지만 그 충격에 대해선 그렇지 않다. 반대로 브렉시트는 충격이 엄청날 것으로 예상된 사건이었다. 하지만 전문가들도 실제로 일어날 가능성을 판단하기가 쉽지 않았음이 드러났다.

데이터에 기반한 예측이 쓸모없는 경우

일반적인 사건보다 희귀한 사건을 예상하는 게 훨씬 어렵다. 일기예보, 질병 진단, 정보 분석, 비즈니스에 대한 정치적 위험 평가 같은 노력들은 '가장 중요한 결과'가 아니라 '가능성이 큰 결과'를 추적하는 데 최적화되어 있기 때문에, 특이 상황을 놓치는 실수를 범하기 쉽다. 명시적이든 암묵적이든 판단은 과거 데이터에 근거한다.

전문가들은 과거의 비슷한 사례 및 결과를 모은 자료들을 검토해 특정 사례를 평가한다. 어떤 도시의 평균기온은 수년간의 일일 기온을 추적하여 도출한다. 의학적 진단은 개별 환자의 증상과 이러한 증상이 생기는 가장 공통된 질병을 연결해서 내린다. 정보기관 분석가는 과거의 기록을 근거로 앞으로 적대국이 벌일 일들을 판단한다. 기업은 내일의 규제 환경을 오늘의 규제 환경과 비교해 가늠한다. 이런 과정들은 조악한 추측이 아니라 증거에 기반한 판단이어야 한다.

하지만 이 과정은 분석가를 특이 상황으로부터 멀리 떨어뜨려놓는다. 기상 캐스터는 안이하게 평범한 날씨를 예측함으로써 이상기후로 인한 추운 날씨를 놓칠 수도 있다. 최고의 의사도 희귀병을 놓친다. 워런 버핏은 2008년 금융 위기 이후 자신의 회사 버크셔 헤서웨이의 주주들에게 "과거를 바탕으로 한 투자 스타일을 믿어선 안 된다"고 말했다. 회사의 40년 역사상 최악의 실적을 공개한 뒤, 버핏은 가열찬 비난과 심사숙고, 그리고 주옥같은 조언을 남겼다. **"수식만 좇는 괴짜들을 주의하십시오."**

로스앤젤레스에서 맑은 날을 예측하는 것은 대단한 일이 아니다. 그러나 이곳에서 10년에 한 번 있을 법한 눈사태를 예측하는 것은 굉장한 일이다. 어떤 일이 자주 일어날수록, 앞으로 어떻게 될지 정확히 예측할 수 있다. 문제는 엉뚱한 일이 일어날 때다. 의학 분야에서도 그렇다. 특정 증상을 보이는 대부분의 환자는 거의 같은 질병일 수 있기 때문에, 숙련된 의사는 통계적으로 가능성이 큰 진단을 찾는다. 평가자가 자연스럽게 가장 빈번했던 것들을 찾아보는 것이 통계다. 하지만 극단적 예외는 분포 곡선의 끝부분에 있다.

정치 분야에서는 어떤 것이 전형적이거나 혹은 통상적인 결과인지 판단할 정보가 없는 경우 의외의 결과가 특히 문제가 된다. 독감에 대한 축적된 정보가 많기 때문에 의사는 어렵지 않게 그 환자를 독감으로 진단할 수 있다. 독감 대신 투자의 문제로 바꿔보자. 당신이 이란에 투자하려는 기업의 경영자이고, 이란이 2016년 핵무기 합의를 어길 가능성이 있을지, 그리하여 회사의 투자가 새로운 제재로 인해 영향을 받게 될지 알고 싶다고 상상해보라. 이러한 상황에서 '핵무기를 열망하는 국가가 할 법한 행동'에 관한 과거의 데이터가 우리에게 무엇을 말해줄 수 있을까? 사실상 아무것도 없다.

세계에서 9개 국가만이 핵무기를 보유하고 있다. 5개 나라는 인류가 달에 착륙하기 전부터 핵무기를 갖고 있었다. 북한이 가장 최근에 핵을 보유한 국가인데 이 은자의 왕국[11]은 뭔가에 대해 일반화할 수 있는 유형이 아니다. 핵무기를 개발했다가 자발적으로 폐기한 국가는 남아공이 유일한데, 주된 이유는 아파르트헤이트가 무너지는 가운데, 물러나는 백인들이 흑인 정부의 손에 핵폭탄을 넘겨주는 것을 두려워했기 때문이다. 몇몇 다른 국가는 핵 프로그램의 일부를 연구했지만, 미국의 체제 보장 또는 강력한 압박, 국내 정세 변화 등의 이유로 완성까지는 이어지지 않았다. 커다란 정치적 사건은 빈번하게 발생하지 않으므로, 과거를 통해 미래를 예상하는 근거는 취약하다.

이런 유형은 '블랙 스완'으로 알려져 있다. 나심 탈레브는 2007년에 쓴 책에서 이 용어를 대중화했다. 탈레브에 따르면, "과거의 어떤 것도 블랙 스완의 가능성을 확실하게 지적하지 않았다." 우리 대부분은 블랙 스완을 지진처럼 예측할 수 없는 중대 사건으로 생각한다. 그래서 뭔가를 블랙 스완으로 부른다면 "예측 불가로군. 우리가 할 수 있는 것은 아무것도 없어"라는 의미가 되었다.

정치적 위험에는 가능성을 세대로 가늠할 수 있는 역사적 자료가 거의 없다. 그럼에도 많은 사람들이 비교적 간단하게 예측할 수 있는 3가지 방법이 있다. 지진 혹은 날벼락처럼 "손을 텁시다. 블랙 스완이에요" 식으로 넘겨버리지 않고도 말이다.

(1) 정치적 사건은 신이 아니라 인간이 만든 것이다, (2) 정치적 사건은 같은 목소리를 내며 행동하는 사람들이 있어야 하고, 이는 큰 사건이 발생하기 전에 관심을 가진 사람들에게 숨길 수 없는 징후를 남기게 마련이며, (3) 때로는 정치적 사건을 통해 방향을 예측하는 것만으로도 충분하다. 예컨대 기업들이 러시아의 권위주의가 향후 몇 년간 이어질지 알기 위해 푸틴의 사임 날짜를 정확히 짚을 필요까지는 없다. 마찬가지로 경영자는 사이버 위협이 점점 늘어나고 심각해져 진지한 관심이 필요하다는 점을 인식하기 위해 다음 사이버 공격의 정확한 시간, 장소, 방법, 범인을 예측해야 하는 것은 아니다.

그러므로 몇몇 블랙 스완이 정치적 위험을 촉발하는 사건이더라도, 너무 멀리 가지는 않도록 하자. 블랙 스완이 정치적 위험을 가늠하기 어렵게 하지만 전혀 통제할 수 없는 건 아니다.

4. 업데이트의 어려움

기업이 외국 시장으로 옮겨 가기로 처음 결정한 시점에서 정치적 위험을 평가하는 것과 효율적 관리 차원에서 위험 평가를 업데이트하는 것은 완전히 별개이다. 정치적 위험 자문기관인 유라시아 그룹의 설립자 이안 브레머는 새로운 투자를 위한 정치적 위험을 분석한 기업은 69%인데, 그중 27%만이 투자가 진행된 이후에도 정치적 위험을 지속적으로 모니터링했다고 밝혔다. 기업은 때때로 "무엇이 변했는가?"를 너무 늦게 묻는다.

"사람들은 어떤 일이 변함없이 지속될 거라고 가정하지만 그런 생각은 자주 틀리죠." 성공한 헤지펀드 블랙스톤 대체자산운용의 CEO 토밀슨 힐이 말한다. 블랙스톤은 현재의 상황에 의문을 제기하는 관점으로 정치적 위험에 대한 분석을 업데이트한다. 토밀슨 힐은 "무엇이 잘못될 수 있는지 항상 확인하면서 최신 시나리오에 대한 반대 의견까지 포함한다"고 말했다.

반면 너무 많은 정보를 업데이트하는 바람에 경영자를 둔감하게 만들 위험도 있다. 이것을 정보 관련 학자들은 '늑대 소년 신드롬'이라고 부르고, 사회학자들은 '일탈의 일상화'라고 부른다. 여기서 기본 개념은 '인간이란 때때로 잘못된 경고로 잘못된 위안을 얻는 존재'라는 점이다. 예전의 경고가 아무것도 아니었다는 사실이 자주 드러날수록, 현재의 경고가 더욱 무시되는 경향이 있다.

늑대 소년 중후군과 진주만 습격, NASA의 비극

1941년 12월 7일 일본이 진주만을 공격했다. 하지만 이미 몇 달 전부터 하와이 기지의 미군 고위 간부들은 일본이 기습할 것이라는 경고를 받았다. 문제는 경고가 거듭될수록 관심이 무뎌졌다는 것이었다. 하와이 육군 사령관의 경우, 호놀룰루 주재 일본 외교관들이 암호문들을 소각하고 있다는 소식을 그해 11월 27일에 받았다. 그럼에도 비슷한 보고를 이미 여러 번 받은 터라 심각하게 생각하지 않았다. 킴멜 제독과 그 부하들이 진주만 근처 일본 잠수함에 대한 잘못된 보고서를 확인하는 데 지쳐 있었기 때문에 스타크 제독은 새로운 보고서를 더 이상 그들에게 보내지 않았다.

늑대 소년 증후군은 NASA 엔지니어들이 1986년 우주왕복선 챌린저호 재난의 원인이 되었던 O-링[12]이 낮은 온도에서 갈라진다는 경고 신호를 무시했던 이유를 설명해준다. 이는 또한 17년 후(2003년) 다시 한 번 NASA가 희미하게 드러난 재난의 징조를 무시했던 것과 같은 맥락이었다. NASA 책임자들은 발사 때 외부 연료 탱크에서 흘러나오는 거품 잔해가 문제되지 않을 것이라고 결론 내렸다. 그동안 숱하게 일어났던 일이었다. 그런데 이번엔 우주왕복선에서 떨어져 나온 잔해가 앞날개 가장자리에 부딪쳐 방열판 타일을 훼손시켰고, 이것이 2003년 컬럼비아호가 재진입할 때 폭발하는 원인이 되었다. 7명의 승무원 모두 사망했다.

늑대 소년 증후군은 매우 흔하다. 자동차에서 이상한 소리가 들릴 때가 있지 않은가? 처음에는 그 소리가 경고음처럼 들린다. 그런데 며칠 지나다 보면 심각한 일이 아니라고 생각하게 된다. 자동차는 여전히 잘 달리는 것 같다. 이제 소음에 익숙해진다. 그러다 소리를 인식하지 못하게 된다. 어쩌면 차가 정말로 괜찮은 것인지도 모른다.

아니면 그 이상한 소리는 자동차가 곧 기능 부전에 빠지게 된다는 신호일 수도 있다. 이런 일이 에이미에게 일어났다. 그녀가 몇 주 동안 차에서 나는 이상한 소리를 무시한 결과, 자동차가 '아무런 경고 없이' 어느 날 밤 로스앤젤레스의 405번 고속도로에서 멈춰버렸다.

위험에 대한 업데이트는 '거의 없는 경고'와 '너무 많은 경고' 사이에서 균형을 맞출 필요가 있다.

5. 소통의 어려움

정치적 위험 관리에 대한 보상이 잘 이루어지고, 잘 파악되고 있으며, 제대로 측정되고 업데이트되더라도, 다른 사람들에게 위험을 전달하는 데는 어려움이 많다. 정치적 위험은 소통이 어렵다.

우리는 이 핵심을 전달하기 위해 매년 수업에서 다음과 같은 작은 실험을 한다.

우리가 여러분에게 평생에 걸쳐 '최고의 모습'을 유지할 수 있는 약을 주었다고 상상해보자. 이상적인 몸무게, 살고 싶은 나이, 멋진 머리 스타일을 상상해보자. 당신이 이 약을 한 번 먹으면, 평생 멋진 모습을 유지할 수 있다. 이 약은 99.9% 안전하고 어떠한 부작용도 없다. 여러분 중 몇 명이나 이 약을 선택할 것인가?

수업에서 매사에 회의적인 1~2명을 제외하고 모두 손을 들었다.

이제 이 약을 먹으면 즉사할 가능성이 1천 분의 1이라고 상상해보

자. 이 약을 먹으면, 1천 명 중에서 1명은 바로 이곳에서 지금 당장 죽을 것이다. 다른 999명은 원하는 만큼 오랫동안 최고의 모습을 유지하게 될 것이다. 얼마나 많은 사람들이 지금 이 약을 먹고 싶을까?

겨우 몇 사람만 손을 들었다.

통계적으로 '99.9%는 안전하다'는 말과 '1천 분의 1의 사망 가능성'은 같다. 하지만 '99.9%는 안전하다'는 말이 '1천 분의 1의 사망 가능성'보다 좋게 들린다.

이 영원한 아름다움을 약속하는 실험은, 뛰어난 수학 실력을 가진 스탠퍼드 대학교 경영대학원 학생들 사이에서도 위험을 전달하는 방식이 얼마나 중요한지 보여준다. 위험이 어떻게 표현되는지에 따라 같은 사람도 다른 반응을 보이는 것이다.

콘돌리자는 국제 안보의 심각한 위기를 두 곳의 미국 정보기관이 다르게 분석했던 때를 기억한다. 2001년 9·11테러 공격 후 몇 달이 지난 12월이었다. 당시 국가안보 보좌관이던 콘돌리자와 백악관의 외교정책팀은 또 다른 국제 위기에 직면했는데, 이번에는 인도에서 벌어진 일이었다. 12월 13일 AK-47 소총과 수류탄으로 무장한 5명의 남성이 뉴델리 소재 인도 국회의사당을 공격하여 9명이 사망했다. 인도 정부는 이 공격이 남아시아에서 활동하는 테러 조직 '라슈카르 에 타이바'의 소행이라고 의심하며 파키스탄 정보기관 ISI의 지원을 받았다고 믿었다. 미국과 영국의 엄청난 압박 속에서, 파키스탄 대통령 페르베즈 무샤라프는 테러 행위를 비난하고, 인도 정부에 애도의 서한을 보냈다. 그러면서도 무샤라프는 "매우 심각한 영향을 끼치게 될, 갈등을 확대하는 행동은 어떤 것도 하지 말라"고 인도에 경고했다. 이 경고가 뉴델리에는 먹히지 않았고, 핵무기를 가진 두 나라가 도합 100만에 육박하는 병력을 전쟁터로 내보낼 태세였다.

같은 일에 대해 조직마다 해석이 다른 이유

콘돌리자는 테러 발생 후 열린 국가안보위원회NSC 회의에서 "9 · 11 테러 이후 어떤 날보다 극심한 긴장감을 느꼈다"고 회상했다. 실제로 파키스탄과 인도는 전쟁 일보 직전까지 갔다. NSC는 국방부와 CIA에 전쟁 가능성을 평가해달라고 요청했다. 그런데 국방부와 CIA가 전혀 다른 해석을 내놓았다.

국방정보국Defense Intelligence Agency의 보고와 분석에 주로 의지하는 국방부는 미국을 포함한 어느 국가든 이 상황이라면 국경에서 경계 태세를 강화했을 것이라고 보았다. 국방부 정보분석가는 이러한 군사력 증강을 의례적인 것으로, 더 이상의 심각한 상황을 나타내는 것은 아니라고 보았다.

반면 CIA는 무장 충돌을 피할 수 없을 것으로 생각했다. 인도가 이미 파키스탄을 '응징'하기로 했고 이슬라마바드도 어쩌면 같은 생각을 했을 것으로 평가했다. CIA는 이웃한 아프가니스탄의 탈레반 및 알카에다에 맞서기 위해 파키스탄 정보통에 의존했고, 이 정보망이 입수한 정보가 CIA의 관점에 반영됐다.

정치가 던지는 위험

콘돌리자는 대통령과 NSC 간부들이 두 정보기관의 엇갈린 분석으로 인해 당황했던 순간을 기억한다. 관점이란 소속집단의 영향으로부터 완전히 자유로울 수는 없다. 같은 사건을 분석하면서도 국방부는 갈등을 군사적 시각으로 접근했다. 반면 CIA는 정보를 입수해 분석하는 차원에서 접근했다. 이렇게 같은 사건을 바라볼 때도, 조직의 관점을 통해 사건의 의미가 해석된다. 그러다 보니 고위 책임자들이 같은 회의에 참석하고, 같은 정보를 검토하는데도, 서로 다른 결론에 이르게 된다. 위험 수위가 높고, 모든 사람이 '제대로 파악하려는' 열망을 갖고 있을 때도, 같은 순간의 같은 정보가 사람들에게 각기 다른 것을 의미할 수 있다. 소통이야말로 때론 위험하고 어려운 과제인 것이다.

Essentials ▬▬▬▬▬▬▬▬▬▬ 위험관리가 잘되지 않는 이유

- 정치적 위험 관리가 필수적임을 알면서도 경영자들이 외면하고 있다는 사실이 연구에서 드러났다.
- '5가지 어려움'이 그 이유를 설명해준다. 정치적 위험은 보상, 파악, 측정, 업데이트, 그리고 소통(전달)에 어려움이 따른다.
- 누구도 일어나지 않은 일을 해결했다고 보상받을 수는 없다.
- 누구나 인지 편향에 빠지기 쉽다. 브렉시트는 그 가능성이 결코 적지 않았지만, 대부분의 사람들은 그럴 리가 없다고 믿었다.
- 정치적 위험은 사회 분열 및 정치 지도자의 의도처럼 측정하기 어려운 요소와 관련되어 있을 때가 많다.
- 많은 기업은 한번 결정을 하고 나면, 정치적 위험 평가를 업데이트하지

않는다.
- 같은 데이터가 다른 사람에게 완전히 다른 것을 의미할 수 있다. 소통의 리스크야말로 관리하기 어렵다.

| 역자 주 |

6) 영국 런던에 본사를 둔 세계적인 보험중개회사.

7) 한 인터넷 매체가 그의 성 정체성을 폭로한 데 대해 오랫동안 기다렸다가 크게 복수했던 일로 한동안 입방아에 올랐다. 2007년 인터넷 매체 '고커(Gawker)'는 "피터 틸이 동성애자"라고 폭로했는데 당사자는 무반응으로 일관했다. 그러다 5년이 지난 2012년 고커가 프로레슬러 헐크 호건의 섹스 동영상을 공개해 소송이 벌어지자 복수의 기회를 잡았다. 틸은 호건의 변호인단에 1,000만 달러(약 115억 원)를 지원해, 고커로부터 1억 4,000만 달러(약 1,600억 원)의 배상 판결을 받아냈다. 이를 감당하지 못한 고커는 결국 2016년에 폐업했다.

8) 마셜플랜. 제2차세계대전 이후 서유럽에서 공산주의 세력이 퍼지지 않도록 서유럽의 16개국을 경제적으로 지원했다.

9) 비영업 부문으로서 고객과 접촉하여 영업을 하지는 않지만, 영업을 잘해 수익이 창출될 수 있도록 지원하는 부서의 활동을 말한다.

10) 특정 보기가 어느 정도 기억해 내기 쉬운지, 그 정도를 기초로 확률을 추정하는 전략을 말한다. 예를 들어 영어에서 첫 글자가 'r'인 단어와 세 번째 글자가 'r'인 단어 중 어느 것이 더 많을지 추정해 보라고 하면, 사람들은 첫 번째 글자가 'r'인 단어가 더 많다고 답한다. 그러나 실제로는 세 번째 글자가 'r'인 단어가 3배 정도 더 많다. 이는 어떤 경우가 더 쉽게 혹은 더 많이 생각나느냐, 즉 얼마나 가용한가에 의해 확률을 추정하기 때문이다.(『실험심리학용어사전』, 시그마프레스㈜, 2008.)

11) 은자의 왕국(Hermit Kingdom)은 원래 중국 외에는 일절 문호를 개방하지 않았던 1637년부터 1876년까지 조선을 이르는 말이었다. 근래에 와서는 언론매체에서 폐쇄성이 짙은 북한을 이르고 있다.

12) 진공 실링재 중 하나로 진공 구성 부위 중에 접촉부의 공기가 새는 것을 막기 위해 밀봉하는 용도로 쓰인다.

정치가 던지는 위험

5장

직관을 넘어서

정치적 위험 관리의 구조

POLITICAL
RISK

POLITICAL
RISK

이제 정치적 위험을 살펴보던 차원에서 관리하는 측면으로 넘어가
고자 한다. 이 책의 전반부에서는 21세기의 정치적 위험과 기술 및 정
치 분야의 거대한 흐름, 정치적 위험 관리를 어렵게 하는 인지적, 조
직적 장애 요인들을 검토했다. 후반부에서는 이러한 장애들을 극복하
고 효율적인 위험관리를 도입하기 위한 단계별 구조를 제시한다.

하나의 방식이 모든 상황에 들어맞을 수는 없다. 위험은 언제나 상
황에 따라 주어진다. 석유나 가스 같은 채굴 산업은 30년 넘게 지속
되어 쉽게 바꾸거나 옮길 수 없기 때문에 대규모 장기 투자가 불가피
하다. 대조적으로 호텔 체인, 크루즈 선박회사, 테마파크와 같은 소비
자 대면 산업은 평판 리스크에 영향을 받기 쉬워 리스크 수용 범위가
더 낮고 위험관리 수단들도 다양하다.

우리의 목표는 정치적 위험에 대해 생각하는 방식을 제시하는 것이
다. 당신이 어떤 시장을 고려하든, 어떤 산업에 종사하든, 어떤 규모
로 기업을 운영하든, 정치적 위험 관리를 개선할 수 있는 광범위한 구

조를 제시하려 한다. 이 구조는 일반화할 수 있을 정도로 폭넓고, 어렵지 않게 실행에 옮길 수 있을 정도로 구체적이다. 기본을 잘 갖춘다면 이로부터 경쟁 우위를 확보할 수 있다. 기본은 4가지의 핵심 능력인 위험 이해, 위험 분석, (제거되지 않고 남아 있는) 위험 완화, (효율적인 위기관리와 지속적인 학습을 가능케 하는) 대응 능력을 갖추는 것으로 요약된다.

정치적 위험관리 구조

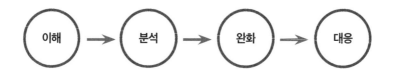

효율적인 위험관리를 하려면 전담팀을 조직해야 하며 연습과 시간이 필요하다. 또한 상층부로부터 실행되어야 한다. 조직의 전략이 무엇인지, 정치적 위험과 기회에 그 전략을 어떻게 적용할 것인지, 조직이 잘하는 것과 못하는 것이 무엇인지, 어떻게 이 둘의 간극을 좁힐지에 대한 자각도 필요하다.

각 단계에서 우리는 조직의 모든 사람들이 해야 하는 3가지 '질문'을 제공한다. 훌륭한 위험관리는 적절한 질문을 하는 것으로 시작된다. 질문은 각 단계별로 단 3개뿐이다. 이 질문들이 모든 것을 포괄하지 않지만 중요한 대부분의 것을 다루게 된다.

모든 조직은 정치적 위험을 관리하고 싶어 한다. 잘 관리하는 조직

정치가 던지는 위험

효율적인 위험관리를 위한 질문

이해	분석	완화	대응
1. 우리 조직의 정치적 위험 수용 범위는 어디까지인가?	1. 우리가 직면한 정치적 위험에 관한 양질의 정보를 어떻게 얻을 것인가?	1. 우리가 식별한 위험에 대한 노출을 어떻게 줄일 것인가?	1. 최근의 실수들을 활용하고 있는가?
2. 위기 수용 범위에 대한 이해를 공유하는가? 그렇지 않다면 어떻게 발전시킬 것인가?	2. 어떻게 철저한 분석을 할 것인가?	2. 적시에 경고와 조치를 취할 수 있는 훌륭한 시스템을 갖추고 있는가?	2. 위기에 효율적으로 대응하고 있는가?
3. 어떻게 사각지대를 줄일 것인가?	3. 정치적 위험 분석을 경영상의 의사 결정에 어떻게 활용할 것인가?	3. 위험 상황이 실제로 일어났을 때 어떻게 손실을 줄일 것인가?	3. 지속적인 학습을 위한 체계를 개발하고 있는가?

은 위험이 다가오는 것을 예측하려 한다. 경계를 늦추지 않는다. 우선순위에 따라 재능이든, 자본이든, 최고위층의 인식 공유든 자원을 적절히 활용한다. 또한 이들은 대응 시스템에 대한 스트레스 테스트를 이미 마쳤고, 훌륭한 인력과 행동에 대해 보상 시스템을 마련했으며, 지속적인 학습을 위한 피드백 사이클을 만들었기 때문에, 반갑지 않은 일이 일어났을 때 무엇을 해야 할지 즉시 안다.

이런 측면들이 현실에선 어떤지 살펴보기 위해, 1장에서 소개했던 사례들에 대해 좀 더 자세히 분석해보자. 하나는 로얄캐리비안 인터내셔널 크루즈 회사—아이티를 초토화한 지진이 발생한 직후, 그곳에 유람선을 보내는 바람에 위기를 맞았던—이고, 다른 하나는 「블랙피쉬」 사태로 오랜 기간 침체되었던 씨월드다.

두 기업 모두 위기 초기부터 어려움이 닥친 것으로 보였다. 경영진은 당황했고, 두 회사는 언론으로부터 "타인의 고통을 이용해 이익을 취하려는 냉혹한 기업"이라는 비난을 들었다. 로얄캐리비안과 씨월드는 인터넷에서 '뭇매'를 맞았다. 상황은 통제 불능으로 치닫는 것 같았다. 하지만 이미 아는 것처럼, 로얄캐리비안은 빠르게 회복된 반면 씨월드는 그렇지 못했다. 정치적 위험 관리의 차이가 그 이유를 설명해준다.

로얄캐리비안 인터내셔널과 2010년 아이티 지진 사건

2010년 1월 12일, 진도 7.0의 지진이 카리브해의 가난한 나라 아이티를 덮쳐 20만 명이 사망하고 25만 명이 다쳤다. 100만 명이 넘는 사람들이 집을 잃었다. 3일 후 '인디펜던스 오브 더 시즈Independence of the Seas'라는 로얄캐리비안 소속의 크루즈선이 지진으로 타격을 받은 아이티의 수도 포르토프랭스에서 85마일(136km) 떨어진 '라바디'라는 사유지 해변에 정박하여 3천 명의 관광객을 하선시켰다. 관광객들은 아름다운 해변에서 수영과 일광욕을 즐겼다. 물론 이 관광 계획은 지진이 강타하기 전부터 계획됐던 일이었다.

대중의 반응은 즉각적이고 거셌다. 뉴스 머리기사와 블로그들은 고통의 현장 옆에서 휴가를 즐긴 것(돈벌이한 것)을 이유로 이 유람선 운영사를 맹비난했다. 「뉴욕 포스트」의 타블로이드판 머리기사는 '시신을 먹는 귀신 배'라는 제목이었다. 신문은 "지진이 일어난 곳에 시체가 산더미처럼 쌓여 있고 생존자들은 공포에 질려 음식을 훔치는데 그로부터 60마일(96km) 떨어진 곳에서는 관광객들이 제트스키를 타고 배에서 럼주를 즐긴다"고 비판했다.

아담 골드슈타인은 로얄캐리비안 인터내셔널의 모기업인 로얄캐리비안 크루즈의 CEO이다. 이 모회사는 6개의 크루즈 노선에 40척 이상의 선박을 운영, 연간 5천만 명 이상의 승객을 490곳에 보내는 세계 2위의 크루즈 선박회사다. 골드슈타인은 지진이 강타한 뒤의 상황을 기억한다.

"그날 밤 퇴근 시간 라디오 방송에 전화로 연결돼 인터뷰를 했습니다. 그들은 우리가 '아이티에 배를 보낸 것을 이해하지 못하겠다'며 '놀라서 말을 잇지 못하겠다'고 하더군요. 우리 회사가 심한 적대감에 직면했다는 것을 알았어요."

하지만 곧 흐름이 바뀌었다. 며칠 후 ABC 뉴스는 유람선이 사실은 아이티 정부의 요청에 따라 입항했고, 배를 통해 아이티에 절실하게 필요했던 구호품이 전해졌다고 보도했다. 골드슈타인은 크루즈 선박을 동행 취재하기 위해 기자를 파견한 뉴스 매체를 기억한다. "기자는 아이티의 어떤 인부와 대화를 나누었는데, '배가 오지 않으면 우리가 먹고살 게 없다'는 말을 들었죠. 그게 기사로 보도됐어요. 남쪽[13] 사람들이 재난과 싸울 동안, 우리가 유람선을 보내지 않으면 북쪽[14]의 가난이 확대될 것이고, 양쪽 모두 굶주리는 상황이 빚어진다는 걸 사람들이 기사를 보고 알게 됐습니다. 그렇게 된다면 더욱 불행한 일이죠."

그 무렵 크루즈크리틱Cruise Critic[15]이 크루즈 여행 애호가 4700명을 대상으로 벌인 설문 조사에서 응답자의 3분의 2가 로얄캐리비안이 예정된 항로를 운행하는 데 동의하는 것으로 나타났다. 평판 전문가 레슬리 게인즈-로스는 "결국 아이티 지역의 운항을 멈추지 않기로 한 로얄캐리비안의 결정이 사실은 용감하고 사려 깊은 것으로 달리 보이기 시작했다"고 말했다.

로얄캐리비안은 "혹독한 자연재해를 입은 곳에서 호화 유람선 사업을 계속한다"는 맹공격을 어떻게 극복할 수 있었을까?

그것은 잘 꾸민 화젯거리나 인도적 지원을 제공한다는 쪽으로 여론의 눈을 돌린 결과가 아니었다. 이 회사의 위기 대응은 계획을 잘 실행하는 정도를 넘어서는 수준급이었다. 그들은 지진이 강타하기 훨씬 전부터 정치적 위험을 관리해왔다. 특히 아이티 현지에서 부딪힐 수 있는 정치적 위험에 대비해왔던 점이, 자연재해 직후 급속히 악화된 여론에 대처하는 데 상당한 도움이 되었다.

무엇보다도 아이티는 이상적인 관광지가 아니었다. 수십 년간 아이티는 정치적 갈등과 불안정으로 취약해져 있었다. 독재와 장기집권, 쿠데타, 부패, 인권침해로 얼룩진 아이티는 세계에서 가장 못사는 나라 중 하나다. 2005년 기준 국민의 약 70%가 하루 2달러 이하로 생계를 유지하고 있었다. 인구의 절반이 영양실조인 데다 어린이의 3분의 1은 학교에 다니지 못했다. 수도 포르토프랭스에 거주하는 인구의 절반이 화장실을 갖지 못하고 3분의 1은 수돗물을 사용할 수 없었다.

수준급 위험관리 : "내 편이 되어줄 친구부터 만든다"

어쩌면 이런 나라로 휴양객을 보내는 자체가 커다란 리스크일 터였다. 게다가 아이티의 관광사업가 장 키릴 프레수아의 말처럼, "아이티에서는 관광 행위 자체가 사실상 금기였다." 그런데도 1980년대부터 로얄캐리비안은 아이티의 비공개 해변 관광지를 개발하기 위해 정부는 물론 현지 주민들과 장기적인 관계를 맺기 시작했다.

이 결정은 지리적인 동기에서 출발했다. 로얄캐리비안 크루즈의 설립자이자 대표인 에드 스테판은 마이애미에서 출발해 푸에르토리코를 거쳐 세인트 토마스에서 다시 돌아오는 7박 일정의 크루즈 기항지로 '외딴섬' 하나를 개발하고 싶었다. 이 사업의 책임을 맡은 피터 웰프턴은 이렇게 말했다.

"에드는 꿈을 꾸었고 나는 그 꿈을 현실로 만드는 사람이었죠. 카리브해 지역을 샅샅이 살펴보았지만 적합한 곳을 찾지 못했어요. 우리 조건에 맞는 섬은 소유주가 팔고 싶어 하지 않았고요."

그때 아이티 출신의 친구 피에르 쇼베가 "아이티의 라바디는 어떻겠냐"고 제안했다. 하지만 웰프턴은 회의적이었다. "아이티? 거긴 세계에서 제일 가난한 나라잖아?" 하지만 피에르의 설득에 한번 가보기로 했다.

웰프턴은 접근하기 어렵지만 멋진 해변을 찾아냈다. 아이티 정부의 헬기를 빌려 군 장성과 함께 가야 했다. 장점이라면 라바디로 이어지는 길이 정비되지 않아 수도 포르토프랭스에서 일어나는 소요와 거리를 둘 수 있다는 것이었다.

단점은 라바디의 환경이 좋지 않은 것이었다. 웰프턴은 그 당시를 이렇게 회상했다.

"집 지붕에는 콘크리트 덩어리가 버려져 있었고, 방치된 녹슨 트럭과 변기, 풀을 뜯는 소들뿐이었어요. 물론 수돗물이나 전기도 없었고요. 그런 지저분한 것들만 빼면 무척 아름다운 섬이었죠."

농업이나 어업에 종사하는 주민들은 지역 개발로 인해 쫓겨날까 봐 두려워했고, 로얄캐리비안이 모든 경제적 이익을 가져갈 것이라고 걱정했다.

사실 라바디는 가난한 나라와는 상관없이 딴 세상처럼 '열대의 오아시스'로 설계되었다. 소수의 사람들이 휴가를 즐길 수 있는 공간으로, 천혜의 해안가를 따라 롤러코스터, 짚라인, 물놀이 공원, 요트용 부두 등이 있다. 실제로 많은 고객들이 라바디가 아이티 영토라는 것을 모른다.

1800년대에는 '앤틸리스제도의 보석' 역주: 현재의 서인도제도를 말함.으로 불리던 아이티에서 기회를 찾아낸 로얄캐리비안 인터내셔널은 개발 계획에 착수했다. 웰프턴과 그의 팀은 의견을 수렴하기 위해 피에르 쇼베의 주선으로 지역 주민들과 만남을 가졌다.

처음엔 지역주민들이 회의적이었고 심지어 적대적이었다. 개발로 인해 살던 곳에서 쫓겨날까 봐 겁을 먹었고, 로얄캐리비안이 훌륭한 해변과 모든 이익을 빼앗아가지 않을까 걱정했다. 이에 회사 측은 지역민에게 일자리를, 아이티 정부에는 승객 1명당 세금을 내겠다고 약

정치가 던지는 위험

속했다. 여기에 덤으로 5500만 달러를 기부해 라바디 지역 발전에 쓰도록 했다. 이런 과정을 거치면서 아이티 공직자들은 물론 비정부기구NGO, 싱크 탱크 및 유엔 조직들과 좋은 관계를 형성하게 되었다.

그 결과 2010년 지진이 발생했을 때, 로얄캐리비안에게는 의지할 수 있는 핵심 관계자들이 많았다. 깊은 신뢰 관계를 맺어놓았기 때문에 일을 순조롭게 풀어갈 수 있었다. 먼저 경영진은 아이티 정부와 논의해 계획대로 아이티 정박을 진행하기로 했다. 즉시 100만 달러를 기부했고, 크루즈 선박 편에 수백 상자의 구호물품을 실어 나르는 한편, 아이티 관광 상품의 수익금 전액을 위로금으로 기부한다고 발표했다.

골드슈타인은 회사를 대표하는 얼굴이 되었다. 개인 블로그에 회사의 결정, 회의 기록, 미디어 보도에 대한 대응, 구호물품 사진 등을 올렸다. 푸드 포 더 푸어Food for the Poor, 범미개발재단, 솔라노 재단, 아이티 소재 로얄캐리비안 인터내셔널 재단 같은 자선단체와 협력해 아이티 국민에게 추가 지원을 제공하겠다고 발표했다. 또한 화상 생존자 권익연합BAN, 국제연합 세계관광기구, 지속 가능한 여행, 듀크대학교 케난 윤리연구소 등을 포함한 전문가들이 로얄캐리비안을 지지하고 나섰다. 아이티에 파견된 유엔 특사 레슬리 볼테르는 로얄캐리비안의 사보를 통해 "현재 아이티는 심각한 경제적, 사회적 어려움에 직면해 있으니, 크루즈 선박이 라바디로 들어와 아이티가 경제적 이익을 계속 얻을 수 있기를 바란다"고 호소했다.

로얄캐리비안은 언론의 공격이 자취를 감춘 뒤에도 정치적 위험 관리를 멈추지 않았다. 지진 발생 6개월 후에, 회사는 아이티에 새로운 학교를 짓고, 주택과 사회 기반 시설을 만드는 데 필요한 건설자재를 공급하는 공장을 짓기 위해 세 곳의 기업과 전략적 제휴를 맺었다. 아울러 승객이 지역사회 봉사 프로젝트에 참여할 수 있는 '자원봉사 관광' 프로그램을 시작할 것이라고 발표했다. 그 후로도 몇 차례 정치적 위험을 겪었으나 로얄캐리비안은 30년이 넘도록 아이티의 중요한 파트너 자리를 유지하고 있다.

씨월드의 「블랙피쉬」 위기

씨월드의 「블랙피쉬」 위기는 로얄캐리비안 인터내셔널의 아이티 지진 경험과 극명하게 대조된다.

2013년 7월에 영화가 개봉되었을 때, 유명인사들과 동물학대금지 활동가들은 이 회사의 범고래 처우에 대해 맹렬히 공격했다. 이 다큐멘터리 영화는 1983년, 야생에서 새끼 때 포획되어 25년간 여러 놀이공원에서 갇혀 지낸 '틸리쿰'이라는 범고래의 삶을 다루었다. 영화는 틸리쿰이 급기야 살인까지 저지른 원인 중 하나로 비인도적인 대우를 지목했다. 씨월드의 조련사 던 브랜쇼를 포함한 3명이 틸리쿰의 공격으로 목숨을 잃었다. 「버라이어티」가 리뷰에서 언급한 것처럼 영화 「블랙피쉬」는, "동물을 전문적이며 인도적으로 대우했다고 주장하면서, 책임을 인정하길 거부하고 동물 복지에 반하는 관행을 일삼는, 돈 많은 기업에 관한 영화라는 인상을 주었다."

브랜쇼가 비극적인 일을 당하기 전, 씨월드는 신입 직원들에게 틸리쿰의 공격적인 행동에 대해 일깨워주면서 무릎보다 깊은 곳에서는 이 고래와 활동하지 말라고 전했다. 그러나 비극은 발생하고 말았다. 2010년 2월 24일, 올랜도 씨월드에서 열린 공연의 마지막 무대에서 브랜쇼는 고래와 등을 맞대고 눕는 기술을 보여주려 했다. 그러나 틸리쿰은 눕지 않았다. 그 대신 브랜쇼를 덥석 물고는 수조 안을 빠른 속도로 돌기 시작했다. 다른 조련사는 물론, 직원들까지 가세해 브랜쇼를 구하는 한편 고래를 울타리 안쪽으로 밀어 넣으려 애를 썼다. 하지만 노력은 번번이 실패로 돌아갔고 관객들은 45분간 이 무서운 비극을 공포에 질려 지켜보아야 했다. 심각한 부상을 입은 브랜쇼는 그 사이 익사하고 말았다.

동물권리 활동가들을 중심으로 이 영화로 인한 분노가 확산됐다. 선댄스 영화제에서 처음 상영된 후 「블랙피쉬」는 CNN 전파를 탔고, 급기야 넷플릭스에까지 배급되었다.

씨월드가 회사 입장을 조금이라도 이해해주고 도와줄 수 있는 사람들—동물권리 활동가, 연구자, 정치 지도자 등—과 신뢰 관계를 다져놓지 않았기 때문에 '블랙피쉬 효과'가 이론의 여지없이 확산됐다. 그 결과 정치적 위험이 매우 높아졌다. 2014년 4월 씨월드는 범고래 조련사들과의 법정 다툼에서 패배하고 말았다. 그것으로 끝나지 않았다. 캘리포니아주 의원들과 연방 의원들은 범고래 사육을 금지하는 법안을 발의하기 시작했다. 더 나아가 캘리포니아 해안위원회는 2015년 10월 씨월드의 범고래 번식을 금지하고, 수조를 확장하지 않는 한 야생에서 포획된 범고래를 가두지 못하도록 했다. 새로운 규제는 거의 언제나 통과보다는 막는 쪽 입장이 훨씬 수월하다.[16] 그러나 씨월드는 위기 전부터 여론의 지지를 얻거나 좋은 평판을 쌓는 정치적 노력을 충분히 하지 않았기 때문에 새로운 규제를 잠자코 받아들일 수밖에 없었다.

경영은 마음을 얻는 것, 고립되면 더욱 위험해진다

「블랙피쉬」가 이 회사를 동물을 학대하고, 대중을 오도하며, 조련사의 생명을 희생시킨 주범으로 묘사했을 때, 대중의 마음은 싸늘하게 식어버렸다. 그리하여 씨월드는 완전히 고립된 상태에서 「블랙피쉬」로 인한 피해를 복구해야 했다.

2015년 봄 씨월드는 동물 처우에 대한 회사의 관심을 보여주기 위해 텔레비전과 온라인 광고를 중심으로 전국적 홍보 캠페인을 벌였다. "고래를 비롯한 동물들이 동물원에 있는 것을 반대하는 일부 활동가의 잘못된 비난을 언급하면서 씨월드의 50년 헌신을 강조했다"고 씨월드의 홍보 부사장 프레드 제이콥스가 말했다.

하지만 이 캠페인은 역효과를 낳았다. 동물권리 활동가들이 트위터 논쟁에 참여해 씨월드라는 "브랜드를 빼앗아버렸다." 어떤 이는 이런 트윗을 남겼다. "씨월드, 당신네 수조는 범고래의 눈물로 채운 건가요?" "만약 당신이 범고래라면 가족들과 바다에 살겠어요? 아니면 당신네 수조에서 혼자 살겠어요? #askseaworld" "범고래를 위한 충

분한 공간이 없는데도 왜 계속 고래를 번식시키죠? #askseaworld"

이 회사의 위기가 눈덩이처럼 불어난 것은, 많은 부분 경영진의 잘못이었다. 소셜미디어의 힘이나 통신기술로 인한 평판 위험을 예상하지 못했기 때문이다.

3년의 위기가 지난 후, 새로운 CEO 조엘 맨비가 취임한 뒤로 씨월드가 마침내 전환점을 맞이했다. 맨비는 「로스앤젤레스 타임스」의 기고를 통해 씨월드가 미국 전역의 모든 범고래 번식 프로그램을 중단하고, 범고래 공연을 단계별로 폐지하는 동시에, 고래 및 바다표범의 상업적 포획에 맞서기 위해 동물보호단체와 협력 관계를 맺는다고 발표했다. 이에 5천만 달러를 투자할 것이라고 강조했다. 기고는 「블랙피쉬」 이후 처음으로 긍정적인 반응을 모았고 동물권리단체들의 환

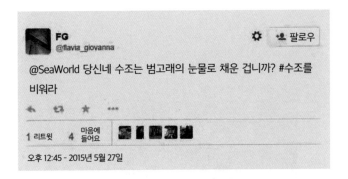

FG
@flavia_giovanna   ⚙ 👥 팔로우

@SeaWorld 당신네 수조는 범고래의 눈물로 채운 겁니까? #수조를 비워라

↰ ↻ ★ •••

1 리트윗   4 마음에 들어요   🖤🖤🖤🖤🖤

오후 12:45 - 2015년 5월 27일

영을 받았다. 씨월드는 또한 입장료 할인과 함께, 동물 공연 중심에서 벗어나기 위해 롤러코스터 같은 놀이기구를 도입했다.

맨비의 기고가 나간 후로 씨월드 주가는 25%나 뛰었다. 씨월드에서 마케팅 임원을 지냈던 조 코세이로의 말처럼, 이러한 변화를 통해 "방어 자세에서 벗어나 회사의 장점을 말할 수 있었다."

두 회사의 사례에서 본 것처럼, 사건은 갑작스럽게 터졌고, 회사의 평판은 인터넷과 대중매체를 통해 확산된 비판과 함께 급속도로 추락했다. 하지만 한 곳은 회복했고, 다른 한 곳은 여전히 고전 중이다.

로얄캐리비안은 했지만 씨월드는 하지 않은 일

글로벌 비즈니스에서는, 평소 꼼꼼하게 관리되던 기업도 닥쳐온 정치적 사건을 버텨내지 못해 나락으로 떨어진다. 로얄캐리비안 인터내셔널은 운이 좋지는 않았지만, 일찌감치 올바른 방향으로 행동했기에 덕을 보았다. 훌륭한 위험관리 체계를 갖추지 않았더라면, 2010년 지진 때 크루즈 선박회사의 평판과 아이티 비즈니스에서 전혀 다른 전환점을 맞이했을 것이다.

로얄캐리비안은 정치적 위험을 초기에 이해했고 분석했으며 이러한 위험에는 진심 어린 행동과 꾸준한 관심을 확실히 보여주는 것이 중요하다고 결론 내렸다. 이 크루즈 회사는 사업 개시 후, 첫 선박이 아이티에 정박하기 전에 여러 가지 위험 완화 노력을 제도화했다. 그 일환이 라바디 지역과 우호적인 관계를 맺고, 아이티 중앙정부의 믿을 만한 경제 발전 협력사가 되는 것이었다.

회사는 '기항지에서의 책무'라는 기업 철학을 아우르고 있다. 이는 관광지와의 문화적, 환경적, 경제적, 사회적 통합을 위해 다양한 분야 이해당사자들과의 협력을 장려하는 활동으로 이어졌다. 이런 과정이 신뢰로 다져졌다. 아담 골드슈타인이 쓴 것처럼 **"지진이 발생하기 전부터 우리가 쌓아온 관계가 위기의 시기에 빛을 발했다. 내가 개인적으로 아이티와 인연을 맺기 시작했던 1997년으로 되돌아간 것 같았다. 그곳에서 사람들과 처음 대화를 나눈 게 벌써 13년이 되었다."[17]**

마지막으로 로얄캐리비안의 대응이 최고경영자의 분명한 의지에 따라 고안되고 실행되었다는 점이다. 초기에 미디어의 신랄한 보도("시신을 먹는 귀신 배" 같은)가 이어지자, 골드슈타인은 빠르고 명확하게 자신의 입장을 설명했다. 그는 언론 인터뷰와 자신의 블로그에 회사가 아이티에서 지금 무엇을 하고 있는지, 그리고 이런 일이 왜 중요한지 설명하며 비극을 대하는 인간적 면모를 부각했다.

동시에 친구들에게 도움을 요청했다. 아이티 정부는 여전히 그의 회사를 원했고, 회사는 구호품 공급과 경제 발전 참여로 아이티를 도울 의지를 갖고 있었다. 아이티 정부 관계자는 물론, 비정부기구, 전문가들이 연이어 회사를 옹호하고 나섰다. 결국 여론은 얼마 가지 않아 바뀌었다.

이처럼 로얄캐리비안이 정치적 위험을 이해하고, 분석하고, 완화하고, 대응하기 위해 했던 모든 일들이 결실을 보았다. 훌륭한 정치적 위험 관리에 힘입어, 회사는 아이티에 대한 지원을 효율적으로 진행하고 일시적인 손실 또한 회복할 수 있었다.

대조적으로 씨월드는 위험관리의 모든 단계에서 고전하며 끌려 다녔다. 그들은 이따금 난폭한 행동을 보이는 범고래가 문제를 일으킬 수 있다고는 생각했지만, 조련사의 죽음으로 이어져 회사를 위태롭게 할 것이라고는 인식하지 못했다. 고래가 예상 밖의 행동을 보일 때마다 보고함으로써 고래의 훈련법을 개선하는 씨월드의 관리 시스템은 애초부터 한계가 뚜렷했다.

더욱이 공연은 계속되어야 하며, 조련사는 관중을 즐겁게 해주어야 한다는 경영 방침과 조직 문화가 보고 체계를 막아버렸다. 브랜쇼가 안타까운 죽음을 당하기 전인 1999년에도, 다른 고래의 위협적인 행동으로 인해 2명의 조련사가 공연을 중단한 적이 있었다. 하지만 그들은 지지나 칭찬은커녕 부사장으로부터 질책이 담긴 메모를 받았다. "공연을 취소하기 전에 가능한 모든 수단을 동원해봐야 하는 것 아닌가?"

씨월드는 개봉을 앞둔 「블랙피쉬」에 대한 이해와 분석에서도 손을 놓고 있었다. 「블랙피쉬」는 갑자기 튀어나온 게 아니었다. 이 영화의

정치가 던지는 위험

제작자는 씨월드 경영진에게 줄곧 인터뷰를 요청했지만 거절을 당했다고 털어놓았다.(나중에 살펴볼 메리어트 호텔의 대응과도 대비된다.)

이에 앞서 동물권리단체들은 수년 전부터 이 테마파크를 비판해왔다. 그들은 「블랙피쉬」가 개봉하기 전까지는 전폭적인 지지를 받지 못했지만, 영화가 개봉되자 여론에 불씨를 당기기 위해 이미 구축된 기반을 제공했다. 사회 변혁 연구자 케이티 보럼 차투가 말한 것처럼, "영화는 확산 전략을 갖춘 것은 물론 이야기의 영향력을 발현시킬 사회 변화의 토대가 준비된 상태에서 조명이 집중된 곳에 정확히 떨어졌다."

씨월드는 그런 위험을 충분히 파악하거나 분석하지 못했다. 던 브랜쇼가 사망한 것이 2010년, 「블랙피쉬」가 개봉된 것이 2013년, 그 사이에 3년이라는 시간이 있었다. 그런데 영화가 상영될 때조차 이 회사가 운영하는 11개 테마파크 중 6개가 씨월드였고, 특히 관람객을 가장 많이 끌어들인 곳은 여전히 문제의 올랜도 테마파크였다. 이들 테마파크는 '샤무'라는 범고래 공연에 크게 의존하고 있었다. '샤무'는 씨월드에서 사랑받은 최초의 범고래 이름이다. 회사의 상징과도 같은 존재여서 로고에도 범고래 이미지가 사용되었고, 모든 씨월드 파크는 '샤무 스타디움'을 대표로 하고 있었다.

스스로를 돌아보는 조직과 타성에 젖어 있는 조직

이 점에서도 로얄캐리비안과 씨월드가 달랐다. 로얄캐리비안이 아이티의 상황과 언론 보도를 심각하게 받아들여 정치적 위험에 적극적으로 대응한 반면, 씨월드는 수많은 가족들에게 사랑받은 범고래 '샤무' 공연에 끔찍한 일은 생기지 않을 것이라는 데 거액의 판돈을 걸었던 꼴이었다.

반면 씨월드가 그동안 쌓아왔던 사회적 기여는 주목받지 못했다. 이 회사는 동물 구조 및 재활 프로그램을 통해 다치고 버려지거나 어미를 잃은 2만 3천 마리 이상의 동물을 구조했다. 재단을 통해 동물 연구와 보존, 교육에 수년간 수백만 달러를 기부하기도 했다. 하지만 비난이 그간의 선행을 전부 덮어버렸다.

마지막으로 씨월드는 정보를 바탕으로 위기에 대응하지 않았다. 9장에서 다루겠지만 **최고의 조직은 '운 좋게 지나쳤던 순간들'을 그냥 보내지 않고 교훈을 얻는다. 그들은 성공이 계속되리라고 가정하지 않으며 미래를 위해 계획한다. 재난 발생 가능성을 낮추는 동시에, 발생할 경우 제대로 대처할 수 있도록 평소에 학습한다.** 문제점을 들춰내는 이에게 보상하고 피드백을 제도화한다. 이로써 진짜 위기가 닥쳐왔을 때, 빠르게 대응해 소통하며 본연의 가치를 지켜내는 한편, 고객의 신뢰를 다시 얻기 위한 단계를 밟아간다.

씨월드에게도 배울 수 있는 위기 상황이 있었다. 사실 씨월드는 캐나다의 씨랜드라는 회사로부터 1992년에 문제의 범고래 '틸리쿰'을 사들였는데, 그 캐나다 회사가 파산한 이유가 바로 틸리쿰 때문이었다. 틸리쿰은 캐나다에서도 공연 중에 조련사를 죽인 적이 있었다. 틸리쿰 외에도 사고의 전조는 또 있었다. 2006년 샌디에이고 씨월드의 범고래가 조련사의 발을 공격했고, 2009년에는 씨월드가 스페인에 빌려준 고래가 그곳 조련사를 공격해 숨지게 했다.

물론 씨월드가 이런 사건에서 전혀 배우지 않은 것은 아니었다. 그때마다 공연 방식과 안전조치를 재점검하고 개정을 거듭했다. 다만 이들이 하지 않은 것이 하나 있었는데, 가족 놀이공원에서 어쩌다 한 번 사람을 공격하는 범고래가 언젠가는 회사 존립의 위기를 가져올 수도 있다는 가능성에 대비하지 않은 것이었다. 이 회사의 '자의적인 사고 보고 체계'와 조련사의 '기밀서약'이 안전 우려에 관한 진실을 말하기를 장려하거나 보상해주지 않았다. 경영진은 안전보다 공연 취소에 대해 실망을 표현했다. 영업팀은 샤무 공연이 가장 소중한 자산이라고 생각했다. 마침내 「블랙피쉬」가 그 소중한 자산 가치에 해를 가했을 때, 그들에게 준비된 것은 아무것도 없었다.

「블랙피쉬」에 대한 대응 역시 도움이 되지 않았다. 영화가 스크린에 걸리기 직전에야 회사는 제작자의 진실성을 공격하는 자료를 평론가들에게 보내는 홍보 캠페인을 벌였다. 그러나 이러한 과잉반응은 '보는 사람이 거의 없을 뻔했던' 다큐멘터리 영화에 대중의 관심을 불러일으키는 결과가 되고 말았다. 영화를 배급한 매그놀리아 엔터테인먼트 사장은 "아낌없는 선물"이라며 "그런 선물을 받아본 적이 없다"고 환영했다.

2016년이 되어서야 새로운 CEO와 이사회는 범고래 공연을 단계별로 정리하는 동시에, 동물들에 대한 처우와 조련사 보호 체계를 개선하겠다고 발표했다.

로얄캐리비안과 씨월드 이야기의 교훈은 정치적 위험 관리가 매우 큰 차이를 만들 수 있다는 것이다. 로얄캐리비안이 아이티에서 순항만 거듭한 것은 아니었다. 정치 상황이 불안정했던 몇몇 시기에는 운항을 불가피하게 중단하기도 했다. 그러나 이 회사는 어려운 정치적 변화 속에서도 신중하게 처신해 사업을 이어가는 중이다. 대조적으로 씨월드는 위기가 발생했을 때는 간과했던 교훈을 커다란 어려움을 겪은 뒤에야 힘겹게 배우고 있다. 분명한 것은 아이티의 지진이 로얄캐리비안의 경영에 작은 영향을 미쳤던 반면, 「블랙피쉬」는 씨월드 경영의 중심부를 강타했다는 점이다. 로얄캐리비안은 더 나쁠 수 있었고 씨월드는 더 좋았을 수 있었다. 앞으로 펼쳐질 내용에서 정치적 위험을 초기에 잘 관리하기 위해 우리가 제시하는 위험관리 구조를 살펴보게 될 것이다.

정치가 던지는 위험

- 정치적 위험은 상황에 따라 다르긴 하지만, 제대로 다루기 위한 4가지 기본 원칙이 있다. 즉, 위험에 대한 이해, 분석, 완화, 대응이다.

- 로얄캐리비안 인터내셔널과 씨월드는 갑작스레 악화된 여론의 위험에 봉착했다. 정치적 위험 관리가, 한 회사는 빠르게 회복하고 다른 회사는 그렇지 않았던 이유를 설명해준다.

- 크루즈 선박을 지진 피해 지역 아이티로 보내기로 했던 로얄캐리비안의 결정은 대중의 공분을 샀다. 하지만 이 회사가 오랫동안 아이티 사업의 정치적 위험을 이해하고 분석해왔기 때문에, 이에 잘 대처할 수 있었다. 로얄캐리비안은 이해당사자와의 깊은 관계, 완화 전략, 대응 계획을 제대로 갖추고 있었다.

- 씨월드는 범고래에서 비롯된 사고가 어떻게 핵심 사업을 위협할 수 있으며, 동물권리단체가 얼마나 간단하게 회사에 큰 손실을 입힐 수 있는지 인식하지 못했다. 효율적으로 위험을 이해하거나 분석하지 못했기 때문에, 비즈니스를 다각화하는 것은 물론 안전을 개선하고, 선의를 쌓을 기회를 놓치고 말았다. 그로 인해 진정성을 가지고 위기에 대응할 수 없었으며 위험을 완화하는 데 실패하고 말았다.

| 역자 주 |

13) 아이티 남쪽, 포르토프랭스 지역.

14) 아이티 북쪽, 라바디 지역.

15) 크루즈 선박회사를 평가하는 웹사이트.

15) 미국적인 발상이다. 한국의 경우 규제를 만드는 것이 철폐하는 것보다 훨씬 쉽다.

16) 로얄캐리비언이 아이티와 인연을 맺은 것은 1980년대부터였다.

6장

보트 식별의 기술[18]
정치적 위험 이해하기

POLITICAL
RISK

POLITICAL RISK

한스 레이쓰에는 어디서부터 시작해야 할지 몰라 난감했다. 그래서 구글 검색창에 '전략적 위기관리'를 입력했다. 공학 전공자인 레이쓰에는 덴마크의 레고 그룹에서 일하는 25년 차 베테랑이었다. 때는 2006년이었고 회사가 어려움을 겪는 중이었다. 2년 전에는 가까스로 파산을 면했다.

회사가 힘들어진 이유 중 하나는 빠르게 변하는 수요자(어린이들)의 취향이었다. 또 하나의 문제는 경영진이 위기를 전략적으로 이해하고 평가하고 관리하는 체계적인 노하우를 갖지 못했다는 점이었다. 레고 그룹에게 그동안 익숙했던 위험이란, 기계가 고장 나거나, 공장에 불이 나거나, 법률팀이 상표권 위반 사례를 찾아내는 것 등이었다. 그 외에는 기본 자료로 활용할 만한 것이 없었기에 레이쓰에가 일일이 부딪혀가며 만들어갈 수밖에 없었다.

레이쓰에는 창의력이 뛰어난 직원 24명을 직무별로 소집했다. 그러고는 각각의 위험이 가치 전달망의 여러 측면에 어떻게 영향을 주는

지 파악하기 위해 디자인, 물류, 마케팅, 법률 담당 직원들과 아이디어를 주고받았다. 팀은 위험을 식별하는 브레인스토밍을 진행했고, 대표적인 위험 100여 개를 추려냈다. 재무적 위험 외에도 미국과 중국의 무역 전쟁, 멕시코 몬테레이 소재 공장에 대한 물리적 위협, 장난감 재료의 규제 가능성 같은 다양한 정치적, 전략적 위험을 확인했다.

보트 식별 : "위험을 분석해 절호의 기회를 찾아내다"

다음으로 레이쓰에는 회사에 대한 넓은 시야를 가지고 경험이 풍부한 2명의 경영진과 함께 일하면서 개별적 위험 가능성과 재무적 영향을 자세히 평가했다.

"우리는 스스로에게 물었습니다. 만약 어떤 상황이 벌어진다면 수익에 어떤 영향을 줄 것인가? 왜 그렇게 생각했을까? 수치들을 어떻게 받아들여야 할까?"

그들은 각각의 위험 상황에 대한 짧은 시나리오를 활용했고 5 대 5의 비율로 그 가능성과 영향을 다시 분류했다. 레이쓰에는 대부분의 사람들이 더 쉽게 이해할 수 있게 숫자를 활용했다. 발생 가능성이 가장 큰 것은 90%였고, 꽤 큰 가능성은 30%, 중간 정도의 가능성은 10%, 낮은 가능성은 3%, 매우 낮은 가능성은 1%로 했다. 마지막으로 레이쓰에 팀은 경영진에게 위험을 분야별로 할당해 위험 식별과 우선순

위 적용 및 위험 완화 전략에 관해 승인하도록 했다. 레이쓰에는 경영진이 위험을 책임지고 이에 대한 전략을 개발해야 한다고 확신했다.

결국 레이쓰에의 주도하에 이사회와 경영진을 아우르는 체계적이고 지속적인 과정이 만들어졌다. 전략적 위협—특정 재료에 대한 사용 금지 규제가 생기거나 미국과 중국 사이에 무역 전쟁이 발발한다면 어떻게 할 것인지 등—에 대한 데이터베이스와 위험 수용 범위를 설정하는 한편, 위험을 파악하고 식별하며, 위험 평가와 완화 전략을 경영 계획에 활용하기 위한 것이었다.

이 과정을 통해 레고 그룹은 위험을 회피하기보다는 그 속에서 적극적으로 기회를 잡을 줄 알게 되었고 이것이 놀라운 전환점이 되었다. 2015년 레고의 매출은 25% 늘어나 50억 달러를 넘어섰고, 순이익 또한 13억 달러로 31% 증가하는 성장세를 기록했다. 350개의 신제품을 출시하여, 모든 해외 시장에서 두 자릿수의 판매 성장을 보였다. 레이쓰에가 위험관리에서 일으킨 혁신 덕분에 레고 그룹은 다시 번창하기 시작했다.

기업은 어떻게 정치적 위기를 더욱 분명하게 확인할 수 있을까? 성공을 담보하는 유일한 과정이나 도구는 없다. 하지만 레이쓰에가 '보트 식별boat spotting'이라 부르는 활동을 통해 많은 위험과 극복할 수 있는 기회를 발견할 수 있다. 그는 멀리서 나타나는 보트를 찾아내듯이 다가오는 위협 속에서 커다란 도전의 기회를 식별해냈다.

가장 중요한 것은 위험을 파악하는 일이 곳곳에 도사린 위협을 찾아내는 일임을 깨닫는 것이다. 이는 조직 내부를 보는 것, 즉 보트를 발견하기 위해 핵심 능력과 문화를 개발하는 것에서 시작된다.

기업문화가 매우 중요하다. 위험을 이해하는 기업에는 체계적으로 위험을 확인하고 그것을 주제로 논의하는 '공통의 언어'가 발달되어 있다. 위험 수용 범위를 함께 정하고 위험의 세부 사항을 회사 전체에 잘 전달한다. 또한 맹점을 줄이기 위해 창의성을 발휘하고 '진실 말하기'를 활용한다. 하지만 그 위험을 내부화하고 우선순위로 만들지 않으면, 회사는 그 위험을 효율적으로 관리하기 위한 일관된 행동을 취하는 데 실패할 것이다.

이 대목은 우리 중 얼마나 많은 사람들이 건강한 생활 습관에 대한 뉴스에 귀를 기울이는가와 매우 비슷하다. 우리는 규칙적으로 운동을 하고, 잠을 충분히 자고, 신선한 채소와 과일을 먹는 게 몸과 마음에 좋다는 사실을 알고 있다. 그러나 그런 일을 실제로 실천하는 사람은

정치가 던지는 위험

많지 않다.

삶에서 위험은 구체적이지 않고 막연하기 때문에 대다수 사람들이 좋은 습관을 가져야 한다는 걸 알면서도 실천에 옮기지는 않는다. 그래서 정신이 번쩍 들게 하는 뭔가가 필요할 때도 있다. 콜레스테롤이 높다는 검사 결과나 허리 부상, 또는 막연하던 위험이 지극히 개인적인 것으로 바뀌는 반갑지 않은 일들처럼.

회사도 마찬가지다. 위험을 파악하거나 위험 목록을 만드는 일은 쉽다. 그러한 위험관리를 내부의 일로 전환하고 우선순위로 만드는 일은 훨씬 어렵다. 분명히, 또한 자주, 다음 3가지 질문을 던지는 것이 '저기 바깥에 있는' 위험 인식을 '이곳 내부'의 일관된 행동으로 전환하는 데 도움이 된다.

정치적 위험 이해하기: 3가지 핵심 질문

1. 우리 조직의 정치적 위험 수용 범위는 어디까지인가?
2. 위험 수용 범위에 대한 이해를 공유하고 있는가? 그렇지 않다면 어떻게 발전시킬 것인가?
3. 어떻게 사각지대를 줄일 것인가?

---

1. 우리 조직의 정치적 위험 수용 범위는 어디까지인가?

정치적 위험을 잘 관리하는 기업은 어떤 위험을 기꺼이 수용하고 어떤 위험은 수용하지 않을지 이해하는 것부터 시작한다. 그들의 위험 수용 범위는 명백하고, 수시로 업데이트되며, 널리 공유되어, 기업 전략과 긴밀히 연결된다.

앞에서 언급한 것처럼 정치적 위험은 항상 보상을 동반한다. 위험을 측정하고 결정하는 것을 보상하는 데는 많은 요인이 영향을 미친다. 그런 요인은 다음과 같다.

- 기간—투자가 결실을 보려면 얼마나 오래 걸릴까? 석유 회사는 매우 오랜 기간을 염두에 두고 기업을 운영한다. 유통업체는 그보다 짧을 것이다. 선마이크로시스템즈 설립자이자 코슬라벤처스를 운영 중인 비노드 코슬라는 자신이 투자한 스타트업이 외국 시장에 진출했으나 지적재산을 빼앗길 위험에 처할 것이라고 말했다.[19] 문제는 그런 일이 언제쯤 발생할 것인가 하는 점이었다. 코슬라는 그 회사가 투자를 회수하기까지 10년가량 걸릴 것이고, 그 기간 중에 '다음 준비'를 할 수 있을 것이라고 판단했다. 코슬라벤처스가 회사의 사명을 통해 밝힌 것처럼 "모든 계획에는 위험이 따른다. 그래서 우리는 위험을 이해하고 기억한다."
- 대안—투자를 위해 회사가 고려하는 다른 선택은 무엇인가? 석유 회사가 불안정한 곳에 투자하는 한 가지 이유는 세계적으로 우수한 품질을 생산할 만한 지질이 드물기 때문이다.
- 출구의 용이성—정치적 위험이 심각해지면 시장에서 쉽게 벗어날 수 있는가? 이를테면 해외 공장이나 투자를 현지인에게 매각하는 일처럼 말이다. 위험한 투자를 회수하는 데 어떤 제약이 따르는가?

- 소비자에 대한 투명성 — 정치적 위험은 어떻게 핵심 고객과의 관계를 손상시키는 평판 리스크가 될 수 있는가?

또한 기업 유형과 회사 규모에 따라 위험 수용 범위가 다를 수밖에 없다. 어떤 산업은 다른 분야보다 위험을 자연스럽게 수용한다.

우주 비행과 민간항공을 비교해보자. 30년 역사의 우주왕복선 프로그램에서 총 833명의 승무원이 탑승해 135번을 비행했다. 그중 두 번은 비극으로 끝났다.(1986년의 챌린저호와 2003년의 컬럼비아호 사고에서 모두 14명의 우주비행사가 사망했다.) 이는 1.48%의 사고 확률이다. 만일 미국의 민간항공이 우주비행선과 같은 확률로 사고를 냈다면, 약 300건의 비행기 추락 사고가 매일 발생하는 셈이다. 하지만 정확히 말하면, 우주는 본질적으로 위험해 보이기 때문에 민간항공보다 우주 비행에서 더 많은 사고가 예상된다. 우주비행사는 그 점을 잘 알고 있다. 그들의 위험 수용 범위는 넓고, 사람들 또한 그 직업이 얼마나 위험한지 알고 있으므로 그들을 영웅으로 여긴다.

존 글렌은 1962년 2월, 지구궤도를 돌고 온 최초의 우주비행사가 되기 몇 달 전(1961년 11월)에 원숭이를 태운 아틀라스 로켓이 폭발하는 장면을 지켜봤다. 글렌은 같은 종류의 로켓에 탑승하는 심정을 묻자 이렇게 대답했다. "정부 입찰에 최저가로 납품된, 100만 개의 부품으로 만든 기계 꼭대기에 앉아 있으면 기분이 어떨 것 같아요?" 민간항공사는 NASA와 같은 위험 수용 범위를 떠안으면서까지 회사를 운영하지는 않을 것이다.

크루즈 선박회사, 레스토랑, 놀이공원처럼 소비자를 직접 대면하는 회사는, 자원 채취 또는 기업 간 거래를 하는 업종과는 달리 대중의 평판 리스크에 직면한다. 제조업체는 노동력 부족, 파업, 쟁의를 포함하는 정치적 위험과 마주하는 경향이 있다. 의류 회사는 해외 공장의 노동 조건과 인권 등 사회적 책임 위험에 자주 노출된다. 석유와 가스 기업은 현지의 정치 붕괴, 부패, 불안정, 재산 몰수, 폭력 같은 가혹한 환경에서 기업을 운영하는 데 익숙하다. 다만 그들의 투자는 지상의 요소보다는 지하에 묻혀 있는 요소에 의해 주로 결정된다.

대조적으로 월트디즈니처럼 가족 지향적인 엔터테인먼트 기업은 어디에서 어떻게 사업을 벌일지에 대해 극도로 예민하다. 디즈니는 나이지리아, 리비아, 베네수엘라, 이라크 같은 나라에서 테마파크를 개장하지는 않을 것이다.

디즈니는 테마파크, 크루즈 선박회사, 영화, 텔레비전 채널을 통해 신비롭고 안전한 가족 엔터테인먼트와 동의어가 되었다. 소비자는 미키마우스를 동경하고 신뢰하고 사랑하며, 회사는 이 캐릭터를 지키고 싶어 한다. 이것은 '지구에서 가장 행복한 장소'라는 평판에 부정적인 영향을 줄 수 있는 정치적 사건—테러 공격부터 디즈니 상표 옷을 만드는 해외 공장의 비인도적 처우에 이르기까지—을 감시하고 차단하는 것을 의미한다. 디즈니는 2001년 9·11테러 이후에 자체적으로 정치적 위험 관리 조직을 개발한 최초의 기업이다.

가장 중요한 요소이지만 기업들이 충분히 고려하지 않는 점은 위험 수용 범위가 각양각색이라는 것이다. 놀이터에서 노는 아이들을 지켜보면 위험 허용 한도가 사람마다 매우 다르다는 것을 알게 될 것이다.

에이미의 두 아들은 어릴 때 유치원의 장애물 코스에서 체육 수업을 했다. 그런데 두 아이의 양상이 많이 달랐다. 한 아이는 돌진하고, 기어오르고, 뛰어들고, 최대한 빨리 달렸다. 반면 다른 아이는 그러지 않았다. 안전하게 구석에 앉아 놀이 코스가 매주 어떻게 달라지는지 머릿속에 넣고 있었다.

전문가들의 연구는 이러한 위험 허용 한도의 차이가 내적이며 지속적인 경향이 있음을 보여준다. 연구자들은 위험 수용 경향과 연관된 '걱정 유전자COMT'와 '충동 유전자DRD2' 등을 밝혀냈다.(물론 유전 외에도 지리, 성별, 나이, 종교, 출생 서열, 친구, 가족 등 많은 요인이 위험 허용 한도에 영향을 미치는 것으로 나타났다.)

매년 우리는 스탠퍼드 대학교 경영대학원의 다섯 팀과 가상 기업의 가상 위험을 다루는 모의실험을 한다. 미국의 트리톤이라는 크루즈 선박회사가 어떻게 할 것인지 결정하는 실험이다. 학생들은 가상의 회사는 물론 크루즈 산업 현황 및 정치적 위험에 관한 세부 정보(인적 사항과 재무 실적 포함)를 받는다. 다음은 시나리오 요약이다.

> **멕시코 리비에라의 트리톤 크루즈 선박회사**
>
> 트리톤은 17척의 배를 운영하며 세계 350곳의 관광지에 100개 이상의 관광 상품을 제공하는 고급 크루즈 선박회사이다. 멕시코 서해안을 따라 운항하는 계절별 크루즈는 기업 매출의 8%를 차지하고 이 지역 크루즈 산업을 주도하고 있다.
>
> 2012년 기항지에서 잠시 내렸던 다른 크루즈의 승객 22명에게 '있어선 안 될 사건'이 일어났다. 멕시코에 마약 관련 사건이 늘어나는 가운데 안전에 대한 우려가 제기되자

일부 경쟁 업체들이 멕시코 시장을 떠났다. 트리톤은 "언론 보도가 과장됐으며 멕시코 리비에라의 통계를 보면 미국의 다른 도시에 비해 미국인에 대한 범죄율이 낮다"는 사실을 멕시코 관광 당국자에게 들었다.

하지만 콜롬비아 카르텔 붕괴 후 멕시코 마약 조직의 활동이 늘어나고 있는 반면 2006년부터 집권 중인 멕시코 정권은 악화된 치안 상황을 타개하지 못하고 있다.

트리톤 이사회는 크루즈를 멕시코의 다른 도시로 재배치할 것인지, (옵션 여행 및 보안을 바꿔) 기존 여정을 유지할 것인지, 아니면 멕시코 리비에라에서 완전히 철수할 것인지 결정하기 위해 회사 측에 검토를 요청했다.

수업에서 각 팀은 의견을 정리하고, 분석을 발표하는 한편, 트리톤 이사회(에이미, 콘돌리자, 수업 조교 및 연구 조교)의 속사포 같은 질문에 대답한다. 물론 모의실험에 정답은 없다. 핵심은 다양한 집단이 같은 상황에 직면했을 때, 왜 그리고 어떻게, 정치적 위험에 대한 다른 판단에 이르는가 하는 점이었다.

우리는 5년 동안 25개 팀 125명의 학생과 이 모의실험을 진행해왔다. 결과는 매우 다양했다. 25개 팀 중 약 3분의 1이 기존 멕시코의 모든 항구에 투자를 유지하는 쪽을 선택했지만 옵션 여행에 다양한 변화를 주겠다고 했다. 절반 정도는 멕시코의 도착지 여정을 변경하겠다고 답했다. 또한 1~2년마다 한 팀 정도가 멕시코 시장에서 철수하겠다고 했다.

이는 상당한 편차이다. 다섯 팀 모두 같은 정보를 받았고, 모두 같은 1년 차 학생으로 이 수업을 이수하는 MBA 과정이라는 점을 떠올려보자. 우리는 매년 다른 전략이 펼쳐지는 것을 본다. 이런 결과를 어떻게 설명할 수 있을까?

정치가 던지는 위험

우리의 실험이 과학적 연구는 아니었지만 우리는 임의로 선택된 '팀 CEO' 개인의 위험 수용 범위에 달렸다고 생각한다. 두 번의 사례를 통해 그와 같은 결론에 이르렀다.

"고객 안전의 문제라면 우리의 허용 한계는 제로입니다"

2016년 두 팀이 완전히 똑같은 데이터를 근거로 완전히 상반된 결정을 내렸다. 첫 번째 팀은 트리톤의 사업에서 멕시코가 "단지 8%만" 차지하므로 회사가 멕시코 시장에서 철수할 수 있을 것이라 말했다. 다음 팀은 "멕시코가 우리에게 중요한 시장이고, 우리 사업에서 8%를 차지하니까 더 성장할 수 있을 것"이라고 했다. 한 팀에게 8%는 낮은 수치였고 다른 한 팀에게는 높은 수치였다. 똑같은 정보가 상반된 위험 렌즈를 통해 분석되자 다른 결정으로 이어졌다.

또 다른 순간은 2012년이었는데, 우리는 다섯 팀 중에서 마지막 발표만을 남겨둔 상태였다. 네 팀은 모두 멕시코에 남는 전략을 지지했다. 일부는 리비에라 여정을 바꾸고 싶어 했고, 일부는 옵션 여행의 안전과 감독을 강화하고 싶어 했다. 다섯 번째 팀이 앞으로 나왔다. 팀의 CEO 제시카 레니어는 트리톤이 멕시코에서 즉시 철수해야 한다는 결심이 확고했다. 다른 팀 학생들이 불편해하는 것을 느낄 수 있었다. '이사회'뿐만 아니라 동료들 앞에서 제시카와 그 팀원은 외롭게 싸워야 했다.

콘돌리자와 에이미는 제시카를 압박했던 장면을 기억한다. "갑작스러운 결정으로 인한 기업의 영업 손실은 어떻게 하죠?" 에이미가 물었다. "이건 큰 결정입니다. 고객들에게 어떻게 이 결정을 전달할 겁니까?" 콘돌리자가 물었다.

제시카는 단호하게 맞섰다. "고객 안전과 관련된 문제라면 트리톤 크루즈의 허용 한계는 제로입니다. 저는 CEO이고 저의 결정입니다. 이러한 결정을 내리는 것이 우리 기업 본연의 모습임을 모두가 알았으면 합니다. 저는 대차대조표의 단기적 충격을 감수할 것입니다. 승객 중 누군가 해를 입는다면 그 위험은 기하급수적으로 늘어날 것이고, 여러분은 그것이 얼마나 나쁠지 예상조차 할 수 없을 것입니다."

강의실이 소란스러워졌다. 대담하고 당당한 발표였다. 가상 기업의 경영자 역할에 몰입해, 기꺼이 수용할 위험과 그렇지 않은 위험에 대해 깊이 통찰함으로써 나온 결과였다. 이사회 발표가 있기 전에, 우리는 모든 팀이 심사숙고하는 것을 보았고, 제시카의 팀이 서로 어떤 부분을 맡을지 공평하게 나눈 것을 알게 되었다. 결정은 그녀가 한 것이었다.

나중에 제시카는 이러한 생각을 알려주었다.

- '이제 답해야겠다'고 생각했어요. 그게 무엇이든 제 생각으로는 정치적 위험에 관해서라면 대담하게 결정해야 해요. '아이를 쪼갤' 수는 없어요. 타협하는 건 자신을 2개의 위험에 노출시키는 겁니다. 그것은 최악의 결정이에요. 저는 결정했고 팀원에게 말했어요. "이게 내 결정이야."
- 위험을 평가하면서 우리는 트렌드를 살펴봤어요. 이 지역의 관광이 내림세였어요.

일반적으로 누구나 성장하는 시장을 찾고 싶겠죠. 다른 팀들은 다른 이들이 떠나면 그 시장을 장악할 수 있으니까, 그 시장에 머물러야 한다고 주장했어요. 위험 정도가 심해서 모든 사람이 떠나고 당신이 남아야 한다면, 그건 남을 이유가 되지 않아요. (남들이 떠난) 시장을 차지한 것은 좋은 일이 아니죠.

- 통계는 한계가 있어요. 모든 정치적 위험 상황에서 그래요. 위험을 평가할 때 통계와 정보에 파묻히기 때문에, 맨 먼저 해야 할 일은 의미 없는 자료를 즉시 버리는 거예요. 그러지 않으면 결정이 흐려질 수 있으니까요.

제시카 레니어는 회사의 위험 수용 범위가 어디까지여야 하고 CEO는 어떤 역할을 해야 하는지에 관한 타고난 관점을 가졌기 때문에 동료들 대부분이 하지 않은 결정을 했다.

개인과 마찬가지로 기업들은 흔히 동일한 위험을 다르게 본다. 그들은 특정 문화, 정체성, 세계관에 따라 다른 방식으로 데이터를 필터링하기 때문이다.

위험 수용 범위에서 가장 중요한 것은 위험의 실체를 아는 것이다. 대개 위험은 분명해 보인다. 하지만 실제는 그렇지 않다. 많은 조직이 위험 수용 범위를 '가정'으로 정한다. 그래서 암시적이다. 모두가 그것을 이해하고 있다고 생각한다.

하지만 3가지 이유로 인해 위험 수용 범위를 가능한 한 명확히 해두는 것이 좋다. 첫째, 4장에서 언급한 것처럼 인간의 인식이란 믿을 게 못 된다. 똑같은 사실을 놓고도 다르게 해석할 수 있고, 실제로 다르게 해석한다. 둘째는 인적자원의 변동이다. 새로운 직원이 수시로 조직에 들어오며, 그들은 회사의 위험 수용 범위가 어디까지인지, 혹은 어디까지여야 하는지, 제각각 다르게 이해하고 회사에 출근한다. 셋째, 위험은 역동적이다. 항상 변하고, 회사의 위험 수용 범위도 그와 함께 변한다. 로얄캐리비안의 아담 골드슈타인이 말한 것처럼, "정치적 위험 관리에 성공하려면 꾸준히 그 일을 해야 하며 일회성이 아니어야 한다."

모든 사람들이 위험 수용 범위가 어느 정도인지 안다고 생각하지만, 그것에 대해 충분히 토론하지 않는다면 오해가 생길 수 있다. '비공식적인 추측'을 줄이면, 경제 모델링이든, 정보 분석이든, 기업 전략이든, '비공식적인 의사 결정'을 줄일 수 있다. 위험 수용 범위를 분명히 하는 기업은 그것을 관리하는 데 협력적이고 효율적인 신속한 접근법을 개발하게 된다.

호주의 보험 및 재무금융 서비스 기업 선코프의 위기 수용 범위는 매년 신중하게 고려된다. 선코프의 위험관리 담당 경영자 클레이턴 허버트는 "공식적으로 위험 수용 범위를 정하며, 그것은 전략 계획을 수립하는 과정 및 주기와 연관되어 있다"고 말했다.

캐나다 전기 회사 하이드로원의 위험관리 담당 경영자 존 프레이저는 매년 몇 차례의 워크숍을 추진하는데, 여기서 모든 직급과 부서의 직원들에게 "회사가 직면한 위기를 확인해 등급을 매겨보라"고 요청한다. 직원들은 충격과 발생 가능성, 통제력 등을 바탕으로 1~5점까지 각각의 위험에 등급을 매긴다. 프레이저는 그 순위를 가지고 워크숍에서 토론하고, 직원들은 자신의 위기 인식을 공유하며 토론에 참여한다. 토론을 바탕으로 그룹들은 시각적으로 확인할 수 있는 위험

지도에 회사 전체를 아우르는 합의를 담아 실행 계획을 추천하며, 각각의 위험에 '담당자'를 정한다.

구체적인 내용은 회사마다 다르지만 최선의 방법은 언제나 같다. 즉, 조직의 위험 수용 범위가 어디까지인지 질문하면서 시작하는 것이다. 이런 식으로 해본다면 어떤 위험을 수용할지, 또한 왜 수용할지 결정하는 데 유리하다.

2. 위험 수용 범위에 대한 이해를 공유하고 있는가? 그렇지 않다면 어떻게 발전시킬 것인가?

모든 경영자가 질문해야 하는 두 번째는 첫 번째와 긴밀히 연관된다. 즉, 우리는 위험 수용 범위에 대한 이해를 공유하는가?

CEO, 이사회 의장, 고위 임원진이 위험 수용 범위를 정하는 것으로는 충분치 않다. 모든 직원이 공유해야 한다. 최고의 기업은 정치적 위험이 이사회 회의실에서 영업 및 매장에 이르기까지 모든 직원의 일이라는 점을 분명히 하고, 이를 토론하기 위한 공통의 언어, 위험을 식별하는 일관되고 반복적인 과정, 위험에 대한 주인의식을 형성하는 데 상당한 노력을 기울인다.

디즈니에는 "미키마우스가 다쳐서는 안 된다"는 생각이 회사 전체에 공유된다. 위험관리 담당 임원은 이렇게 말한다. "우리가 가진 것이 가치 있다고 모두가 인정하죠. 그래서 동료에게 좋지 않은 소식을 전하더라도, 그를 괴롭히려는 목적이 아니라는 것을 서로 알고 있습니다. 반갑지 않지만 일어난 일은 어쩔 수 없으니까요."

정치적 위험을 관리할 때, 많은 리더들은 위험을 간파해서 전파하고, 조직 전체의 인식과 이해를 높이기 위해 공식화하는 과정을 개발한다. 페이첵스는 1971년에 설립되어 급여, 인적자원, 복지수당 지급 업무를 50만 곳의 중소기업에 제공하면서 100개의 사무실을 운영하고 있다. 이 회사는 매년 전미대학농구협회NCAA의 '3월의 광란 토너먼트'에서 형식을 빌려온 '위험 토너먼트'를 실시한다. 약 200여 명에 이르는 다양한 출신의 임원들(IT, 재무, 마케팅, 영업 등)은 예상되는 충격, 가능성, 속도, 기타 요인을 기준으로 각 팀이 도출해낸 64개의 위험을 한데 모아 검토한다.

토너먼트가 진행되는 동안 신용, 규제, 보안 등의 위험에 대해 200여 명의 임원이 전자투표를 해서 위험들끼리 서로 '경쟁시킨다.' 여기서 많은 표를 얻은 위험이 '다음 경기'로 올라간다. 어떤 해에는 가격 책정 위험이 1등을 했다. 페이첵스의 위험관리 담당 이사 프랭크 피오레유는 최종 획득 점수가 중요한 게 아니라고 강조한다. "위험 토너먼트의 목표는 다수의 피드백을 얻는 것입니다. 책임자들이 위험에 관심을 갖고 능동적으로 참여하는 방법이라는 점이 중요합니다."

멕시코의 건자재 기업 시멕스는 100개가 넘는 나라와 사업을 하고 있으며, 연간 매출액이 150억 달러에 이른다. 시멕스의 경우 최고 리스크 책임자와 그 팀이 연 2회, 사건이 일어날 때는 더 자주, 국제적 위험에 대한 논의 안건을 준비한다. 안건에는 국가 및 기업 차원의 다양한 문제가 포함되며, 모든 임원이 참석한 가운데 위험을 감지하고 완화할 방법을 제안한다. 그 결과가 이사회의 집행위원회에 전달됨으로써 경영진은 직면해야 할 문제에 대해 숙지하게 된다.

레고 그룹에서는 정치적 위험과 다른 전략적 위험에 대한 작업이 최근 전략 수립 과정으로 통합되었다. 지난 10년 동안 한스 레이쓰에는 위험 수용 범위를 함께 이해하고, 위험에 대해 논의하는 언어를 공유하는 한편, 위험 담당을 명확하게 배분하는 방식을 설계했다. 이에 따라 레고의 모든 프로젝트 매니저는 위험관리 훈련을 받는다. 위험 가능성과 예상 충격은 수치로 표현되어 등급이 매겨진다. 위험관리팀은 해마다 경영진과 이사회가 레고 그룹의 위험 수용 범위를 정하고 위험 노출을 측정하기 위해 사용하는 '위기 시의 순이익'을 계산한다.

디즈니, 페이첵스, 시멘스 및 레고 그룹의 공통점은 경영자들이 앞장서서 정치적 위험을 이해하고 관리한다는 점이다. 또한 회사의 위험 수용 범위에 대해 조직원들이 인식을 같이하는 기회들을 갖는다는 점, 위험 담당 및 책임 시스템의 중요성을 인식하고 있다는 부분 또한 공통점이다.

이 모든 기업에서 위험 수용 범위는 명확하고, 널리 공유되고, 수시로 업데이트된다. 애초에 정치적 위험 관리란 추측이 끼어들 여지가 있다. 그렇다고 당신 회사의 위험 수용 범위가 추측의 일부여서는 안 된다.

3. 어떻게 사각지대를 줄일 것인가?

모든 사람과 조직에는 사각지대가 있게 마련이다. 해결책은 다가오는 위험을 너무 늦기 전에 볼 수 있도록 사각지대를 최소화하는 방법을 찾는 것이다. 페이첵스의 피오레유는 시장의 흐름이든, 변화하는 정치 환경이든, '매우 가까이 있는 위험'에 특히 관심을 쏟는다. "모르는 사이에 가까이 온 버스가 위험하다고 생각합니다. 다가오는 위험이 중요하죠."

인도의 대형 소비재 기업 마리코의 CFO(최고재무책임자) 비벡 카브는 점진적으로 발생하는 위험에 특히 유의한다. 그는 "운영 방식의 어떤 측면이 일을 서서히 망칠 수 있다"고 강조했다. 최근에는 인도의 소비자 운동이 그런 위험에 속한다. 또 다른 정치적 위험은 환경보호주의다. "환경을 외면하는 기업은 그로 인해 더욱 큰 손실을 입을 수 있다"고 카브는 말한다. 회사는 이처럼 변화하는 환경에 맞춰 PVC를 사용하지 않은 포장재를 도입하고 필요 에너지의 90%를 재생에너지로 사용한다.

장난감 회사부터 첩보기관에 이르는 모든 조직이 사각지대를 줄여 주변의 위험을 제대로 확인하는 3가지 방법이 있다. 상상력, 다른 사람의 입장에서 생각하기, 집단사고 막기다.

정치가 던지는 위험

상상력 : 「스타트렉」을 통해 배우는 교훈

1966년 텔레비전 시리즈로 시작해 50년간 영화 시리즈로까지 이어졌던 「스타트렉」에는 상상력의 역할에 대해 보여주는 주인공 캐릭터 2명이 등장한다.

커크 선장은 우주선 엔터프라이즈호를 지휘하는 저돌적인 이단아다. 커크는 창의적이고 전통에 맞서며, 감성적이고, 관습을 조롱한다. 그는 위험에 대한 매우 높은 수용 범위를 가진 사람이다. 또 하나는 부사령관 스팍 소령으로 선장과 정반대의 인물이다. 스팍은 인간의 감정을 갖지 않았으며 오로지 논리적 사고에 따라 행동하는 불칸 행성 출신 혼혈이다. 가끔은 인간적인 모습을 반쯤 드러내기도 하지만, 데이터에 따라 처리하고, 논리적이며 기존 절차와 규정을 따르는 데만 집중한다. 커크와 스팍은 각각 결함이 있는 인물이다. 하지만 둘이 함께라면 상상력과 분석력, 행동력과 사고력, 규칙 무시와 규칙 준수라는 음양의 조화를 갖추게 된다.

이 역동적인 가공의 한 쌍이 현실 세계의 메시지를 전해준다. 커크와 스팍은 서로 떨어져 있을 때보다 함께 있을 때 훨씬 효율적이다. 이는 위험 감지와 분석에서도 그렇다.

위험을 상상하는 쪽이라면 커크 선장이 훨씬 더 가깝다. 이는 지금 당장이 아니라 앞으로 일어날지 모를 어떤 것에 대한 창의성, 감성, 사고력의 영역이다. 상상력 없는 단순 분석은 역사가 급변하거나 커다란 흐름이 생겨나 불연속적인 변화로 이어질 때 실패할 가능성이 높다. 반대로 분석이 없는 상상은 눈앞에 있는 현실이 아닌, 절대 일어나지 않을 미래에 집중하는 실패로 이어질 수 있다. 위험을 이해하려면 상상력이 필요하다. 위험을 분석하려면 체계화된 사고가 필요하다. 스팍과 커크처럼 상상력과 분석이 함께라면 더욱 좋다.

첫 단계로서 위험의 이해는 상상력을 훈련하는 것이다. 블랙스톤 대체자산운용의 CEO 토밀슨 힐은 자신의 일 가운데 핵심은 모든 종류의 위험을 생각하는 것이라고 한다. "투자자들은 우리가 모든 다양한 시나리오로부터 그들의 자산을 지켜주길 바란다"고 그는 말했다. 힐과 그의 팀은 상상력을 발휘하는 것으로 일을 시작한다. 그들은 언제나 투자에 영향을 미칠 가능성이 있는 세상의 변화에 대해 생각한다. "투자 고객과 우리의 의견이 자주 엇갈리죠. 사람들은 상황이 이런 식으로 지속될 것이라고 생각하거든요. 하지만 인간의 **가장 큰 실수는 미래가 지금과 같을 것이라고 믿는 것이죠. 사실상 그런 일은 일어나지 않는데도 말입니다.**"

페덱스의 CEO 프레드 스미스는 오래전부터 위험 인식과 관리를 단순한 운영상의 문제가 아닌, 이사회와 경영진이 다뤄야 할 문제로 여겨왔다.

스미스는 1990년대 다른 회사의 이사로 참여했다가 중요한 뭔가를 감지했다. 회사의 감사위원회에서 돈 문제뿐 아니라 정보기술IT 문제에 대해 논의하는 경우가 늘어나고 있었던 것이다. 그래서 그는 페덱스 이사회도 IT 문제에 더 많이 집중해야겠다고 마음먹고 정보기술이사회와 정책위원회를 설치했다. 이어서 IT와 사이버 안보 분야의 전

정치가 던지는 위험

문가들을 새로운 이사회 멤버로 영입했다. 스미스는 다른 기업들의 이사회 멤버로 활동하며 새로운 흐름을 먼저 알아챘기 때문에 경쟁 기업들보다 빠르게 움직일 수 있었고, 이로 인해 페덱스의 이사회는 '희미하게 등장하는 사이버 위험'을 이해하고 일을 맡길 전문가를 갖출 수 있게 됐다. 8장에서 페덱스가 어떻게 이 전략을 활용해 멤피스에 글로벌 컨트롤센터를 두고 위험을 완화시키는지 살펴볼 것이다.

기업들은 또한 새롭게 등장하는 위험을 잡아내는 데 도움이 되는 수단들을 사용한다. 레고 그룹은 구글 트렌드를 활용해 지난 10여 년 간의 나라별-지역별 검색 단어를 분석함으로써 제품에 대한 위험이나 기회를 분석한다. 페이첵스의 '위험 토너먼트'는 창의력을 발휘하기 위한 분석 훈련에 경쟁과 흥미를 부여하는 게임 요소를 가미했다. 이 밖에 블랙스톤 대체자산운용, 셸, 레고 그룹, 미국 국가정보위원회, 세계경제포럼, 버클리 대학교 사이버보안센터에 이르는 많은 조직이 시나리오를 사용한다. 시나리오에 흥미를 더하기 위해 레고 그룹은 보호무역주의와 자원 부족 시나리오에 '머피의 서프라이즈Murphy's Surprise', 아시아 시장이 주도하는 성장 시나리오에는 '용감한 신세계' 같은 재미있는 이름을 붙인다.(물론 여기서 핵심은 농담이 아니라, 시나리오가 곧 다가올 위기에 대한 상상력을 자극하는 첫 번째 중요한 도구라는 점이다.)

모의전war game 역시 위험을 밝혀내고 이해하기 위한 방법으로 애용되고 있다. 1886년부터 미군에서 사용된 모의전은 적군과의 상호작용을 모의실험하고 그 양상이 어떻게 전개되는지 확인, 현재의 약점과 미래 가능성을 파악하기 위해 설계된 훈련이다.

두려운 결과 하나가 1983년 미 국방부에서 일어났는데, 몇 년 전에 기밀 해제된 '자랑스러운 예언자Proud Prophet'란 게임이었다. 이 모의전은 2주간 24시간 쉬지 않고 돌아갔으며, 국방부 장관과 합동참모본부장 등이 참여한 가운데 실제 일급비밀 계획을 활용했다. 이 모의전에 조언한 예일 대학교 교수 폴 브라켄은 "냉전 시기 미국 정부가 핵무기를 동원했던 가장 현실적인 훈련"이라고 기록했다.

'자랑스러운 예언자'를 통해 당시 미군 최고위층의 생각이 드러났는데, 브라켄의 표현에 따르면, "무책임하거나 실제 미국의 역량과는 동떨어진 것"으로 드러났다. 그중 '제한된 핵전쟁 전략'의 의도는 소련에 소규모 핵 타격을 줌으로써 휴전을 받아들이게 한다는 목표였지, 지구를 초토화시킬 전면적 핵전쟁을 일으킬 생각은 아니었다. 하지만 모의전에서 '소련인들'은 미국의 제한된 핵 공격에 자제하는 대신 거대한 핵 보복 공격으로 대응했다. 이에 미국이 되갚아주었고, 결국 5억 명의 무고한 사람들이 목숨을 잃었으며, 핵이 휘몰아친 많은 지역이 방사능에 오염되어 사람이 살 수 없는 곳이 되었다. NATO도 사라졌다. '자랑스러운 예언자'는 확전 통제 이론이 틀릴 수 있으며 무모할 수도 있음을 보여주었다. 미국의 전략가들은 제한적 핵전쟁이 대재앙의 위험을 완화시킬 것으로 가정했다. 하지만 모의전 결과는 제한된 핵전쟁이 반대로 대재앙의 위험을 매우 크게 확대하리라는 것을 보여주었다.

최근에는 모의전이 기업으로도 확산되었다. P&G, 캐드버리, 플랫

앤휘트니, 마즈 등 전 세계 50개 이상의 선두주자들이 모의전을 이용하고 있다. 에이미의 전 직장인 맥킨지앤컴퍼니는 2012년 사이버 공격에 대비하는 기업들을 대상으로 모의전 활용을 권하는 보고서를 냈다. 맥킨지 보고서에 따르면 한 공공기관은 사이버 모의전을 통해 그간의 위험 분석이 틀렸다는 사실을 발견해냈다. 정말로 큰 위험은 온라인 사기 발생 이후의 신뢰 상실인데도 불구하고, 보안 절차는 사기를 감시하는 데만 집중되어 있는 실책이 드러났다.

다른 사람의 입장에서 생각하기 : 라바디로부터 배우는 교훈

다른 이해관계자의 관점에서 위험이나 상황을 생각해보려는 노력은 숨어 있던 위험을 불거지기 전에 발견하는 데 도움이 된다.

앞에서 우리는 로얄캐리비안이 아이티의 라바디에 리조트를 지으려 했을 때의 일을 살펴보았다. 크루즈 선박회사의 계획에 우려했던 지역주민들을 아이티의 교회에서 처음 만났을 때, 로얄캐리비안의 사업 책임자 피터 웰프턴은 매우 비관적이었다. 아이티 출신의 친구 피에르 쇼베가 없었더라면 이기기보다는 지는 쪽을 선택했을 가능성이 높았다.

지역사회는 비판적이었다. 휴양지를 건설한다는 계획에 대해, 주민들은 "미국인들에게 삶의 터전을 빼앗길 것"이라며 걱정했다. 빈곤 속에서 살아온 그들은 "라바디에 이익이 되는 일"이라는 웰프턴의 말을 믿을 이유가 없었다.

이런 와중에 웰프턴은 주민의 관점에서, 그들의 걱정을 이해하고 해결해야 문제가 풀린다는 사실을 알게 되었다. "그들의 입장에 서보려고 노력했습니다. 내가 하는 일이 그들에게는 어떻게 보일지, 내가 하는 일이 그들에게 도움이 될지, 정말로 그들을 위해 이 일을 하고 있는 것인지 말이죠."

스스로를 아이티 사람이라고 생각하자, 주민들의 의구심을 조금씩 이해할 수 있었다. 의심하는 마음을 받아들이고 시작해야 했다. 우정을 쌓기 위해 그들의 방식대로 행동했다. 시간이 흘렀고, 긴장이 감돌던 회의가 차츰 진심 어린 대화와 생산적인 토론으로 발전했다. 주민들이 바라던 수도 시설이 설치되었고 일자리가 만들어졌다. 지역사회에 대한 헌신이 회사의 주요 사업 가운데 하나로 자리 잡았다.

2014년 러시아 침공으로 인한 우크라이나 내전 시기, 이곳 동부 해안에서 말레이시아 여객기가 추락한 사건은, 다른 이의 입장에 동의하거나 따르지 않더라도 '역지사지'가 어떻게 숨은 위험을 간파해낼 수 있는지 보여준다.

네덜란드 안전위원회 조사 결과, 이 여객기는 암스테르담에서 쿠알라룸푸르로 향하던 중 미사일에 의해 격추되었다.(많은 사람들이 우크라이나의 러시아 지지 분리주의자들이 민간 여객기를 우크라이나 군용기로 착각해 미사일을 발사했다고 생각한다.) 위원회의 보고서는 말레이시아 여객기가 피격당하기 이틀 전에, 두 대의 우크라이나 군용기가 민간항공기 항로를 따라 비행하다가 피격된 것을 언급하면서, 우크라이나 정부가 영공을 더 빨리 폐쇄하지 않은 잘못이 있다고 비난했다. 보고서는 영공을 폐쇄할 만한 이유가 있었지만 우크라이나 당국이 거부했다고 밝혔다. 왜일까?

보고서는 명확한 답을 제시하지 않지만 민간항공에 경험이 있는 위험관리자는 우리에게 이렇게 말했다. "우크라이나 정부로선 영공을 폐쇄하고 싶지 않았던 이유가 있을 겁니다." 주된 이유는 영공 통과료를 받기 위해서였고, 이보다 중요한 부분은 주권 문제였을 것이다. "우크라이나 정부는 그들에게 영토에 대한 제한된 통제권만 있었음을 인식했을 것"이라고 그 전문가는 말했다. 러시아의 침략을 받은 가운데 내전까지 치르는 중이어서 특히 영공에 관해서라면 통제권이 온전하지 않았을 것이라는 얘기였다. 하지만 그것을 공공연하게 인정할 수는 없으니 이럴 수도 저럴 수도 없는 딜레마에 빠졌을 거라는 분석이었다.

이 점에서 각 항공사의 위험관리자들은 해당 정부 책임자의 입장에서 생각해볼 필요가 있다. 그렇게 하면 항공사 입장에서 어떤 대책을 사전에 강구해야 하는지 분명하게 알 수 있다. 실제로 일부 항공사들은 한 걸음 앞서 움직였다. 호주의 콴타스 항공과 한국의 대한항공은 지상에서 점점 커지는 긴장과 영공의 안전에 대한 우려로 몇 달 일찍 우크라이나 상공을 지나는 비행을 중단해 안전을 확보할 수 있었다.

집단사고 막기 : 국무장관에게 배우는 교훈

한편으로는 진실 말하기를, 다른 한편으로는 반대 의견 내놓기를 장려함으로써 조직 내부의 사각지대를 줄일 수 있다. 따라서 반대 의견과 새로운 정보, 까다로운 피드백, 독특한 생각이 최상층에 이르게 하는 채널을 만드는 활동 또한 중요하다. 이런 채널을 사용하는 사람들에 대한 보상도 따라야 한다.

다만 이해를 공유하는 것의 단점은 모든 사람이 같은 것을 믿고, 같은 시각에서 바라보며, 대안적 관점을 무시하는 집단사고를 키우는 것이다. 심리학자들은 조직을 단일한 의견에 이르게 만드는(그래서는 안 될 때) 조직의 압력을 의미하는 말로, '집단사고groupthink'라는 용어를 사용한다.

앞서 동료 교수 빌 페리가 무엇이 어떤 국방부 장관을 다른 장관들보다 성공하게 만드는지 연구한 결과에 대해 살펴봤다.(4장 참고) 페리는 빌 클린턴 대통령 시절 국방부 장관을 역임했다. 그는 성공 비법이 단순한 정보력에 있지 않다는 사실을 알아냈다.

핵심은 집단사고를 차단하는 능력이었다. 반대 의견을 환영하지 않는 국방부 장관의 경우 그 능력을 갖지 못했다. 그러고는 페리가 설명하는 것처럼 "그 때문에 큰 실수를 저지르곤 했다."

콘돌리자는 국무장관이 되었을 때 집단사고를 막는 일을 매우 중요하게 생각했다. 국무부의 책임자나 직원들은 거짓말을 하거나 문제를 숨기려 들지 않았다. 다만 장관의 책상 앞에 가기 전에 문제를 고치

정치가 던지는 위험

려고 애를 쓸 때가 많았는데, 때로 이것은 콘돌리자에게 도착했을 때 '난해한 문제'가 되어버렸음을 의미했다.

실제로 2007년에 그런 일이 일어났다. '미국과 캐나다를 오가는 사람은 정부 발행 신원확인서를 소지해야 한다'는 의회의 조치가 통과된 뒤였다. 이는 비자 없이 캐나다를 여행하던 미국인들에게 여행 서류가 필요하다는 의미였다. "사람들은 대부분 여행에 정부의 확인 서류가 필요하다는 말을 들으면 여권부터 생각하죠." 버팔로나 디트로이트에서 하키 경기를 응원하러 캐나다에 넘어가는 미국인을 상상하면서, 그녀는 여권 수요가 크게 늘어날 것이라고 생각했다. 그녀는 해당 팀을 소집해 물었다. "우리가 여권 증가 수요에 맞출 수 있을까요?" 직원들의 대답은 "예"였다.

콘돌리자는 왜 '여권 대란'을 막을 수 없었을까?

몇 주 뒤 새벽 운동을 하면서 콘돌리자는 지역 뉴스를 보았다. 카리브해 여행 예약에 평생 모은 돈을 쏟아부은 여성이 여권을 제때 발급받지 못해 어려움에 처했다는 소식이었다. 콘돌리자는 즉시 사무실로 가서 회의를 소집했다. 여권 담당 책임자에게 문제가 있는지 물어보았다. 그들은 "일이 좀 밀렸어요"라고 인정했다. 콘돌리자가 다시 물었다. "얼마나 밀려 있죠?" "6개월요." 그 당시는 이미 4월이었다. 여름 여행 시즌이 다가오고 있었다.

"우리는 비상 태세로 돌입했어요. 자원을 쏟아부었죠. 인턴들을 동원하고, 은퇴한 직원을 다시 불러들이고, 밀린 업무를 감당하기 위해 여권 업무를 할 수 있는 사람이라면 누구나 고용했죠."

혼란이 이어지던 시기 콘돌리자는 사촌 라티비아와 저녁을 먹었다. 콘돌리자가 말했다. "여권 수요를 도무지 이해할 수 없어." 그러자 사촌이 대답했다. "맞아. 나도 여권이 만료될 예정이라 미리 가서 갱신을 신청했지." 콘돌리자가 물었다. "언제 만료되는데?" 라티비아는 대답했다. "1년 후."

그 순간에야 콘돌리자는 그간 어떤 일이 일어났는지 확연히 알게 되었다. 여권을 원하는 사람은 캐나다로 여행을 가는 미국인이 아니었다. 여권 발급이 지연될 거라고 생각한 사람들이 재발급 신청에 몰려들었고, 이것이 일을 악화시킨 진짜 이유였다.

그해 겨울 하키 시즌이 돌아온 무렵 '6개월 지연'이 '2개월 지연'으로 줄었다. 하지만 그럼에도 여전히 오래 걸렸다. 콘돌리자는 당시를 이렇게 회상했다. "나는 문제가 무엇인지 알아냈지만, 완전히 꿰뚫지는 못했던 것이죠. 그 문제가 나에게 올 때쯤 이미 위기가 되어 있었어요."

당시를 돌이켜보면 국회가 법을 통과시키자마자 그녀는 담당 팀으로 하여금 여권 업무에 미칠 영향에 대해 철저하게 파악하라고 지시했어야 했다. "사람들은 이렇게 말할 거예요. '당신은 국무장관이니까 중동 평화를 다루는 게 당신의 일이잖아요?' 하지만 여권 문제도 나에게는 만만치 않은 위기였어요. 그건 시스템 문제니까요. 담당자

정치가 던지는 위험

들이 나에게 진실을 이야기해주었으면 좋았을 것이라고 생각해요. 그랬더라면 더 일찍 자원을 투입할 수 있었을 텐데요."

여권 업무가 콘돌리자의 바람대로 개선되지는 않았지만, 그녀는 정직한 조언을 일찌감치, 자주 얻을 수 있는 '진실 말하기 시스템'을 위한 작업에 들어갔다. 그녀는 오래전부터 알고 지내던 세 사람을 특별 보좌역에 고용했다. 3명의 자문관은 그녀에게 그들이 아니면 불가능한 매우 중요한 역할을 해주었다. "스티브 크레이즈너, 필립 젤리코, 엘리엇 코헨은 항상 나에게 그들이 정말로 생각하는 것에 대해 말해주었죠. 듣고 싶지 않은 이야기를 해줄 사람이 국무장관에게는 꼭 있어야 하거든요."

'진실 말하기 시스템'은 매우 만족스러웠다. 예컨대 이라크에 평화와 안정의 토대를 구축하려는 시도가 흔들리고 있었는데, 원인을 파악해보니 현지에서 국무부와 국방부 간의 협조가 형편없다는 점이 문제였다. 그래서 새로운 접근법을 모색하기 위해 콘돌리자는 보좌역 2명을 이라크로 파견했다. 그들이 현지 조사를 통해 생각해낸 아이디어가 지역재건팀Provincial Reconstruction Team, PRT이었다. 재건팀은 알카에다와 싸우는 한편 경제 및 정치 기관에 대한 '확실한 장악과 재건 전략'을 성공적으로 수행했다.

콘돌리자의 경험에서 배울 수 있는 교훈은 진실을 말하는 사람의 목소리가 조직의 상부에 닿을 수 있어야 하며, 정보와 솔직한 의견이 교차할 수 있는 체계를 만들어야 한다는 것이다. 기업의 경우 위기를 담당하는 책임자가 직접 CEO나 CFO에게 보고하는 체계를 뜻한다.

특히 중요한 부분은 조직의 고위층과 위기관리팀을 따로 떨어뜨리지 말아야 한다는 점이다. 위기관리팀을 구석에 처박아두지 않아야 한다. 위기관리팀이 고위 경영진의 테이블에서 자리를 차지해야 위기관리 체계가 제대로 작동한다.

조직이 모든 위험을 언제나 가려낼 수는 없다. 하지만 상상력을 동원해 사각지대를 줄이고, 다른 사람의 입장에서 생각하며 진실을 말한다면 보트를 식별하는 기술을 익히는 데 도움이 될 것이다.

Essentials ━━━━━━━━━━━━━━━ **보트를 식별하는 기술**

- 우리의 위험 수용 범위를 알아야 한다. '바깥의' 위험을 관리하는 것은 '안에서의' 우선순위를 이해하는 것으로 시작된다.
- 고위 경영진이 위험 수용 범위를 아는 것으로 충분하지 않다. 조직의 모든 사람들이 이해를 공유해야 한다.
- 상상력을 발휘하는 한편, 다른 관점으로 이해하기, 진실 말하기를 통해 위험의 사각지대를 줄일 수 있다.

| 역자 주 |

18) 멀리서 또는 갑자기 나타나는 보트가 어떤 보트인지를 정확하게 빨리 알아내는 기술을 의미한다. 여기서 보트란 정치적 위험을 뜻한다.

19) 중국 시장을 말하는 듯하다. 중국은 자국으로 진출한 IT 업체들에게 공식 또는 비공식적으로 기술 이전을 조건으로 내거는 경우가 많다고 알려져 있다.

정치가 던지는 위험

7장

물리학자처럼
위험 분석하기

POLITICAL
RISK

POLITICAL RISK

다음 시나리오는 미얀마에서 활동하는 가상의 일본 통신 회사에 관한 것이다.

> 지금을 2014년 8월 12일이라고 상상해보자. 당신은 미국, 일본, 아시아 신흥시장에서 활동 중인 일본 기업 키쿠텔레콤의 사장이다. 도쿄 사무실에서 창밖을 보면, 거리에 모여 있는 한 무리의 기자들이 눈에 띈다. 위기가 빠르게 확산되고 있다.
>
> 1시간 전 미얀마의 라카인주로 알려진 서쪽 지방에서 이 회사의 무슬림 노동자들이 평화로운 노동쟁의를 벌이던 도중 폭력 사태가 발생했다는 현지 사무소장의 긴급 전화를 받았다. 일부 노동자가 심하게 다쳤고 최소 10여 명이 체포되었다. 아직 밝혀지지는 않았으나, 이 사고는 키쿠텔레콤과 합작회사를 설립한 미얀마 군부 세력이 의도적으로 일으킨 민족 갈등 때문인 것으로 보인다. 휴대전화로 촬영된 영상이 이미 퍼졌다. 극단주의자 불교 승려들과 군대가 투입되는 장면이었다. 키쿠텔레콤의 무슬림 노동자와 외부 불교 승려들 간의 언쟁이 투석전으로 번지자, 군대가 군중 속으로 뛰어들어 노동자들만 공격하고 체포했다. 「BBC 월드 뉴스」는 "미얀마의 일본 회사에서 군대가 무슬림을 폭행하고 있다"는 영상을 계속 내보내고 있다. 인권감시단의 아시아 담당이 빠르게 트위터(#brutalitypaysKiku)를 시작했다. 이에 미얀마 정부는 "국가 보안 문제"라면서 인터넷을 차단해버렸다. 미얀마 사무소에서는 더 이상 전화가 걸려오지 않는다.

1년 전 미얀마 통신 시장에 진입했을 때는 큰 성공으로 보였다. 당신의 회사는 국가 독점 통신 서비스 공급업체 미얀마 우편통신국 MPT과의 20억 달러 계약을 따냈다. 키 쿠텔레콤이 미얀마 우편통신국과 50 대 50으로 수익을 나누는 조건으로 향후 10년간 사회 기반 시설에 투자하기로 한 것이다. 유망한 신흥시장에 진입할 수 있는 기회(5~10%의 휴대폰 보급률)인 데다 미얀마 정부도 자본주의를 지향하는 변화 움직임을 보이고 있었다. 하지만 이제 결정해야 한다. 우리는 어떻게 손해를 최소화하며 투자를 회수할 수 있을까? 미얀마에 투자한 것은 실수였을까?

우리가 몇 년 전 수업용으로 이 위기 시나리오를 구성했지만, 미얀마의 전반적 상황은 실제였다. 미얀마는 수십 년간 민족 갈등, 부정부패, 군사정권 집권으로 분열되어 있었다. 그러나 2010년부터 대외 개방을 시작했다. 군사 정부가 교체되고, 국민투표가 열리고, 노벨 평화상을 받은 아웅산 수치가 가택 구금에서 풀려났다. 미국과 유럽 연합은 수많은 제재를 해제했고 해외투자에 대한 새로운 기회를 열어주었다.

2017년 미얀마 군부, 보안 부대 및 기타 세력이 무슬림 로힝야 소수민족을 탄압하기 시작했고, 우리의 가상 시나리오가 현실의 비극이 되었다.

우리는 이 사례를 활용하여 학생들로 하여금 위험한 신흥시장에서 정치적 위험을 분석하는 기본을 학습하도록 했다. 이 사례의 전체 내용에는 미얀마의 역사, 국제 제재, 인권 문제, 통신 산업의 역동성 등에 관한 정보가 포함되었다. 멕시코 크루즈 사업을 분석했을 때처럼 정답은 없다. 하지만 분석 과정에서 눈에 띄지 않는 위험과 이를 피하는 방법에 대해 3가지 중요한 교훈을 얻을 수 있다.

첫째, 유용한 데이터 구성에 관한 것이다. 매년 우리 MBA 학생들은 미얀마 시장에 진출하는 게 과연 좋은 생각인지를 토론할 때, 문맹률, 국내총생산GDP, 휴대전화 보급률처럼 국가 차원의 정보를 이용한다. 이 숫자들은 계량화할 수 있고, 쉽게 구할 수 있으며, 비즈니스 기회를 평가하는 데 유용하다. 하지만 정치적 위험에 관해서는 많은 것을 보여주지 않는다. 4장에서 언급한 것처럼, 정치적 위험에 관한 정보는 흔히 매우 지역적이며 숫자로 표현하기 어렵다. 예컨대 미얀마의 민주화 전망은 어떤가? 민족 갈등은 어디에서 심각할 것으로 보이는가? 이 질문들에 답하기 위해서는 더욱 구체적이고 깊이 있는 자료가 필요하다.

우리는 키쿠텔레콤이 라카인주라 불리는 미얀마 서쪽 지역에서 사업 활동을 시작하는 것으로 시나리오를 설정해보았다. 현실에서도 이 지역은 정치적 위험이라는 관점에서는 최악이다. 미얀마의 다수를 차지하는 바마르족이 거주하는 중부 지역은 정부의 통제가 잘 유지되는 반면, 외곽 지역은 분리주의적 성향의 20여 개 민족에 의해 둘러싸여 있다. 특히 라카인주는 불교도와 로힝야족 무슬림 사이의 갈등과 빈곤에 시달려왔는데, 로힝야족은 유엔의 표현을 빌리자면 '세계에서 가장 박해받는 소수민족' 중 하나이다.

하지만 이러한 민족문제와 관련된 정보는 다른 것들에 비해 경시되는 경향이 있다. 왜 그럴까? 많은 사람들에게 '데이터'는 언어가 아닌 숫자를 의미하기 때문이다. 사람들은 숫자를 매혹적이고 확실한 것으로 생각한다.

수업에서 학생들이 미얀마의 경제 성장 가능성에만 관심을 기울이다가 "아하!" 하는 순간은, 대체로 우리가 라카인주의 민족 문제에 대해 논의할 때인데, 학생들은 "그런데 왜 하필이면 이런 곳에서 사업을 벌였죠?"라고 묻는다. 그제야 위험을 간과했음을 깨달은 것이다. 미얀마에 투자하는 결정과, 갈등이 일어날 가능성이 큰 지역을 투자 대상지로 삼는 결정은 완전 별개이다. 이런 결정이 좋지 않은 일이 발생할 가능성을 키웠고, 시작부터 위험 완화를 위한 선택지를 좁게 만들었다.

두 번째 교훈은, 일단 투자를 시작한 이후에는 정치적 위험 분석을 멈추지 않아야 한다는 것이다. 미얀마 사례에서 가상 기업의 경영진은 합작 투자에 서명하기 전에는 정치적 위험을 평가했지만, 그 이후에는 분석을 지속하지 않았다. 이는 현실에서도 마찬가지다. 유라시아 그룹 설립자 이안 브레머는 기업들 대부분이 새로운 투자에서는 정치적 위험을 분석하지만 투자가 이루어지고 난 후에도 정치적 위험을 평가하는 경우는 드물다고 말했다. 2006년에 유라시아 그룹과 프라이스워터하우스쿠퍼스[20]가 실시한 조사에서 오직 24%의 응답자만이 연 2회 또는 더 자주 정치적 위험에 관해 보고를 받았다고 밝혔다. 10년 후 맥킨지의 각국 경영인에 대한 설문 조사에서도 25%만이 사건이 발생한 뒤 위험 분석을 통상적인 과정에 포함시킨 것으로 나타났다.

오늘날의 환경에서 정치 조건은 끊임없이 변하며 때로는 빠르게 변한다. 훌륭한 정치적 위험 분석은 단번에 해결하는 게 아니라 지속적인 노력을 하는 것이다.

세 번째 교훈은, 낙관주의 편향을 경계하는 것이다. 수업에 참여한 대부분의 학생들이 보기 드문 시장 개방과 역사적인 사업 기회를 눈여겨보면서 미얀마에 열정을 품는다. 그러고는 정치적 위험에 관해 3시간 정도 토론하고 나서 조금 이성적으로 평가하게 된다.

많은 학생들이 어쨌든 미얀마에 진출할 생각이지만, 자기는 다른 방식으로 시장에 진입했을 거라고 말한다. 그러다가 정치적 위험에 집중하면서는, 아예 미얀마 중부(민족 갈등이 없는)에서 사업을 시작하는 방안부터, 인권 단체와 관계를 형성하고, 통신을 함부로 차단하는 정부 권력을 견제하는 방안에 이르기까지, 위험을 완화할 수 있는 아이디어를 짜낸다. 이처럼 우리는 매년, 낙관주의 편향이 학생들을 가로막아 위험을 발견하고 그것을 줄이는 방법을 생각해내지 못하게 하는 모습을 보아왔다.

　정치적 위험 분석을 경영상의 의사 결정에 통합하면 낙관주의 편향을 차단하는 데 도움이 된다. 하지만 일부 회사만이 이를 실행한다. 씨월드 경영진은 테마파크 관람객 수와 브랜드 평판에 눈이 먼 나머지 범고래 공연에만 의존했고, 결과적으로 다가오는 위험을 보지 못했다. 잭 웰치는 GE-하니웰 합병에 흥분해 유럽연합 집행위원회가 이 거래를 무효화할 수도 있다는 위험을 진지하게 고려해보지 않았다. 보잉의 경영진은 787 드림라이너의 수요에 들떠 있다가 9·11테러 이후 볼트와 너트 공급업체에서 슬그머니 시작된 공급망 중단을 발견하지 못했다.

　이와 대조적으로 정치적 위험을 제대로 관리하는 기업은 정치적 위험에 빗장을 잠그지 않는다. 중요한 것은 그들이 정치적 위험을 경영에 도움이 되는 것으로 파악한다는 점이다. 쉐브론의 국제보안 담당 이사 팻 도노반이 말한 것처럼, "우리는 경영진이 그 일을 못 하게 막는 것이 아니라 그 일을 해내는 최선의 방식을 보여주려는 것이라고 정중하게, 외교적으로, 그러나 솔직하게 말해야 한다. '아니오'라는 말은 아무 도움이 되지 않는다. '99% 예'라면서 '우리가 해결책을 찾겠다'고 말하는 것만이 실제 도움이 된다."

　미얀마의 사례를 통해 우리는 조직이 정치적 위험을 분석할 때 필요한 3가지 질문을 얻을 수 있다.

　　　　　　　　　　　　　　　　　　정치가 던지는 위험

정치적 위험 분석하기 : 3가지 핵심 질문
1. 우리가 직면한 정치적 위험에 관한 양질의 정보를 어떻게 얻을 것인가?
2. 어떻게 철저한 분석을 할 것인가?
3. 정치적 위험 분석을 경영상의 의사 결정에 어떻게 활용할 것인가?

1. 우리가 직면한 정치적 위험에 관한 양질의 정보를 어떻게 얻을 것인가?

미국 국가안전보장국NSA과 중앙정보국CIA을 이끌었던 마이클 헤이든 국장은 복잡한 개념들을 독특하게 설명하는 데 타고난 재주가 있다. 2006년 인사청문회에서 헤이든은 분석의 위험에 관해 이렇게 설명했다.

"저한테는 3명의 착한 아이가 있습니다. 만약 저에게 '헤이든, 아이들이 저지른 모든 잘못을 찾아오시오'라고 요구한다면, 저는 충실한 보고서를 만들어다 줄 수 있어요. 그럼 당신은 아이들이 나쁜 녀석들이라고 생각하겠죠. 그것이 바로 제가 찾아내서 만들어내려고 했던 것이니까요. 그러나 그것은 아주 틀리거나, 부정확하거나 진실을 오도하는 것일 수 있습니다."

헤이든이 전하고 싶었던 메시지는 이런 것이다. '주의할 것! 좋은 정보란 그다지 객관적이지 않다. 전후 맥락이 중요하다. **우리가 찾는 것은 우리가 추구하는 것에 의해 좌우된다.**'

정치적 위험을 분석하는 기업들은 CIA가 직면했던 것과 같은 많은 문제들에 직면한다. 정보는 전혀 그렇지 않을 때에도 단순해 보일 수 있다. 헤이든의 아이들 이야기는 우리에게 정말로 중요한 것은 '맥락'이라는 점을 상기해준다.

객관적이고 엄연한 사실도 완전히 다른 이야기가 될 수 있다. 멕시코에서 마약 관련 폭력이 점점 늘어나는가, 줄어드는가? 그것은 어느 시기와 도시를 비교 대상으로 삼느냐에 따라 달라진다. 키쿠텔레콤은 미얀마의 어디에서 사업을 시작해야 하는가? 만약 휴대전화 보급률이 가장 낮은 곳에서 사업을 시작하려 한다면, 라카인주가 성공할 가능성이 가장 크다. 하지만 정치적 위험을 줄이고자 한다면 그렇지 않을 것이다.

무엇이 '양질의 정보'를 구성하는지 식별하는 것 자체가 판단 행위이다. 당신이 찾아내는 것은 당신이 찾고자 하는 것에 좌우된다.

3가지의 경험 법칙이 유용하다.

규칙 1: 좋은 정보는 일반적인 것이 아니라 구체적인 것이다

좋은 정보는 정치적 위험을 '보여주는 것 이상'을 해낸다. 그것은 "이 시기에, 이곳에서, 우리의 조직에 대한 정치적 위험은 무엇인가?"라는 질문에 대답하는 데 도움이 된다.

여기서 "우리의 조직"이라는 말에 주의하자. 정치적 위험에 대한 정보는 당신의 기업, 위험 수용 범위, 대안, 전략, 역량에 맞춤형으로 제공되어야 한다. 이런 이유로 기존의 정보들은 정확하지 않을 수 있다. 국가 보고서, 부패 지수, 글로벌 산업 분석, 기타 일반 정보들은

정치가 던지는 위험

위험 분석을 시작하는 좋은 출발점들이지만, 이것들만으로 분석을 끝내기에는 부족하다.

게다가 특정 시장의 정치적 위험에 관한 정보는 특정 시점의 평가에 의존하는 경향이 있다. 오늘날의 변화 속도를 고려하면 평가와 현실 사이의 격차가 상당할 수 있다.

아르헨티나는 한 국가의 경제 정책과 정치적 상황이 얼마나 빠르게 변할 수 있는지를 극명하게 보여준다. 2015년 10월 아르헨티나에서는 과도한 정부 지원 및 시장 개입 정책으로 대변되는 좌파의 집권이 계속될 것처럼 보였다. 포퓰리즘이 깊이 뿌리내린 나머지, 1983년에 민주주의가 회복된 이후로, 중도우파 후보자가 국가를 이끌었던 적이 없었다. 당연히 집권당의 후보 다니엘 시올리가 승리할 것으로 예상됐다. 그런데 보수 성향의 백만장자 기업가 마우리시오 마크리가 판세를 뒤엎고 승리했다.

갑자기 아르헨티나는 변화를 겪게 되었다. "오늘은 역사적인 날입니다. 아르헨티나의 놀라운 시작입니다." 마크리가 당선 연설에서 밝혔다. 그는 번개처럼 움직여 온갖 보조금을 폐지하고 외국의 투자를 끌어들이기 위해 페소화 조절 정책을 해제했다. 2016년 6월, 완강하던 해외 채권단과 국가부채에 대한 논의를 매듭짓는 협상을 벌여, 아르헨티나가 글로벌 금융시장에 다시 접근할 수 있도록 길을 텄다. 한 달 후 미국과의 관계를 회복하고 오바마 대통령을 초청했는데, 이는 20년 만의 미국 대통령 방문이었다. "아르헨티나가 돌아왔다"고 경제 장관 알폰소 프라트-가이가 선언했다.

하지만 여름 무렵 아르헨티나의 정치 상황이 다시 변했다. 경제가 위축되고 인플레이션에 실업이 늘어나면서 마크리에 대한 사람들의 불만이 커졌다. 7월에는 분노한 시민들이 거리에서 냄비와 팬을 두드리는 시위로 공과금 인상에 반대했다. 8월 들어서 더 많은 시위가 일어났고, 수만 명의 인파가 대통령궁 밖에 모여들었다. 9월 항공사의 조종사들이 임금 인상을 요구하며 비행을 거부했다. 마크리에 대한 지지도가 곤두박질쳤다. 경제 분석가들은 국가 경제를 개혁한 마크리의 노력을 칭찬하며 국민에게 인내심을 요구했지만, 과거의 많은 정치 지도자들처럼 마크리도 같은 운명을 겪게 될지 모른다는 정치적 불확실성이 커졌다. 이러한 모든 전개—사회주의 정책이 계속되리라는 예측, 친기업적인 대통령의 깜짝 당선, 급속도의 경제 개혁에 따른 정치적 반발, 사회적 불안, 그리고 마크리의 대통령직 수행에 대한 불확실성 증가—가 1년 사이에 일어났다.

한마디로 일반적인 정보는 불완전하며 금방 '옛이야기'가 되기 쉽다. 기업들은 가장 중요한 위험에 대해, 보다 지역적으로 구분되고 전후 맥락까지 파악된, 역동적인 추가 정보를 수집하여, 자료를 심층 분석할 능력을 키울 필요가 있다.

이를 위해 수많은 박사 연구원이나 지역 전문가를 따로 고용할 필요는 없다. 국제정치 위험관리에서 선구자로 꼽히는 메리어트 인터내셔널은 홍콩과 워싱턴 D.C.에 각각 1명씩 정보분석가를 두고 24시간 동안 누군가는 계속 정보를 평가한다.

메리어트는 테러 위험이 큰 지역을 포함해 세계 각국에서 지점을

정치가 딘지는 위험

운영하기 때문에, 글로벌 안전 및 보안 담당 부사장을 맡고 있는 알란 올롭은 색깔로 구분되는 5단계 경보 시스템을 특정 호텔에 대해 올릴지 내릴지를 끊임없이 고민하는 게 일이다. 그는 분석 정보를 바탕으로 특정 지점에 대한 영향을 분석한다. "우리는 위험 레벨을 해당 국가 전체에 퍼뜨리지 않으려고 매우 신중하게 다룹니다. 이를테면 '인도의 모든 곳이 가장 높은 위험 단계에 있다'고 말하지 않습니다. 도시별 상품별(어떤 종류의 호텔인지)로 따지고, 맥락 속에서 이해합니다."

위험 자체보다 위험이 몰고 올 '연쇄효과'에 주목하라

현장을 직접 방문하는 관리도 오래간다. 현지의 정치적 위험에 관한 가장 좋은 정보는 종종 현장을 방문하여 얻게 된다. 1980년대에 로얄캐리비안이 라바디를 개발할 때가 그랬다. 라바디는 위험이 널린 아이티의 수도 포르토프랭스에서 직선거리로 불과 130km 떨어진 곳에 있어, 정치적 위험 관리 측면에서 보면 형편없는 선택으로 보였다.

그런데 책임자 피터 웰프턴은 막상 아이티를 방문했을 때 그런 느낌을 받지 못했다. 포르토프랭스에서 라바디로 가려면 몇 시간이 걸리는 열악한 도로가 유일했기 때문에 실제로는 더 멀다고 느꼈던 것이다. "사람들이 말렸죠. '오! 아이티는 내란이 많은 곳이잖아요. 세상에! 거리에서 총을 쏘잖아요.' 하지만 라바디를 가봤더니 포르토프랭스에서 멀리, 멀리, 아주 멀리 떨어져 있더군요."

다시 질문으로 돌아가 보자. "지금 이 시점에, 이곳으로부터 발생되는 우리 조직에 대한 정치적 위험들은 무엇인가?"

방금 '이곳에서in this place'가 아닌 '이곳으로부터from this place'라는 단어를 사용했다. 일찍이 언급한 것처럼 특정 장소나 시점에서의 정치적 위험은 자주 다른 곳에 영향을 미친다. 통신기술과 전 세계에 걸친 공급망, 정치로 인해 연쇄효과를 만들어낸다.

이를테면 가상의 미얀마 사례에서 우리가 논의한 문제 가운데 하나는 키쿠텔레콤의 합작투자자인 미얀마 군부의 소수민족 학대가 일본과 미국 소비자들 사이에서 어떻게 '기업의 사회적 책임 문제'로 비화될 수 있는가에 대한 것이었다. 미얀마의 정치적 위험은 미얀마에만 머무르지 않는다.

연쇄효과의 사례는 많다. 예멘에서 일어난 폭동이 케냐의 차tea 생산자를 힘들게 했다. 콜롬비아에서의 강력한 마약 거래 단속에 따라 마약 밀매의 중심이 멕시코로 옮겨지면서, 이곳의 마약 관련 폭력이 증가하게 되었다. 아랍의 봄 시기, 튀니지 과일 판매상의 희생이 결국 이집트 무바라크 정권의 종말을 가져왔다. 2014년, 중국의 석유 시추 작업이 베트남을 자극해 시위와 공장 폐쇄, 미국 대형 매장의 재고 부족으로 이어졌다.

부정부패는 글로벌 기업이 직면하는 가장 명백한 연쇄적 정치 위험이다. 2장에서 언급한 것처럼 미국과 영국의 반부패법이 미치는 영역이 광범위하고, 미국과 영국에 지사를 설치한 기업이라면 전 세계에서의 활동이 포함된다. 이 법은 제3자인 거래업체들에게도 적용된다. "중개업자가 그랬다"는 말로 빠져나갈 수 없다. 멀리 떨어진 곳에서의 사소한 뇌물 요구가 그곳에서는 별다른 위험을 만들지 않겠지만, 미국과 영국에서는 벌금과 형사재판이라는 상당한 정치적 위험을 의미할 수 있다.

우리가 로얄캐리비안의 경영자 아담 골드슈타인에게 회사가 직면한 가장 힘든 정치적 위험을 꼽아보라고 요청하자, 그는 곧바로 해외부패방지법을 거론하면서 위험했던 순간을 들려주었다. 몇 년 전 이 회사는 기항지 중 한 곳으로부터 수상한 요금을 청구받았다. 경영진은 해당 정부에게 돈을 지급해야 할 근거를 문의했지만, 배가 항구 근처에 닿을 때까지 답변이 오지 않았다. "우리는 돈을 내야 한다는 공문을 받지 못한 반면, 그들은 돈을 내라는 주장에서 물러서지 않았죠. 결국 우리는 그 항구에 들르지 않았습니다."

천재지변이 아닌데도 정박 항구를 지나쳤으므로 고객들에게 배상금을 지급해야 했다. 그 금액만 100만 달러에 이르렀다. 뇌물 5천 달러를 피하려는 결정치고는 비싼 대가였다. 골드슈타인과 그의 팀은 정치적 위험이 그곳의 항구에 국한되지 않을 것이라는 점을 알고 있었다. 실제 위험은 미국으로 돌아간 뒤, 해외부패방지법을 위반한 혐의로 더욱 크게 노출될 수 있었다.

규칙 2 : 좋은 정보에는 인식과 정서가 포함된다

좋은 정보는 인식과 정서에 관한 통찰을 제공한다. 백화점 소비자든, 거리 시위자든, 의회 입법자든, 인식과 정서는 인간의 행동을 유발하는 긴밀하게 결합된 동기들이다.

콘돌리자의 공직 생활 경험에서 '두바이 포트 월드 논쟁'만큼 인식과 정서의 영향력을 단적으로 보여주는 사례가 없을 듯싶다. 그녀는 이 사례를 몇 년간 모든 MBA 학생들에게 가르쳤다.

2006년 아랍에미리트연합UAE 정부 소유의 항구 관리 회사 두바이 포트 월드가 런던에 본사를 둔 페닌슐라&오리엔탈 스팀 내비게이션 컴퍼니P&O를 인수했다. P&O는 세계에서 가장 오래된 항만 회사였다. 이로써 두바이 포트 월드는 중동, 유럽, 아시아, 호주, 라틴아메리카, 미국에 항만 터미널을 운영하는 세계 4위의 컨테이너 항만 회사(처리량 기준)로 부상했다.

미국 6개 항구(볼티모어, 마이애미, 뉴올리언스, 뉴욕, 뉴저지, 필라델피아)의 컨테이너 터미널 운영권이 두바이 포트 월드로 넘어가게 됐다. 미국 기업에 대한 통제권이 외국에 넘어갈 경우 이에 따른 영향을 검토하기 위해 연방 기구 패널인 외국인 투자심의위원회CFIUS의 승인을 받아야 했다. 당시에는 NSC, 국방부, 국토안전부, 국무부, 법무부 등 12개의 정부기구를 CFIUS가 대리하고 있었다.

승인 과정은 별탈 없이 매끄럽게 이뤄졌다. 미국에서 해외 기업이 항만 터미널을 운영하는 것은 흔한 일이었다. 그 당시 운송의 75%가 해외 기업이 운영을 맡은 터미널을 거쳤다. 게다가 항만 보안은 터미널 운영 회사가 아닌 해안경비대의 업무였다. 그러니까 투자심의위원회의 검토에서 딱히 반대가 나올 명분이 없었다. 미국 국토안전부 또한 두바이 포트 월드가 미국 항구는 물론 해외 항구의 미국 선박을 보호하는 데 협조적일 것으로 생각했다. UAE는 대테러 전쟁에서 미국

정치가 던지는 위험

의 오랜 동맹국이자 협력자였고, UAE의 항구는 다른 해외 항구보다 미 해군의 배를 더 많이 수용해주고 있었다. 서류상으로는 모든 것이 훌륭해 보였다. CFIUS는 만장일치로 이 건을 승인했다.

그러나 정서는 인식과 또 다른 문제였다. 9 · 11테러 이후 4년간 미국에는 테러 공격에 대한 두려움이 여전히 남아 있었다. 아랍 정부(실제로는 정부 투자기업)가 미국의 항구 터미널 운영을 맡을 것이란 예정 사항이 의회에서 우려와 분노를 일으켰다. UAE는 아랍 국가로, 9 · 11 테러범 중 2명의 출신지이고, 테러를 준비하는 데 쓰인 자금 거래가 일어났던 곳이며, 아프가니스탄의 탈레반 정권을 인정했던 국가 중 하나였다.

두바이 포트 월드가 비난받기 시작했다. 반대 여론은 감정적으로 거셌고, 여론이 양분되며 널리 퍼졌다. 민주당 상원 의원 척 슈머는 "국가안보에 중요한 우리의 항만에 대해 외국이 통제권을 갖는 것은 위험하다. 특히 테러와 연관된 적이 있는 국가에 통제권을 내주는 것은 훨씬 위험하다"고 말했다. 갤럽 조사에서 66%의 미국인이 반대했고 45%가 강력히 반대했다. 여론이 이처럼 악화되자, 의회의 세출위원회는 62 대 2로 계약을 가로막았다. 백악관은 원래대로 진행하고 싶었지만 여지가 거의 없었다. 세출위원회의 투표 바로 다음 날 두바이 포트 월드는 미국 업체에 항만 터미널 운영권을 넘기겠다고 발표했다.

콘돌리자는 당시 국무장관이었다. 그녀가 아는 정보에 따르면 안보에 대한 위험은 없었다. 국방부나 국토안전부를 위시한 미국 정부의 어떠한 기관도 UAE 기업이 운영하는 미국의 항만 터미널이 국가안보에 위협이 될 수 있다고 생각하지 않았다. 특히 9 · 11테러 이후 모든 부서와 기관이 잠재적 안보 취약점에 대해 대대적인 정비와 점검에 나섰으나 어떤 문제도 발견되지 않았다.

다만 항만 운영권을 넘기는 타이밍과 소유권 문제가 정치적으로 치명타였다. 콘돌리자가 나중에 회상한 것처럼, "미국인들은 '아랍인, 항구, 9 · 11'이라는 말을 들었고 이 3가지는 함께할 수 없었다. 9 · 11의 여파 속에서는 이 사업이 진행될 수 없었다."

그렇다면 기업은 두바이 포트 월드와 같은 순간을 어떻게 피할 수 있을까?

먼저 좋은 정보란 관심이 높은 사람들의 뜨거운 감정과 열정까지 모으고 포함해야 한다는 점을 알아야 한다. 소비자든, 정부 엘리트 책임자든, 대중 정서든, 집단의 맥박에 손을 대고 느낄 정도로 생생하게 파악해야 한다. 이때는 정확도가 중요한 게 아니다. 그보다는 보편적 정서, 폭넓은 경향, 감정선이 중요하다.

콘돌리자는 국무장관으로 4년간 중동을 31번 순방하면서 상당한 시간을 그곳에서 보냈다. 2005년에 그녀는 카이로에 가서 "너무 늦기전에 정치 개혁을 수용하라"고 무바라크 대통령에게 촉구하는 연설을 했다. 그녀는 "법이 대통령의 (탄압용) 비상조치를 대체할 날이 반드시 올 것"이라고 강조했다.

6년 후 타흐리르 광장에서 시위가 발생하고 마침내 무바라크 대통령 체제가 붕괴됐을 때, 에이미는 콘돌리자에게 물어보았다. 이집트

정치가 던지는 위험

에서 거대한 정치적 변화가 일어날 것이라고 사람들이 생각하기 한참 전에, 어떻게 카이로에서 그런 연설을 할 수 있었는지.

콘돌리자가 대답했다. "나도 알 수는 없었죠. 언제 아랍의 봄이 일어날지, 혹은 튀니지 과일 장수의 분노가 어떻게 이집트 군주제의 몰락으로 이어질지는. 다만 중동의 취약한 통치체제나 증가하는 사회적 불안, 압력을 배출할 출구가 없다는 점 등을 고려하면, 시간이 결코 독재자의 편은 아니라는 점을 분명히 알 수 있었어요." 현장의 여러 정서들과 긴밀하게 접촉했던 경험이 그녀에게 통찰을 주었던 것 같다.

규칙 3 : 질문을 잘하면 좋은 정보를 얻을 수 있다

세 번째이자 마지막은, 질문을 잘하면 좋은 정보를 얻을 수 있다는 것이다. '문제를 어떻게 분류하느냐'가 당신의 팀을 올바른 방향 또는 아주 잘못된 방향으로 보낼 수 있다.

2011년 3월 11일, 진도 9.0의 지진이 일본을 강타해 후쿠시마 제1 원자력발전소를 덮치는 쓰나미 대참사가 일어났다. 지진이 발생하자마자 이 발전소는 비상 규칙에 따라 원자로를 폐쇄했다. 이에 따라 정전이 됐다. 다만 핵 연료봉을 냉각하는 데는 전력이 필수적이기 때문에 디젤 예비 발전기가 작동했다. 여기까지는 안전 시스템이 계획대로 돌아가고 있었다.

그런데 다시 쓰나미가 닥친 게 문제였다. 이로 인해 6개의 원자로 예비 발전기 가운데 5개가 물에 잠겨 무너졌다. 전력 공급이 달리자 2개의 원자로에서 부분적 멜트 다운[21]이 발생, 체르노빌 사고 이후 최악의 원자력 재앙이 발생했다. 몇 번의 폭발이 일어나고 방사능 증기와 물이 방출되자, 20만여 명의 주민이 강제 퇴거되었고 정부 책임자들은 필사적으로 오염과 노심의 완전 멜트 다운을 막으려고 애썼다.

후쿠시마에 관한 통념은 아무도 이 재난이 발생할 거라고 예상하지 못했다는 것이다. 진도 9.0은 지금껏 기록된 가장 심각한 지진이었다. 쓰나미 역시 드문 일이었다. 지난 50년간 일본에서는 딱 세 번의 작은 쓰나미가 있었을 뿐이다. 이렇게 보면 후쿠시마는 일어나리라 예상할 수 없었던 '블랙 스완' 같기도 하다.

후쿠시마 원전 사고가 인재(人災)였던 이유

하지만 위험을 다르게 구조화한다면 얘기가 달라진다. 스탠퍼드 대학교 교수인 핵폐기물 전문가 로드 에윙이 후쿠시마에서 무엇이 문제였는지 설명해주었다. 각각의 위험은 서로 간에 거리가 있어 보이지만, 장기적인 안목으로 보면 원자로에 영향을 주는 대규모 지진 가능성이 언제든 있을 수 있다. "우리가 일본처럼 동해안을 따라 여러 개의 원자로를 가지고 있다면 어떨까요? 그 원자로 중 하나가 쓰나미에 타격을 받을 위험은 얼마나 될까요? 평생, 이를테면 100년 동안."

답은 꽤나 높다는 것이다. 일단 일본에는 많은 원자로가 있다. 2011년 기준 54개가 있는데 세계에서 세 번째로 많다. 일본은 대부분의 원자로가 해안에 자리 잡고 있다. 재난이 있기 전에 일본은 원자로 수를 2배로 늘릴 계획이었고 수백 년간 원자력에 크게 의존할 것으로 예상했다.

또한 일본은 세계 지진의 90%가 일어나는 환태평양 '불의 고리'에 자리한다. 마지막으로 최근에 큰 규모의 쓰나미가 발생하지 않았다는 사실이 '거짓 위로'가 되었다. 후쿠시마 쓰나미가 있기 10년 전, 도호쿠 대학의 고지 미노우라가 이끄는 일본 유수의 지구과학자들이 거대한 지진과 쓰나미의 주기가 약 천 년으로, 그 마지막이 896년이었다고 밝혔다. 에윙은 "이런 분석을 감안하면 후쿠시마 지진과 그 엄청난 강도는 놀랄 일이 아니다"고 말했다.

일본 전역의 핵 시설에 대한 장기적인 지진 위험을 고려했더라면 후쿠시마 사고는 '인재'로 판명될 만하다. 예비 발전기의 위치부터 그렇다. 5개의 발전기가 저지대 해안에 자리 잡고 있었으며, 이것이 물에 잠겨 작동을 중단했던 이유이다. 비교적 높은 지대에 위치한 6호 예비 발전기만이 계속 작동했다. 5개의 발전기가 물에 잠긴 것은 사고가 아니었다. 그것은 설계상의 결함이었다. 위험이 다르게 구조화되었더라면, 모든 예비 발전기가 바닷가에서 떨어진 고지대에 설치됐을 수도 있었다.

근거 중심 의학의 발전 또한 '적절한 질문'을 함으로써 어떻게 유용한 데이터를 발견할 수 있는지 밝혀냈다. 수년간 연구자들은 특정 의료 조치의 결과가 그 대안의 치료보다 낫다고 가정했기 때문에 자료를 수집하는 연구를 해볼 생각도 못 했다.

그런데 근거 중심 의학 운동이 의사의 경험과 판단이 실제와 어떻게 다를 수 있는지, 때로는 무서울 정도로 틀릴 수 있음을 보여주었다. 하버드 의대 교수 데이비드 존스는 의사들이 기대수명을 연장해

줄 것이라고 잘못 믿는 바람에, 심장 질환에서 가장 흔한 치료법 가운데 2가지―관상동맥 우회 조성술 및 혈관 성형술―가 어떻게 남용되어 왔는지 밝혀냈다.

의사들은 환자의 동맥에서 막힌 부분을 제거하거나 다른 경로로 우회시킨다면 더 오래 살 수 있을 것으로 믿었다. 우회 조성술은 신체의 다른 부분에서 가져온 정맥이나 동맥을 심장 혈관에 접붙이기를 하는 것이다. 혈관 성형술은 동맥에 풍선을 넣어 확장한 뒤 철망과 같은 스텐트[22]를 주입하는 것이다. 의사들은 1996년에 대략 60만 건의 우회 조성술을 시술했다. 2000년대 들어서는 매년 100만 명의 환자가 혈관 성형술을 받기 위해 수술대에 누웠다.

하지만 무작위로 임상 시험을 해본 결과, 심각한 질환을 앓는 경우를 제외하고는 우회 조성술과 혈관 성형술이 다른 약물 치료나 생활습관 변화보다 수명을 늘려주지 않았다는 결론이 나왔다. 그리고 더욱 중요한 부분, 수술이 약물 치료와 생활습관 변화에서는 나타나지 않는 뇌 손상 등의 부작용을 일으켰다는 점이 드러났다.

우회 조성술과 혈관 성형술에 대한 자료가 수집되기까지 많은 세월에 걸렸다. 하지만 누구도 다음과 같은 질문을 하지 않았다. "수술이 그에 따른 부작용까지 고려할 때, 비수술적 대안 치료보다 전반적으로 나은 결과를 가져올 것인가?"

좋은 정보는 의사들이 좋은 질문을 할 때까지 보이지 않았다.

정보의 힘을 제대로 활용하려면 조직의 필요와 역량, 인식, 정서 등에 대한 맞춤형 데이터를 먼저 찾아볼 필요가 있다. 과연 좋은 방향으

정치가 던지는 위험

로 가고 있는지, 좋은 질문을 던지면서 말이다.

2. 어떻게 철저한 분석을 할 것인가?

정치적 위험 분석의 첫 단계는 양질의 정보를 얻는 것이고, 두 번째는 그 정보를 잘 분석하는 것이다.

위대한 물리학자 리처드 파인만은 이렇게 말했다. "분석은 우리가 어떻게 자신을 속이지 않으려고 하는가에 관한 것이다."

정치적 위험 분석은 미래에 펼쳐질 일에 관한 개인적 가정 및 심리와 싸워야 한다. 시장의 다음 분기 전망을 분석하든, 향후 5년간의 지정학적인 추세를 분석하든 말이다. **위험 분석의 목표는 미래를 예측하는 것이 아니다. 누구도 그것을 할 수 없다. 목표는 핵심 요인과 가능성에 대한 통찰을 발전시켜 더 나은 결정을 하는 것이다.**

철저한 분석은 덫, 도구, 그리고 팀에 좌우된다. 즉, 엉뚱한 곳으로 이끄는 인지적 덫과 집단 병증을 이해하고, 이러한 장애물들을 극복하기 위해 분석 수단을 활용하고, 팀의 협조를 구하는 데 달려 있다.

덫

인지적 덫은 치명적이고 모든 곳에 있다. 4장에서 우리는 통계와 위험을 추정하는 데 인간이 얼마나 형편없는지를 논의했다. 사람들은 비행기가 자동차보다 70배나 안전한데도 비행기 충돌 사고로 죽을까 봐 걱정한다. '가용성 추단법'으로 혼란스러워하면서도, '쉽게 떠오르는 나쁜 일'(대체로 언론 보도 때문)이 실제보다 일어날 가능성이 더 높다고 생각한다. 또한 낙관주의 편향은, 왜 나의 투자가 평균보다 수익률이 높을 거라고 확신하는지, 왜 좋아하는 팀의 승리를 과장해서 예측하는지, 왜 많은 사람들이 설문 조사가 '접전'을 계속 보여주었는데도, '브렉시트' 투표 결과에 깜짝 놀랐는지를 설명해준다.

고정된 사고방식mind-set은 특히 바꾸기 어렵다. 모든 사람이 고정된 사고방식에 따라 판단한다. 이는 또한 정보를 조직하고 복잡한 것을 이해시키는 데 활용되는 무의식적인 분석 수단이다. 그러나 한편으로는 생각을 보이지 않게 왜곡할 수 있다. 체험으로 확인해보기 위해 다음 문제를 따라 손을 움직여보자. 이것은 1930년 노만 마이어의 「인간의 추론 능력」이라는 논문에서 처음 선보였고, 오랫동안 CIA의 분석 훈련에 활용되었던 것이다.

9개의 점 문제

방법: 종이에서 펜을 떼지 않고 9개의 모든 점을 지나는 직선 4개를 그려보라.

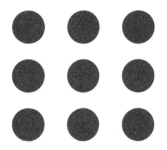

정치가 던지는 위험

많은 사람들이 가장자리의 사각형을 벗어나서는 안 된다고 생각하기 때문에 이 문제를 풀기 어렵다고 한다. 그들은 아래와 같이 선을 그리려고 한다.

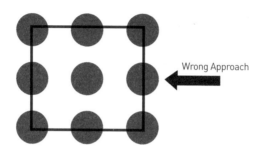

이렇게 해서는 당연히 안 된다. 가장자리를 따라 선을 그리면 중앙의 점을 빼고 그리게 된다. 하지만 '똑같은 길이의 선을 그려야 한다'는 생각에서 벗어나면 4개의 선을 그리기가 쉬워진다.

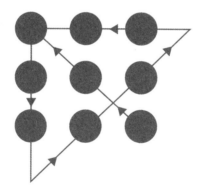

대다수 사람들은 선이 점들의 중앙을 통과해야 한다고 생각한다. 이 제약이 사람들의 마음속에 자리 잡고 있기 때문이다. 하지만 그런 제약에서 벗어나면, 4개가 아닌 3개의 선으로도 목표에 이를 수 있다.

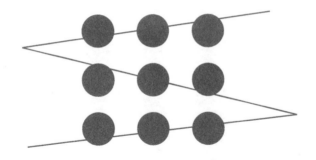

이 문제를 이차원에서 풀어야 한다는 고정관념을 내려놓는다면 또 다른 답까지 찾을 수 있다. 종이를 원통형으로 굴리면, 9개의 모든 점 을 지나는 하나의 선을 그려낼 수도 있다.

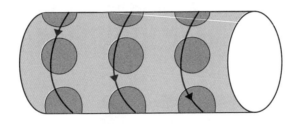

에이미는 오랫동안 수업에서 이 문제를 활용했다. 매년 학생들은 똑같이 반응했다. "선이 가장자리를 벗어나도 된다고 미리 말씀해주 지 않았잖아요!" 바로 이것이 핵심이다. 학생들 자신의 고정관념이 문제를 분석하고 해결책을 찾는 데 장애가 된 것이다.

9개의 점 문제가 보여주듯, 사람들은 깨닫지 못하는 고정관념에 일상적으로 제약을 받는다. 이러한 사고체계는 많은 경험─과거 의 경험, 문화 규범, 조직의 표준 절차, 상황이라는 맥락, 교육, 훈련 등─에 의해 형성된다. 고정관념을 깨닫는 것이 한계를 극복하는 첫

정치가 던지는 위험

단계이다. 인식하는 것만으로도 많은 가능성을 열 수 있다.

인지적 덫 이외에 '집단 역학'도 분석을 어렵게 한다. 누구도 상사의 의견에 반대하는 사람으로 인식되기를 꺼린다. 많은 상사가 자기 생각과 상충되는 견해를 듣고 싶어 하지 않는다. 지위와 위계질서가 인식하지 못한 사이에 필수 정보에 대한 논의를 억누른다.

의사 아툴 가완디는 베스트셀러 『체크! 체크리스트The Checklist Manifesto』에서 수술 부작용이 빈번하게 발생하는 이유 중 하나가 이 같은 '집단 역학'과 관련 있다고 밝혔다. 일반적으로 수술실에는 간호사나 의사, 기타 관계자들이 각 진행 단계별로 그때그때 들어온다. 하지만 수술실에서 같이 일하면서도 서로의 이름을 모를 때가 있다. 이에 더해 의사의 지시에 따르는 통상적 경향 때문에 반대 정보를 제기하기 힘든, '침묵하는 시스템'이 만들어진다.

2008년 새로운 연구 시도로 여러 나라의 8개 병원이 참여한 가운데 이른바 '체크리스트 실험'이 벌어졌다. 수술을 시작하기 전에 팀의 모든 구성원이 자신을 소개하고 맡은 일에 대해 말했다. 그런데 이렇게 구성원끼리 서로를 파악하는 단순 체크만으로도 팀의 역학이 개선되었고 환자에게 나은 결과로 연결되었다. 누구도 어떻게, 또는 왜 그렇게 됐는지 확실히 알지 못했지만, 친숙함과 동지애를 형성하는 기초적인 행동이, 서로에게서 값진 정보를 끌어낸 것으로 받아들여지고 있다.

실제 에피소드가 알려지기도 했는데 요르단에서 있었던 일이다. 의사가 머리에 쓰는 불빛을 조절하려다 부주의하게 자신의 수술 장갑을 오염시키고 말았다. 간호사가 이를 알아차리고 의사에게 장갑을 바꿔 감염을 막아야 한다고 요구했다. 의사는 처음에는 묵살했지만, 간호사가 "당신이 아닌 환자를 위해 장갑을 바꾸라"고 재차 요구하자, 어쩔 수 없이 장갑을 교체했다.

연구자들은 그럼에도 순응에 대한 강한 심리적 압박이 존재한다고 밝히고 있다. 특히 집단의 압박이 심한 상황이라면 소속감을 중요하게 생각할 것이다. 집단의 응집력을 유지하는 이익이 대안적 관점보다 우위에 있어서, 구성원들로 하여금 왜곡된 현실감에 적응하도록 하고, 의구심을 마지못해 누르게 하고, 반대 의견을 입 밖에 내지 않고, 단일성을 추구하게 한다.

이런 양상을 어빙 재니스는 '집단사고'라고 불렀다. 1972년의 연구에서 재니스는 소규모 집단의 심리 역학이 어떻게 피그스만 침략[23]과 베트남전쟁 확전 같은 해외 정책의 대참사로 이어졌는지 설명한다.

인지적 덫과 집단 역학은 모든 조직의 난해한 문제이다. 그래도 좋은 소식은 도움이 될 만한 수단이 있다는 것이다. 적지 않은 전문가들이 이로부터 초래되는 위험을 줄일 수 있는 여러 장치를 발전시켜왔다. 먼저 시나리오 짜기부터 살펴보자.

시나리오 짜기

1965년 테드 뉴랜드는 로열더치셸 런던 본사 18층의 작은 방에서 미래에 대해 연구하라는 지시를 받았다. 그는 '장기 연구팀'이라 부르는 조직을 꾸리게 되었다. 정치적 위험 분석을 위한 로열더치셸의 시나리오 짜기 작업이 이렇게 시작되었다. 뉴랜드는 곧 스토리텔링의 가치를 믿는 잡지 편집자 출신의 피에르 웩을 만나 팀의 일원으로 합류시켰다.

1971년 그들은 시나리오 짜기를 훈련하면서 석유 가격에 영향을 미칠 수 있는 사건들을 찾기 시작했다. 제2차 세계대전이 끝난 후로 석유 가격의 변동성이 낮았기 때문에, 석유 가격에 극적인 영향을 미칠 만한 요소를 상상하는 것은 익숙하지 않은 모험이었다. 로열더치셸 임직원들의 일반적인 생각은 "안정적인 석유 가격이 꾸준히 유지된다"는 쪽이었다.

그러나 웩과 뉴랜드는 미래의 어느 시점에 석유 가격이 급등할지도 모를 상당한 이유를 찾아냈다. 미국의 국내 석유 보유량은 감소하는데 에너지 수요는 증가 추세였다. 게다가 석유수출국기구OPEC는 주로 아랍 국가들로 구성되어 있었다. 1967년의 '6일 전쟁' 때 이스라엘을 지지했던 서구에 대한 반감이, 이들에게 뭔가를 함께 도모할 명분을 준 데다 테헤란에서 석유 가격 조율을 위한 협상이 열리기로 되어 있었다.[24]

1972년 9월 웩과 뉴랜드는 2개의 시나리오를 짰다. 첫 번째는 안정적인 가격 시나리오였고, 다른 하나는 급격한 가격 변화 시나리오였다. 이들은 안정적인 가격 시나리오를 '3가지 기적'으로 불렀다. 왜냐하면 이 시나리오는 매우 낙관적으로 석유 탐사 및 생산이 이뤄지고, 주요 국가들이 소비자의 수요에 맞춰 석유를 여유 있게 공급하는 가운데, 국지적 분쟁 같은 사태로 인한 수급의 변화가 없을 것이라는 매우 희박한 가정에 의존하기 때문이었다.

웩과 뉴랜드는 엄청난 석유 가격 급등이 일어날지, 일어난다면 언제 일어날지, 구체적으로 어떠한 연유로 일어날지 알지 못했다. 하지만 그들의 시나리오 짜기는 이미 핵심을 담고 있었다. '가격 급등이 실제로 일어날 가능성이, 경영진이 상상했던 것보다 훨씬 크다는 것'이었다.

분명한 것은 약 1년 후인 1973년, OPEC이 갑자기 석유 가격을 급격하게 올리는 바람에 에너지 위기가 일어났다는 점이었다. 로열더치셸은 시나리오 짜기 작업 덕분에 정서적으로, 전략적으로, 경영상으로 준비되어 있는 유일한 석유산업계 메이저가 되었다. 그 후로도 로열더치셸의 시나리오 짜기는 지속되었다. 시나리오 팀이었던 안젤라 윌킨슨과 담당 임원이었던 롤랜드 쿠퍼스는 "대담하게 예측하기보다는 미래의 불확실성을 강조하는 것이 중요하다"고 말했다.

시나리오 짜기는 오늘날 더욱 자주 활용된다. 베인&컴퍼니[25]가 연례 설문 조사를 통해 70여 개 국가의 경영자 1만 3천 명에게 물었다. 2014년에는 응답자의 18%가 시나리오 짜기를 활용한다고 했고, 2015년에는 60%가 시나리오 짜기를 도입할 것이라고 답했다.

그런데 시나리오에도 '그냥 시나리오 짜기'가 있고, '효과적인 시나리오 짜기'가 있다. 단지 있을 법한 미래를 짜보려는 쪽이라면 경영진의 주의나 행동을 끌어들일 가능성이 적다. 로열더치셸에서 함께 일한 피에르 웩과 피터 슈워츠는 훌륭한 시나리오 짜기를 위해 무엇을 해야 하는지 꼼꼼하게 기록했다. 다음은 그들의 조언을 요약한 것이다.

정치가 던지는 위험

효율적인 시나리오 계획

- 미래를 예측하지 않는다. 그 대신 시스템을 이끄는 힘들, 힘들 간의 연결성, 그럴듯한 가능성들에 대해 골고루 상상한다.
- 사실과 인식 모두를 다룬다.
- 기저를 이루는 기술, 경영, 그리고 사업을 이끄는 정치적, 사회적 힘들을 식별한다.
- 정보들을 가능성 있는 3~4개의 이야기로 구성한다. 각각의 이야기들은 '뜻밖의 이해'를 촉진하기 위함이다.
- 비전통적인 출처를 포함하여 다양한 견해들을 이용한다.
- 사업 전략 및 경영진의 관심사와 긴밀히 연결한다.
- 위협만이 아니라 기회를 포함한다.
- 경영진의 관심, 이익, 참여를 끌어내기 위한 서술과 언어를 사용한다.

훌륭한 시나리오 짜기 실험은 미래를 정확하게 짚어내는 것이 아니라, 경영진으로 하여금 통념에서 벗어나 미래를 다르게 볼 수 있도록 해주는 것임을 명심하자. 웩과 슈워츠는 이것을 '다시 인식하기'라 부른다. **시나리오는 예측 도구가 아닌 학습 도구이다.** 이 학습 도구는 고정된 세계관과 매우 다를 수 있는, 실제 미래로 이어지는 교량을 건너게 해준다.

레드팀[26], 악마의 변호인[27],
거꾸로 생각하기, 그리고 다른 도구들

시나리오 짜기가 가장 널리 알려진 분석 수단이기는 하지만 '곧 다가올 위험들'을 확실하게 보여주는 유일한 수단은 아니다. 조직들은 책임자가 현실을 '다시 인식하고', 고정관념에서 벗어나 집단사고 같은 장벽을 극복하는 데 도움이 되는 여러 가지 방법을 활용한다.

예를 들어 레고 그룹은 다양한 위험을 구체적인 숫자로 표현하기 위해 2가지 방식을 사용하는데, 하나는 시나리오 짜기이고, 다른 하나는 '몬테카를로'라는 컴퓨터 기반 모의실험이다. 있을 법한 가능성을 수량화하고 수학 방정식을 활용한다. 페이첵스는 NCAA 농구 토너먼트를 모델로 하여, 일대일 경쟁에서 위험에 투표하는 '위험 토너먼트'를 활용한다. 이를 통해 책임자들은 아이디어를 구체화할 수 있다.

카르멘 메디나는 CIA에서 분석부서를 맡고 있을 때, 소수의 선임 분석가들에게 위협 환경에 대한 그래픽 디자인을 만들라고 지시했다. 최종 결과물은 한 페이지에 담겨야 했고, 갈등 요인과 상호작용을 묘사하는 이미지로 표현되어야 했다. 산문체로 보고서를 쓰는 데 익숙한 분석가들에게, 이 작업은 서서히 변화하는 위험에 관한 생각지 못했던 상황들을 드러내는 창의적이고 강력한 방식이었다.

확산되는 갈등에 골몰해야 하는 미국 전략사령부는 어떻게 상호작용이 벌어질 것인지, 갈등을 설계하고 역할극으로 바꿔 스트레스 테스트를 하는 모의 부대를 보유하고 있다. 네브래스카의 전략사령부 본부에는 바닥에 세계지도가 그려져 있는 특별 모의전을 위한 방까지 마련되어 있다. 우리는 역할극 모의실험을 스탠퍼드 대학교 경영대학원 수업뿐만 아니라 '정치인을 위한 사이버 신병훈련소'에서도 광범위하게 활용했으며, 이런 과정이 기존의 고정관념을 깨고 신선한 통찰을 얻기 위한 소중한 도구라는 것을 알게 됐다.

'러시아인에게 전화하기' : 훈련을 실전에 도입하기

콘돌리자가 여러 공직을 수행하는 동안, 그녀는 위기 모의실험의 베테랑이 되었다. 그녀는 핵 공격 대응을 은밀한 곳에서 연습하는 팀의 일원으로 여러 번 참가한 적이 있다. 목표는 미국이 제 기능을 멈추지 않도록 어떠한 형태의 정부든 살아남는 것이었다. 감사하게도 실제 핵전쟁은 일어나지 않았다. 그러나 9·11테러가 일어났다. 그녀가 냉전 모의실험에 참여한 덕분에 9·11테러 상황에 대한 훈련이 되어 있었다.

"공격당한 이후 벙커에 갔을 때, 2가지 생각이 즉시 떠올랐어요. 하나는 곧장 러시아에 전화를 걸어야 한다는 것이었어요. 전 세계 미군에 데프콘이 발령됐으니, 러시아는 이를 알았을 것이고, 그들도 대응해서 전투 준비 태세를 발령했을 겁니다. 이것은 두 나라의 군사력이 마지막 결전을 향해 '연쇄작용'을 일으킬 수 있는 것이었죠."

그녀는 부시 대통령에게 연락을 시도한 푸틴 대통령에게 말했다. "우리 대통령이 안전한 위치로 이동하고 있습니다. 우리 군에 경보가 발령됐다는 사실을 알려드리고 싶었습니다."

그런데 콘돌리자가 "대응하지 말아주십시오"라고 용건을 꺼내기도 전에 푸틴이 말했다. "걱정하지 마십시오. 우리는 모든 군사 작전을 취소했습니다. 우리는 종전대로 경계 태세를 유지할 것입니다."

콘돌리자는 경악하며 '냉전은 정말 끝났네'라고 생각했다. 핵전쟁 모의실험을 통해 연쇄반응에 대한 두려움을 배웠고, 그 때문에 푸틴과의 통화가 필요했던 것이다.

군사훈련은 항상 미국의 동맹국 및 적국과의 소통이 중요하다는 점을 강조해왔다. 또한 실제로 그렇게 돌아가고 있었다. 이 교훈을 기억하는 콘돌리자는 책임자들에게 "모든 대사들에게 연락을 취해 미국은 아직 참수되지 않았다는 메시지를 각국에 전하라"고 핵전쟁 용어로 말했다. 그녀는 대통령이 한동안 연설에 나설 수 없을 것이라는 점을 알았다. 세계는 건물로 부딪치는 비행기와 국방부 및 세계무역센터의 잔해만을 반복적으로 보고 있었다. "누군가 이 순간의 미국을 이용하고 싶어 할 경우를 대비해 우방은 물론 적에게도 미국이 건재하다고 알려야 했다"고 그녀는 회상했다.

이 모든 것이 반사반응이었고, 따라서 본능이 아니었음을 깨닫는 데 며칠이 걸렸다. 그것은 훈련이자 실행이었다.

인텔, 골드만삭스, CIA, 뉴욕 경찰, 그리고 많은 조직들이 경쟁자 또는 적수 역할을 상정하기 위해 '레드팀'을 활용한다. 어떤 레드팀은 숨겨진 기술적 또는 인적 취약성을 드러내기 위해 자사 시스템에 사이버 해킹을 시도한다. 또 어떤 레드팀은 미국 운수보안국의 역량을 개선하기 위해 공항의 보안검색대를 통과하는 무기 밀수 테러범으로 가장한다. 다른 레드팀은 반대 의견을 가진 사람들에게 새로운 경영 전략이나 정부 정책을 노출시켜 이를 다듬는다. 이런 모든 것이 내부자로 하여금 '적처럼 생각하게 하려고' 설계되었다.

제이슨 스트리트는 성공적인 사이버 레드팀 팀원이다. "약속하겠어. 당신에게서 훔치거나 당신을 죽이거나 파산시키지 않겠어. 나는 그저 최고의 방법으로 당신을 엿 먹일 작정이야." 그가 해커 회의에 참석해 말했다. 그는 구글과 고객 홈페이지를 둘러보고 2시간 안에 쉽게 침투하는 시연을 보여준다. 그의 목표는 누군가가 침입할 수 있다는 사실을 보여주는 것이다. 그는 자신이 잡힐 때까지 의도적으로 단계를 올린다. 스트리트는 관리자들에게 단지 보고하는 것이 아니라 최전선에 있는 직원들에게 교훈이 될 만한 순간을 만들어주기를 원한다.

그는 각국의 금융기관을 위한 레드팀 훈련을 시행해왔다. 그중 한 곳이 레바논의 베이루트 은행으로, 이들은 온라인 위협이 실재하는 곳에서 오는지 알고 싶었다. 스트리트는 사전 정보나 준비 없이 무작위로 고른 세 군데의 지점에 접근해서 사기성 온라인 송금을 해냈다. 그가 첫 번째 지점의 관리자 사무실로 접근하는 데 3분이 채 걸리지 않았다. 20분 이내에 그는 직원의 신분증, 네트워크 비밀번호, 네트워크 접근을 승인하는 스마트카드를 확보했다.

정치적 위험을 분석하기 위한 모의전에 50만 달러를 쓸 필요도 없고, 세계지도가 그려진 멋진 강당을 지을 필요도 없다. 2가지 저렴한 수단이면 책상에 앉아서, 혹은 회의실에서 정치적 위험을 분석할 수 있다. 즉, '거꾸로 생각하기'와 '악마의 변호인'이 그것이다.

거꾸로 생각하기는 놀랄 만한 사건이 발생했다고 상상하는 훈련이다. 당신이 할 일은 미래로부터 과거를 돌아보는 것이고, 어떻게 이 사건이 발생했는지 이해하는 것이다. 시나리오 짜기처럼, 거꾸로 생각하기 또한 미래를 예측하기 위한 것이 아니다. 그것은 고정관념에 도전장을 내밀고 집단이 생각하는 방식에 저항하기 위한 것이다.

악마의 변호인은 레드팀보다 '빠르고 신속한' 버전일 수 있다. 악마의 변호인은 수백 년 전에 가톨릭교에서 엄격하게 성자를 양성하는 과정에 처음 사용되었다. 1587년 교회 당국은 가톨릭 성자 승인 거부자Advocatus Diaboli라는 공적인 자리를 만들어 내부 비판자 기능을 하게 했다. 이 자리는 후보자의 고덕함에 대한 반대 주장을 펼치고, 종교의 기적에 의문을 제기하며, 수십 년간 일어난 일들에 대해 파헤친다. 18세기에 이르러 이 용어는 주류의 견해에 의문점을 던지며 반대 의견을 내세우는 임무를 지닌(실제로는 그렇지 않더라도) 내부 반대자들을 설명하기 위해 널리 사용되었다.

많은 사람들이 언급한 것처럼, 실제 악마는 악마의 변호인보다 훨씬 강력하다. 반대 의견은 그것이 진짜일 때 무게감을 갖는다. 또한 반대 의견이 틀에 박힌 일상이 될수록, '의례적인 것'으로 인식되거나 무시될 위험이 더욱 커진다. 그럼에도 악마의 변호인은, 특히 강력한 의견 일치가 이루어지는 문제들에 대해서는 중요한 역할을 할 수 있다.

이러한 모든 분석 수단의 목표는 같다. 즉, 정보가 다양한 관점에서 평가될 수 있도록 고정관념과 집단의 논의가 활발하게 이루어지는 것이다. 조직의 가장 공통된 분석 실수는 '미래도 현재와 같을 거라고 믿는 것'이다.

3. 정치적 위험 분석을 경영상의 의사 결정에 어떻게 활용할 것인가?

마지막으로 팀이 중요하다. 경영자는 정치적 위험이 비즈니스에 필수적인 요소이며, 정보와 분석만으로는 많은 것을 이룰 수 없다고 믿어야 한다. **정치적 위험을 잘 관리하는 기업은 위험 분석을 경영의 일상적 흐름 및 결정과 통합하려고 세심하게 신경을 쓴다.**

여기서도 레고 그룹의 혁신이 선두를 달린다. 한스 레이쓰에는 위험 분석 프로세스를 제도화하는 것이 성공의 절반이라는 점을 일찍이 알아차렸다. 전략적 위험을 회사 전체가 '소유하게' 만드는 것이 나머지 절반이었다. 그는 위기관리 실행을 3개의 단위로 나누었다.

첫 번째는 위기관리가 모두의 일이 될 수 있도록, 회사 전체에 이것을 퍼뜨리는 것이었다. 레이쓰에는 위험관리를 직원들의 일반적인 보고 체계에 포함함으로써 또 다른 보고 의무를 늘리는 번거로움을 없앴다.

두 번째는 표준화된 의사 결정 과정을 만드는 것이었다. 그는 이것을 '적극적 위험 및 기회 계획Active Risk and Opportunity Planning', 즉 AROP라고 불렀다. 이름이 보여주듯 AROP는 위험 감소와 기회 상승이라는 양면을 모두 고려한 것이다. 레이쓰에는 몬테카를로 컴퓨터 모의시험, 구글 트렌드 단어 검색, 시나리오 짜기 같은 여러 분석 수단을 활용하면서 경영자들의 관심과 참여를 염두에 두었다.

세 번째는 위험관리 활동이 '조직 특유의 문화'로 자리 잡을 수 있도록 세심한 신경을 기울이는 것이었다. 그는 자신의 활동을 CFO에게 보고하고, 스스로에게 '레고의 프로페셔널 편집증 환자' 직함을 부여했다. 그는 「월스트리트 저널」과의 인터뷰에서 "내 직함이 그냥 지나칠 수 없는 문제들을 제기하도록 해주기 때문에, 기회가 닿을 때마다 그 직함을 농담 삼아 사용한다. 이것이 도움이 되어 질문을 받은 담당자들의 방어적 태도를 꽤나 없애주었다"고 말했다. 결국 권위가 아닌 '설득의 행동'이었기 때문에, 이사회와 경영진은 물론 1만여 명의 직원들에게 문화로 스며들 수 있었던 것이다.

레이쓰에의 노력으로 전략적 위험 분석은 경영상의 의사 결정에 긴밀하게 통합되었다. **전략적 위험관리를 모든 사람의 일로 만듦으로써 레고 그룹은 부도 위험을 이겨내고 성과에서 깜짝 반전을 끌어낼 수 있었다.**

우리는 여러 산업의 다양한 정치적 위험 책임자들을 인터뷰했다. 인터뷰에 응했던 모든 사람들이 레이쓰에가 일찍이 습득한 교훈을 강조했다. 즉, 그들의 가장 중요한 역할은 정치적 위험을 회사 전체에서 이용할 수 있게 하는 것이었다. 그리하여 **'위험의 뒷면에 붙어 있는 기회'를 찾아내는 계기를 제공하는 일이었다.**

팻 도노반이 쉐브론의 글로벌 보안조직 담당자로 채용되었을 때, 그가 첫 번째로 한 것은 회사 내부를 돌며 귀를 기울이는 일이었다. 도노반은 경영자를 정기적으로 만나는 한편, 8명의 글로벌 위험팀 멤버들을 전진 배치해 영업 조직과 최대한 밀착하도록 했다. '내부 고객'을 이해하고 최고경영자를 끌어들인 활동이 정치적 위험을 쉐브론의 경영과 의사 결정에 성공적으로 통합하는 데 필수 요소가 되었다. 글로벌 보안 조직이 잘 굴러가고 있는지 어떻게 판단하느냐고 묻자 도노반은 주저 없이 말했다. "영업 조직이 우리에게 와서 더 많은 정보와 자료를 달라고 요구하고, 그들이 의사 결정을 할 때 우리의 조언을 의식하는지를 통해 판단합니다."

나이키가 방글라데시 사태에서 한숨 돌렸던 까닭

페덱스는 노조 파업부터 정세 불안, 열대 폭풍, 화산 폭발 등에 이르는 온갖 비상 상황과 그로 인한 배송 차질이 꾸준한 관심사였다. 페덱스는 테네시주 멤피스에 글로벌 컨트롤 센터를 설립하고 모든 종류의 위험을 감시하고 완화한다. 다음 장에서 확인하겠지만, 페덱스가 위험관리에 탁월한 이유 중 하나는 '인간적 요소'에 초점을 맞추기 때문이다. 페덱스의 해외영업 및 서비스 품질보증 부사장 폴 트론서 등 대다수 경영인이 택배와 소포를 배송하는 현장직으로 회사 생활을 시작했다. 그래서 이 회사 경영진은 그들이 하는 일이 고객에게 어떤 영향을 미칠지 생생하게 알고 있다.

마지막으로 정치적 위험 분석을 경영의 필수 요소로 통합하기 위해서는 다른 의견들을 권장하며 신뢰를 쌓는 것이 필수다. 앞에서 우리는 정치적 위험을 이해하는 활동이, 어떻게 다른 사람이 다른 방식으로 세계를 바라본다는 점을 받아들이고, 또한 어떻게 기업에 도전과 기회를 만들어주는지 살펴보았다.

다른 사람의 견해를 인식하는 것은 외부 관계자들뿐 아니라 기업 내부에도 적용된다. 당신의 입장은 당신의 직책에 크게 좌우된다. 법무 책임자는 법적 규제에 집중한다. 재무 책임자는 자연스레 경영 결정에 따른 재무적 영향에 집중한다. 영업팀은 매출을 올리는 데 집중한다. 전략 담당은 장기적 산업 추세, 소비자 취향, 경쟁 업체 동향, 시장 기회 및 기업 장점에 대해 숙고한다. 정치적 위험 책임자는 정치적 행동이 회사의 활동과 기회에 어떤 영향을 미칠 수 있는지 분석하기 위해 고용되었다. 이러한 각각의 역할들 가운데 혼자 잘 굴러가는 경우는 없다. 정치적 위험 분석을 효율적으로 통합한다는 의미는 다양한 견해를 이해함으로써 경영상의 의사 결정에 면밀한 분석과 검토를 제시하는 체계를 갖춘다는 것이다.

이 핵심을 결정적으로 보여주는 사례가 바로 2013년 나이키의 결정이었다. '회사는 방글라데시 공급업체 리릭 인더스트리즈와의 관계를 키울 것인가? 말 것인가?'

방글라데시는 안전하지 않은 노동 환경으로 악명 높은 가운데 세계에서 가장 낮은 임금을 주는 의류 공장 집결지였다. "경쟁사들이 방글라데시로 생산 거점을 대거 옮기는 바람에 압력이 커지고 있었다"고 나이키의 최고운영책임자 에릭 스프렁크가 말했다. "우리는 방글라데시의 공급 기반을 늘려야 할지 말아야 할지를 결정하기 위한 강력한 근거가 필요했죠."

스프렁크를 비롯한 제조 담당 경영진은 비용을 줄이고, 이윤을 늘리면서도, 적절한 안전 환경을 찾을 수 있다고 믿었던 반면, 지속가능 경영팀을 이끌던 한나 존스는 "방글라데시에서 안전한 노동 환경을 장담할 수 없을 것이고, 비용을 줄이는 것에 따른 이익마저도 하청 업체에 사고가 발생할 경우 가치가 없어질 것"이라고 경고했다.

나이키는 1990년대에도 노동 환경이 열악한 국가에 하청을 줌으로써 '아동 노동을 이용해 제품을 만들었다'는 이유로 세계적인 비난을 받은 적이 있었다. 그 후로 사회적 책임에 많은 자원과 노력을 기울였음에도 불구하고, 2006년 월드컵 축구공을 박음질하는 데 파키스탄 어린이가 고용됐다는 사실이 드러나는 바람에 1억 달러 규모의 상품을 회수했다.

스프렁크와 존스는 CEO에게 보고한 리릭 인더스트리즈에 대해 서로 동의할 수 없었다. 그래서 그들은 함께 현장을 둘러보고 함께 결정

정치가 던지는 위험

하기로 했다. "어느 한쪽만 가서 결정을 한다면 다른 쪽에서 동의할 수 없기 때문에 함께 가야 했다"고 스프렁크가 말했다. 현지를 방문해 리릭의 관리자들과 직원들, 지역주민들을 만난 뒤에, 합동 팀은 리릭과의 관계를 끝내고 방글라데시에 대한 외주를 줄이기로 결정했다. 몇 달 뒤 라나 플라자 공장 붕괴로 방글라데시에 사상 최악의 산업재해가 발생해 수많은 사람들이 목숨을 잃었다.

나이키의 정치적 위험을 분석한 관점과 경영 전망을 추구한 관점은 각각 방글라데시에 대해 다른 결정을 제안했다. 하지만 그들은 위험과 기회의 요인을 따로 분석해 경영진에게 넘기고 손을 터는 것보다는, 현장에 함께 가서 상황을 다각도로 점검할 필요가 있음을 깨달았다. 생산팀은 결정이 수익에 미칠 영향에 집중할 것이고, 사회적 책임팀은 NGO의 반응과 브랜드 가치에 미칠 영향에 예민하게 대응할 수밖에 없다.

방글라데시에서 시간을 함께 보낸 두 팀은 상황을 제대로 파악했고 그 외의 필수적인 것을 보너스로 얻었다. '서로에 대한 신뢰'였다. 나이키는 이렇게 공유한 경험을 통해 정치적 위험 분석을 경영의 필수 요소로 통합해냈다.

- 주요 이해관계자들의 인식과 정서, 더 나아가 '올바른 질문에 대한 답' 같은, 반드시 필요한 정보를 수집하라. 어떻게 문제를 구조화하는지가 통찰로 이어질지 여부를 좌우한다.
- 고정관념에 도전하라. 집단심리를 극복하기 위해 시나리오 짜기 같은 수단을 활용하라. 목표는 미래를 예측하는 것이 아니라 잠재적인 핵심 동기와 가능성을 '다시 인식함'으로써 더 나은 결정을 하는 것이다.
- 상층부의 참여, 효율적인 듣기, 위험 책임자의 전진 배치, 문제 해결 협력을 통해 정치적 위험 분석을 경영상 의사 결정의 필수 요소로 통합하라.

| 역자 주 |

20) 영국 런던에 본사를 둔 다국적 회계 컨설팅 기업.

21) 원자로 노심이 녹아내리는 현상.

22) 혈관 폐색 등을 막기 위해 혈관에 주입하는 것.

23) 1961년 4월 쿠바 피델 카스트로의 사회주의 정부를 무너뜨리기 위해 미국이 훈련한 1400명의 쿠바 망명자들이 미군의 도움을 받아 쿠바 남부 피그스만에 상륙했다가 격퇴당했다. 미국의 수치로 기억되는 사건이다.

24) OPEC(석유수출국기구)는 이스라엘을 지원한 서방에 대한 보복으로 유가를 올리는 등 석유자원을 '정치 무기화'했다. 1973년 12월 테헤란 회의에서 유가를 130% 올려 1배럴에 3달러였던 유가가 1년 만에 10달러를 넘어섰다. 이로 인해 전 세계가 오일쇼크를 겪게 됐다. 또한 OPEC는 1975년과 1977년 다시 유가 인상을 단행해 1979년 2차 오일쇼크를 유발했다.

25) 미국 매사추세츠주에 본사를 둔 컨설팅 기업.

26) 조직 또는 이론의 취약점을 발견해 공격함으로써 문제점을 드러내는 역할을 부여받은 팀 또는 이러한 팀을 운영하는 의사 결정 방법을 일컫는다.

77) 일부러 반대 입장을 취함으로써 오류 및 다른 가능성까지 짚어보게 만드는 역할.

8장

3대 핵전력[28], 빈 항공기, 그리고 위험을 완화할 기타 방법들

POLITICAL
RISK

POLITICAL RISK

매일 밤 에어버스 A300 비행기 한 대가 콜로라도주 덴버에서 테네시주 멤피스까지 운항한다. 이 비행기에는 승객이 탑승하지 않고, 가끔은 화물도 싣지 않는다. 365일 운행하는 1311 항공편은 하룻밤에 3만 달러의 비용이 든다.

이 야간 비행은 페덱스의 비법 가운데 하나다. 페덱스는 매일 650대의 비행기와 4만 8천 대의 차량으로 16만 5천 명의 직원이 220개 국가에서 400만 개의 물품을 나른다.

1311 항공편은 페덱스의 위험관리 노력의 일환이다. 아이슬란드 화산 분출, 시리아 미사일 발사, 프랑스 트럭 운전사들의 파업, 베네수엘라 소요, 아시아의 태풍, 사이버 위협, 애플 아이패드 주문 급증처럼 놀라운 일이 가득한 현실에서 페덱스의 성공은 '정시 배송'에 좌우된다. 이 항공편이 하는 일은 예상치 못한 화물을 원상태로 돌리는 것이다. "다른 비행기가 싣지 못한 물품을 신속하게 처리하기 위한 예비 운행"이라고 글로벌 컨트롤 센터GOCC 책임자 마커스 마르티네

즈가 말했다.

멤피스의 페덱스 슈퍼허브에 자리 잡은 마르티네즈의 GOCC는 페덱스 위험관리의 핵심으로, 220명이 이곳에 소속되어 있다. 슈퍼허브는 그 자체가 도시다. 면적이 800에이커에 이르며 150대의 비행기를 수용하고 있다. 이곳에는 자체 병원, 소방서, 경찰서, 20곳의 예비 전력 발전기, 심지어 국토안전부를 비롯한 연방기관의 지부까지 들어서 있다. 슈퍼허브에서는 총연장 130km의 컨베이어벨트가 하루에 100만 개 이상의 배송품을 처리한다. 성수기에는 비행기가 40초마다 이륙한다. 항공모함의 전투기에 버금가는 수준이다.

GOCC 안에서는 수백 대의 모니터가 전 세계 페덱스 항공기의 위치와 상태를 실시간으로 보여준다. 모든 것이 최신 기술로 연결되어 하루 24시간 쉬지 않고 움직인다. 15명의 상근 기상학자는 물론, 아시아 및 유럽의 센터와 협업하는 운항관리사와 물류 전문가, 각 분야

정치가 던지는 위험

엔지니어, 비상사태 기획자, 관세 전문가, 승무원 일정 관리 전문가 등 다양한 사람들이 팀을 이룬다. "이 센터는 페덱스 파일럿에게 일종의 위키피디아 같은 곳입니다. 세계 어느 곳에 있든, 원하는 답을 얻을 수 있고, 문제를 쉽게 해결할 수 있지요." 센터장 스티브 제이글러의 말이다.

페덱스의 위험관리는 기술적 문제뿐만 아니라, 사람과 프로세스에 관한 것이다. 글로벌 컨트롤 센터 운영 및 서비스 품질보증 부사장 폴 트론서는 "페덱스를 사람 중심의 강한 기업으로 만든 요인 중 하나는 상당수 경영자가 배송직부터 시작했다는 점"이라며 "이로 인해 우리는 2가지를 이해하게 되는데, 하나는 고객의 가치이고 또 하나는 페덱스 팀의 가치"라고 말한다. 그 역시 배송 담당으로 시작해 지난 10년간 GOCC 운영을 맡아왔다.

팀워크는 끈끈하다. 모든 페덱스 항공기는 직원의 아이들 이름을 붙였다.(이 전통은 팔콘 항공사가 페덱스의 설립자 프레드 스미스의 딸 이름을 빌려 '웬디'라고 비행기를 명명한 데서 시작됐다.) 고용과 관련해 페덱스는 팀 플레이어이면서 많은 정보를 받아들이고 평가하는 데 능숙하고, 판단이 빠르면서도 힘겨운 상황에 침착하게 대응할 수 있는 사람을 원한다.

페덱스의 가정 : "위험은 절대 제거되지 않는다"

또한 GOCC는 잘 발달된 프로세스를 갖추었다. 이 센터에서는 스트레스 속에서도 차분하게 집중할 수 있도록 정기 훈련을 실시한다. 권한이 아래로 위임되어 담당자가 필요할 때마다 재량을 발휘해 비행 경로를 바꿀 수 있다. 매번 승인을 받을 필요가 없다. 위기 결정 주기를 3일에서 4일로 연장해 혼란은 줄이고 협력을 이끌어냈다.

"빠르게 돌아가는 상황에 처하면, 매일 기어를 바꾸고 싶은 유혹이 생기게 마련이죠. 하지만 그렇게 하다 보면 사람과 시스템에 혼선이 빚어질 수 있지요." 트론서의 말이다. 주요한 위기를 겪고 나면, 이로부터 얻은 교훈을 공유하기 위해 방금 마친 업무에 대한 팀 보고가 이뤄진다.

또한 센터는 '예측'에 투자한다. GOCC 경영진은 공급망 중단 가능성을 더 일찍 알아차릴수록, 그에 대한 대안을 더 많이 확보할 수 있다는 것을 안다. 기상학자들은 며칠 앞서 날씨를 예보한다. 비상 계획은 꾸준히 진행되어 언제나 플랜 B가 준비되어 있다. 반복적인 일과는 유연성을 방해하기보다는 촉진하기 위해 짜여져 있다. 매일 아침 어제의 운영과 오늘의 계획을 검토하기 위해 페덱스 관리자들의 '상황실 컨퍼런스 회의'로 시작한다.

페덱스는 매우 효율적인 위험관리 모델이다. 회사가 24시간 기상학자를 활용하거나 항공모함 작전처럼 빠르게 움직일 필요는 없지만, 페덱스의 접근법에서 분명 배울 점이 있다.

페덱스는 정치적 위험을 감지하고 분석하는 데 있어 **얼마나 열심히 일하든, 얼마나 훌륭히 해내든 상관없이 위험이 절대 제거될 수 없을 것이라고 가정한다는 점이다.** "GOCC는 유럽의 트럭 운전사들이 다음에는 무엇 때문에 파업을 일으킬지 예측할 수 없겠지요. 그렇지만 언젠가는 지상에서 배송 지연이 일어나리라는 것은 알아요. 그리고 그런 일이 일어나면 우리는 대비책을 마련할 준비가 되어 있어요."

6장과 7장에서 정치적 위험을 어떻게 이해하고 분석할지 논의했다. 8장에서는 불가피하게 남은 위험을 해결하기 위한 지침을 제공한다. 성공하려면 3가지의 연계된 전략들을 사용한 다층적인 접근이 필요하다. 즉, 완화 전략을 미리 개발하는 것, 필요할 때 빨리 대응할 수 있는 경고 시스템을 만드는 것, 나쁜 일이 발생했을 때 조직이 부서지지 않고 유연해질 수 있는 복원력을 형성하는 것이다.

> **정치적 위험 완화하기: 3가지 핵심 질문**
> 1. 우리가 식별한 위험에 대한 노출을 어떻게 줄일 것인가?
> 2. 적시에 경고와 조치를 취할 수 있는 훌륭한 시스템을 갖추고 있는가?
> 3. 위험 상황이 실제로 일어났을 때 어떻게 손실을 줄일 것인가?

1. 우리가 식별한 위험에 대한 노출을 어떻게 줄일 것인가?

조직은 여러 방식으로 정치적 위험에 대한 노출을 줄일 수 있지만, 모든 전략은 무엇을 최우선으로 보호해야 하는지에 대한 이해로부터 시작되어야 한다. 어떤 기업도, 비영리단체도, 정부기관도 모든 비상사태로부터 모든 것을 지킬 수는 없다. 위험 완화에는 '타협'이 필요하고, 타협을 위해서는 우리의 어떤 자산이 가장 가치 있고 가장 취약한지 이해해야 한다.

자산 가치와 취약성이 집중되는 지점에 대한 이해

페덱스의 자산 가치와 취약성은 명확하다. '정시 배송'이 회사의 가장 중요한 가치이다. 그래서 정시 배송은 페덱스의 가장 중요한 가치이면서, 동시에 인재와 자연재해에 가장 취약한 부분이기도 하다. 페덱스는 거의 반세기 동안 배송 지연의 위험을 줄이는 혁신을 거듭해왔다. "페덱스의 수송이 시작된 이후로, 회사의 40년 역사에서, 컨트롤 센터가 운영을 지켜보지 않은 적이 하루 중 단 1분도 없었다"고 트론서는 말했다.

페덱스의 최고경영자 프레드 스미스는 이렇게 말했다. "결국 근본적으로 우리가 판매하는 것은 신뢰입니다. 사람들은 우리에게 자신의 가장 중요한 것을 맡깁니다. 수술에 필요한 의료 장비도 있고 787 비행기에 들어갈 부품도 있습니다." 그는 위험관리를 위험관리로 생각하지 않았다. "나는 위험관리라고 부르지 않습니다. 대신 고객에 대한 우리의 헌신이라고 합니다. 이건 보랏빛 약속인데, 고객들의 페덱스에 대한 경험을 훌륭하게 만들어주지요."

놀라울 정도로 많은 기업이 자산 가치와 취약성이 겹치는 지점을 파악조차 하지 못한다. 2013년의 설문 조사에서 74%의 기업이 지난 2년 사이, 심각한 공급망 중단을 겪었지만 이를 개선할 효율적인 대책을 아직 개발하지 못한 것으로 드러났다. 위험은 분명히 존재했지만 위험을 줄이기 위한 계획은 없었다. 2015년 사이버 위협에 대한

정치가 던지는 위험

설문 조사에서, 위험관리 전문가의 3분의 2가 "회사의 중요한 자산 가치가 해킹당한 것을 몰랐다"고 말했다. 40%는 그들이 가진 데이터 자산에 어떤 가치가 있는지 이해하지 못한다고 털어놨다.

씨월드와 소니 픽처스는 자산 가치와 취약성이 겹치는 부분을 인식하는 것이 왜 중요한 일인지 설명해준다. 씨월드는 오래전부터 인간(조련사)을 범고래 수조에 투입하는 게 위험하다는 사실은 물론, 동물권리단체가 동물을 가두고 다루는 데 반대해온 것을 알고 있었다.

다만 회사 경영진이 깨닫지 못한 것은 회사 브랜드와 핵심 사업이 얼마나 '샤무'에 의존하고 있느냐 하는 부분이었다. 「블랙피쉬」가 개봉되었을 때, 모든 씨월드 테마파크는 '샤무 스타디움'에서 벌어지는 '유명한 샤무 공연'을 주력으로 하고 있었다. 샤무는 인기 요소이자 마케팅 포인트이고, 기업의 로고였으며, 사람들이 씨월드 브랜드를 통해 연상하는 이미지 그 자체였다. 이것이 회사 주식 가치의 절반이 공중 분해되는 데 오랜 시간이 걸리지 않았던 이유다.

씨월드 주가가 급락한 후에야 경영진은 동물권리단체에 손을 내밀고, 텔레비전 프로그램 같은 새로운 비즈니스에 진출하는 한편, 범고래 공연은 단계적으로 줄이면서 놀이기구 중심의 매력 포인트를 만들기 시작했다. 경영진이 자산 가치와 취약성이 어떤 부분에서 겹치는지를 고려했더라면 「블랙피쉬」 이전에 이러한 조치들을 취할 수 있었다.

스스로에게 무엇이 소중한지 몰랐던 소니

씨월드처럼 소니 픽처스 경영진도 너무 늦을 때까지 자산 가치와 취약성이 겹치는 지점을 알지 못했다. 세스 로건의 코미디 영화에 대한 북한의 사이버 공격은 분명 기이하고 상상하기 힘든 것이었다.

그러나 영화사 경영진은 개봉 전의 영화 대본 및 할리우드 스타와의 계약서가 가장 중요한 자산이며, 소니의 사이버 보안이 대단히 취약한 상태라는 점을 알았어야 했다. 소니의 모기업은 1억 7천만 달러의 손실을 야기했던 플레이스테이션 네트워크 공격[29]을 포함하여 3년간 20차례 이상의 사이버 공격을 당했다. 하지만 사이버 보안을 개선하기 위한 노력은 결실을 보지 못했다.

한편 소니 픽처스는 IT 관리자들의 ID와 비밀번호가 '비밀번호'라는 이름의 보호되지 않은 파일 상태로 저장되어 있었다는 사실까지 드러났다. 이 영화사의 이메일 시스템은 로그인 때 2가지 형태로 이루어지는 기본적인 보호 시스템―일반적인 비밀번호와 휴대폰으로 전송되는 무작위 생성 코드―도 채용하지 않았다. 북한의 공격이 있기 몇 주 전 사이버 보안 회사가 영업을 위해 소니 픽처스 사무실을 방문했다. 보안을 확인한 후, 그들은 잠겨 있지 않은 정보보안 사무실로 걸어 들어갔다. 안에는 아무도 없었다. 컴퓨터들만이 그곳에 있었다. 화면은 온라인 상태였고 잠기지 않은 채였다. 사이버 전문가 제임스 루이스의 표현처럼, 소니는 "문이 활짝 열려 있었고, 환영을 알리는 깔개가 놓여 있었다."

정치가 던지는 위험

가로와 세로 두 칸짜리 행렬을 따라 가치와 취약성의 밑그림을 그려보는 것이 위험 완화의 우선순위를 설명하는 데 도움이 된다. 다음과 같이 질문하면서 시작해보자.

- 내 조직에서 어떤 자산이 가장 가치 있는가?
- 어떤 자산이 정치적 위험에 가장 취약한가?
- 높은 가치와 높은 취약성은 어디에 밀집되어 있는가?

다음 페이지의 표에서 소니 픽처스의 대본과 계약서, 그리고 씨월드의 샤무 브랜드는 '높음/높음' 분면에 있으므로, 위험 완화를 위한 최우선 순위의 자산이다. 중간 순위에는 가치는 낮지만 정치적 위험에 매우 취약한 자산과, 가치는 있지만 그렇게 취약하지 않은 자산이 포함된다. 코카콜라의 앙골라 병 공장이 '낮은 가치/높은 취약성' 자산의 예이다. 코카콜라가 2000년에 공장을 짓기로 했을 때, 앙골라는 아직 정치적 불안을 겪고 있었고, 공장과 멀지 않은 곳에서 반란군과 정부군의 총격전이 벌어지고 있었다. 그러나 코카콜라의 글로벌 운영 전략에서 이곳의 가치는 상대적으로 낮았다. 200억 달러의 매출 중에서 3300만 달러를 투자한 정도였다. 게다가 코카콜라는 합작투자를 통해 투자액을 더 낮춘 상태였다.

옥시덴탈 페트롤룸의 서부 텍사스 시추 사업은 '높은 가치/낮은 취약성'의 사례다. 서부 텍사스 석유 생산은 이 회사 전 세계 매출의 39%를 차지했고, 자본 투자 규모도 상당했다. 하지만 텍사스에서 강

		취약성	
		낮음	**높음**
가치	**낮음**	**낮은 순위**	**중간 순위** 앙골라의 코카콜라 병공장 (현지에 불안 요소가 있지만 다른 기업과 소규모로 공동 투자)
	높음	**중간 순위** 옥시덴탈 페트롤륨 서부 텍사스 시추 (매출의 39% 차지, 강제수용 위험 없음, 국가 규제 변화의 위험 낮음)	**최고 우선순위** 소니의 미개봉 영화 대본, 계약서(가치 있는 지적재산권, 취약한 사이버 방어 능력) 씨월드의 '샤무' 브랜드 (회사에는 중요하지만 활동가들에 취약, 조련사 안전사고)

제수용이나 갑작스럽고 심각한 규제 변화의 위험은 극히 낮다.

일반적인 완화 전략 2가지 : 시장 회피와 타이밍

무엇을 보호해야 하는지 분명히 안다면, 다양한 완화 전략을 펼칠 수 있다. 시장 회피와 타이밍 전략이 가장 많이 사용된다.

정치가 던지는 위험

투자자와 기업들이 투자 대상 국가의 상황에 대해 어림짐작으로 판단하는 관행이 놀라운 일은 아니다. 실리콘밸리의 기업가이자 투자자 비노드 코슬라가 말한다. "우리는 주로 작은 기업들과 일을 합니다. 어떤 나라에 진출해야 할지 말아야 할지 함께 고민할 때가 있어요. 물론 우리가 아예 검토조차 하지 않는 나라들도 있죠."

다른 투자자들도 비슷한 이야기를 했다. 마크 안드레센의 설명처럼 초기 단계의 투자에서는 시장 회피(가능성이 있는 곳에만 집중)가 효과가 있다. 그는 "미국에서 하이테크 벤처기업이 잘되는 이유 중 하나는 크고 활력이 있는 얼리어댑터 시장으로 인해 축복을 받았기 때문"이라고 말한다. 미국 내수시장만으로도 1억~2억 달러의 매출을 올릴 수 있다는 것이다.

타이밍도 많이 쓰이는 전략이다. 블랙스톤의 토밀슨 힐은 위험의 범위에 타이밍을 포함한다. "투자에서 위험이란 정해진 시기 동안의 손실 가능성 혹은 손실 규모를 의미하죠. 시기와 기간이 정말 중요합니다. 2008년 금융 위기 때 우리는 투자금을 적절히 자본화했고, 좋은 가격에 사들이는 반면 만기가 도래하는 채권이 없었기 때문에, 위기가 지속되는 동안 투자를 유지할 수 있었고, 결국 시장이 회복됐을 때 원하는 수익에 도달할 수 있었죠. **기다릴 수 있는 힘이야말로 정말 중요한 겁니다.**"

우리가 6장에서 보았던 것처럼 코슬라는 지적재산이 위협받을 가능성을 알면서도 그의 투자회사 중 한 곳에게 해외시장에 진출하라고 조언했다. 하지만 회사는 그런 일이 일어나기 전에 시장에서 10년간 수익을 창출할 것으로 기대되었기 때문에, 해외투자는 합리적 판단이었다. 이처럼 타이밍을 설정하면 위험을 완화하는 데 도움이 된다.

일상의 의구심을 넘어서 3가지의 완화 전략이 유용할 수 있다. 즉, 중요 자산을 분산하는 것, 유연한 초과 수용 역량을 만드는 것, 마지막으로 다른 기업과 협력하는 것이다. 우리는 이렇게 말하고 싶다. 3대 핵전력을 세워라, 빈 항공기를 운항하라, 그리고 연대하라.

3대 핵전력 세우기 : 핵심 자산의 분산

핵심 자산을 분산하는 전략은 '핵 억제'의 중심이었다. 냉전 시기에 핵전쟁 전문가들은 단 한 번의 대규모 타격으로 미국의 모든 핵무기를 제거할 수 있다면, 소련이 공격을 감행할 가능성이 클 것이라고 걱정했다. 그래서 그들은 적이 미국의 핵무기를 한꺼번에 없애지 못하도록 대륙간 탄도미사일 발사 기지, 전략 폭격기, 발견이 어려운 잠수함들로 핵무기들을 분산 배치했다. 미국의 가장 강력한 핵무기들을 3가지의 다른 플랫폼에 분산함으로써 어떤 일이 일어나든 미국이 보복할 수 있게 되었다. 역설적으로 '핵 공격 보복'이라는 확실한 위협이 핵전쟁의 위험을 낮추었다. 살아남을 수 있는 반격 무기가 양국이 핵전쟁의 구렁텅이에 빠지지 않게 막아준 것이다.

기업은 단 하나의 정치적 사건이 기업의 핵심 자산에 미칠 영향을 줄이기 위해 3대 핵전력과 비슷한 뭔가를 만들 필요가 있다. 어떠한 조직도 가장 가치가 높은 자원들을 동일한 위험에 동시에 노출시키지 않아야 한다. 분명 핵심 자산 분산은 어떤 산업보다는 다른 산업에서 더 쉽고, 또 어떤 경우에는 아예 불가능하다. 이를테면 석유산업에서, 공급망 중단이 발생하면, (미국에서는 정제 표준이 주별로 다르기 때문에) 한 정제소의 생산 물량을 다른 곳으로 옮겨 생산하기가 어렵다. 반면 데이터 관리처럼 손쉽게 복제를 해놓음으로써 훌륭한 완화 장치를 갖추는 산업 영역도 있다.

페덱스에게 3대 핵전력에 해당하는 부분이 자체적인 국제 허브망이다. 멤피스의 슈퍼허브가 규모는 가장 크지만, 이는 세계적으로 분산되어 있는 10여 개의 허브 가운데 하나이고, 모든 허브는 지역의 물량을 소화하기 위해 만들어졌다. 하지만 다수의 허브들은 '멤피스의 안 좋은 날'이 '모든 곳의 안 좋은 날'이 되지는 않도록 보장해준다.

직원의 3분의 2를 잃고도 다시 일어선 회사

채권과 주식을 거래하는 금융사 캔터 피츠제럴드는 자산 분산이 어떤 차이를 만들어낼 수 있는지에 대한 믿기 힘든 사례이다. 2001년 9월 11일, 그 어떤 회사도 캔터 피츠제럴드보다 많은 직원을 잃지 않았다. 세계무역센터의 북쪽 건물 105층에 사무실을 갖고 있던 이 회사는 상근자의 3분의 2인 658명을 잃었다. 친구와 가족을 추천받아 고용하는 기업문화를 갖고 있었기 때문에, 많은 사람들이 여러 명의 사랑하는 이를 한꺼번에 잃었다. 남동생을 잃은 캔터의 CEO 하워드 루트닉은 다섯 살짜리 아이를 유치원에 데려다주느라 살아남았다.

이틀 후에 채권시장이 다시 개장했을 때 캔터는 업무를 다시 시작했다. 그 후로 몇 년간 이 회사는 그저 살아남은 정도가 아니라 더욱 번창했다.

어떻게 어둠의 시간을 버텨낼 수 있었을까? 부분적으로는 살아남은 직원들의 엄청난 헌신 덕택이었고, 부분적으로는 루트닉의 결단력 있는 리더십 때문이었으며, 또 부분적으로는 다른 기업, 심지어 경쟁업체까지 캔터를 도왔기 때문이었다. 또 몇몇 핵심 멤버들이 골프 라운딩과 낚시 여행 같은, 루트닉이 '기적'이라 부르는 일들로 그날 사무실에 출근하지 않았기 때문이다.

하지만 이 이야기 가운데 전해지지 않았던 매우 중요한 부분은, 9·11테러 이전에 캔터 피츠제럴드가 회사의 핵심 자산 중 많은 부분을 분산해두었다는 점이었다. 1993년 세계무역센터에 대한 테러 시도 후에, 이 회사는 만약의 경우를 대비해 뉴저지에 예비 재난복구 센터를 짓기로 했다. 캔터의 실시간 온라인 거래에서 중추적 역할을 하는 '이스피드eSpeed 온라인 거래 부문'은 세 곳에 데이터 센터를 분산 가동하고 있었기 때문에, 9월 11일에 뉴욕의 주 데이터 센터가 멈췄을 때도 중단되지 않았다. 시장이 9월 13일 8시에 개장했을 때, 이스피드는 7시에 이미 준비가 되어 있었다. 이 회사의 거의 모든 전화 연결 브로커들이 사망했지만, 캔터는 이스피드 온라인을 통해 더 많은 거래를 했다.

정치가 던지는 위험

마지막으로 뉴욕이 본사이자 규모가 가장 큰 사무실이었지만, 이 회사 직원 700명은 런던에서 근무하고 있었으며, 이들이 회사를 위기에서 구하기 위해 목숨을 잃은 뉴욕 동료들의 몫까지 해냈다. **"그 누구도 아침 8시 45분에 사무실의 모든 이를 잃어버리는 재난 복구 계획을 세워본 적이 없을 겁니다. 계획에 있었던 게 아니었어요."** 9 · 11테러 한 달 후에 루트닉이 전화 회의에서 감정이 묻어나는 목소리로 직원들에게 말했다. 캔터 피츠제럴드는 3대 핵전력을 갖고 있었다. 핵심 자산을 분산하는 위험 완화 계획이 없었다면 아마 살아남지 못했을 것이다.

빈 항공기 운항하기 : 유연한 초과 수용 역량을 만들기

핵심 자산 분산은 두 번째 완화 전략과 긴밀하게 연관된다. 즉, 페덱스처럼 빈 항공기를 운행하는 것이든, 창고 일부를 비워두는 것이든, 숨 쉴 틈 없이 계속 바쁘지는 않을 정도로 인력을 확보해놓는 것이든, 초과 수용 역량을 키우는 것이다.

이제는 여분이 '낭비'와 동의어가 되었다. 많은 기업이 여분을 줄이고, 적시 재고관리로 이익을 관리해왔다. 하지만 여분은 나름의 장점이 있다. 여분이 없으면 테러 공격, 사이버 공격, 국내 소요 같은 예측하지 못했던 사건들로 심각한 타격을 받을 수 있다. 앞서 우리는 보잉사가 유례없는 생산 지연을 겪었던 보잉 787 드림라이너에 대해 언급했다. 9·11테러 공격이 항공 운항 감소로 이어져 연관 산업을 위축시키고, 마침내 볼트와 너트 같은 기초 부품이 그 후 6년간 재고 부족으로 이어질 것이란 예측을 하지 못했기에 발생한 손실이었다.

더 나은 위험 평가가 있었더라면 도움이 됐을 테지만, 이 또한 보잉의 787 드림라이너 악몽에 유일한 해결책이 될 수는 없었을 것이다. 이 회사에게 필요한 것은 잠금장치 부족을 막을 미래에 대한 예지력이 아니었다. 충분한 여분이면 됐다.

보잉 경영진이 9·11테러의 파급효과를 예상하지 못했더라도, 최소한 몇 달 물량의 부품을 보유하는 재고 정책을 썼더라면 볼트와 너트의 공급 중단을 줄이거나 막을 수 있었을 것이다. 부품 부족은 갑작스럽게 닥쳐왔고 시스템에는 생산 라인을 유지하기 위한 어떠한 여분도 없었다. 이렇게 600대에 달하는 비행기 주문이 지연됐다. 일어나지 않았어야 할 일이었다.

어떤 회사들은 표준화 또는 최종 맞춤식 제작을 통해 유연한 초과 수용 역량을 키운다. 예를 들면 인텔은 한 공장이 최대한 기능할 수 없다면, 또 다른 공장이 빠르게 투입되어 위기 시의 대응 시간과 비용을 줄일 수 있도록 반도체 수탁 생산의 모든 공장을 똑같이 설계한다.

연대하기 : 업계의 다른 기업들과 제휴하기

리스크 완화 차원에서 동종 업계의 다른 기업들과 제휴하는 데는

성치가 던지는 위험

2가지 형태가 있다. 하나는 위험 정보를 공유하는 것이고, 또 하나는 법적 혹은 규제 변화를 막기 위한 집단행동을 추구하는 것이다.

알란 올롭이 메리어트 인터내셔널에서 겪은 일이 연대의 이점을 잘 보여준다. 9·11테러 후로 테러 집단은 고급 호텔 체인에 집중하기 시작했다. 정부가 의회, 공공 사무실, 군사시설 등에 대한 경계를 강화하자, 호텔들이 '취약한 목표물'이 된 것이다. 특히 호텔 체인은 서구 가치의 상징으로 여겨지는 반면, 사람들의 출입이 잦은 곳이기 때문에 보안이 어렵고 특히 취약한 곳이다. 호텔은 투숙객 보호를 위한 조치(보안요원 및 금속탐지기 배치)와 따뜻하게 반기는 분위기 사이에서 세심하게 균형을 맞춰야 한다.

호텔에 대한 테러 공격은 꽤 많았다. 2003년 자카르타 JW 메리어트의 자동차 폭탄 테러와 2004년 시나이반도의 타바 힐튼, 2005년 요르단 암만의 그랜드 하얏트, 래디슨 SAS, 데이즈 인을 향한 세 차례 자살 폭탄 테러, 2008년 100여 명의 사망자를 낸 인도 뭄바이 타지마할 호텔과 오베로이 호텔 테러, 2009년 자카르타 JW 메리어트 호텔과 리츠칼튼 호텔 테러, 2011년 아프가니스탄 수도 카불의 인터컨티넨탈 호텔 테러 등.

올롭은 보안이 메리어트 호텔의 경쟁 우위가 될 수 있다고 생각했다. "다른 호텔들보다 엄격한 보안을 갖추면 테러 조직이 공격 대상을 물색할 때, 뚫기 힘든 목표물임을 알고 섣불리 공격하지 못할 것이라는 생각이었죠." 전 세계에 수천 개의 호텔 체인을 운영하는 메리어트는 안보 위협을 심각하게 받아들였다. 메리어트는 이슬라마바드와 자카르타처럼 위험이 큰 도시에도 체인을 운영하고 있다.

올룹은 위험 수위에 따라 호텔 체인을 평가하고 보안을 강화하는 프로세스를 개발했다. 내부에 정보 분석 조직을 창설하여 24시간 각국에서 벌어지는 사건을 추적하며 영향을 분석하고 대응에 나서는 종합 위기관리 시스템이 그 기반이다. 호텔 업계에서 이를 개발해 적용한 것은 그가 처음이다.

하지만 2005년 암만에서 그랜드 하얏트, 래디슨 SAS, 데이즈 인에 대한 연이은 자살 폭탄 테러가 발생해 57명이 목숨을 잃은 뒤로 올룹은 메리어트 단독의 보안 조치만으로는 충분하지 않다고 생각했다. 호텔 업계가 힘을 모아야 했다. 이 아이디어는 요르단 경찰이 폭탄 조끼 불발로 살아남은 이라크 여성을 붙잡았다는 정보를 입수한 뒤에 생각해낸 것이었다. 그 여성은 경찰 조사에서 "조직이 메리어트를 노렸지만 보안이 엄격해 다른 호텔로 목표를 바꿨다"고 털어놓았다. 메리어트가 공격을 당한 것은 아니었지만, 영업에는 타격을 입을 수밖에 없었다. "테러 이후 어느 누구도 요르단 암만을 방문하려 하지 않았고, 특히 서구 브랜드 호텔에 묵고 싶어 하지 않았어요." 비즈니스의 관점에서 보면 한 곳에 대한 공격이 모든 서구 브랜드 호텔에 대한 공격과 다름없었다.

올룹은 경쟁하기보다는 협업해야겠다고 생각했다. 그래서 그는 호텔 보안 담당자 모임을 창설했고 10곳의 대형 호텔 기업 보안 책임자들끼리 정보와 노하우를 공유하기 시작했다. 동시에 국무부의 해외안보자문위원회에 후원을 요청했다.

정치가 던지는 위험

크루즈 선박회사들 역시 테러 위협에 직면한 뒤로 '경쟁사들과의 제휴'를 위험 경감 방안으로 채택했다. 로얄캐리비안의 아담 골드슈타인은 "마케팅이나 영업에서는 견원지간처럼 경쟁하지만 안전과 보안, 환경 문제는 공동의 이익을 위한 것이므로 모두 기꺼이 협력한다"고 말했다.

힘을 모으는 활동은 자살 폭탄 테러범에 대한 방어력을 키우는 차원에 그치지 않는다. 때로는 업계의 선제적 조치를 통해 평판 리스크로부터 기업을 보호하고, 규제나 법률의 달갑지 않은 변화를 미연에 방지하는 데도 도움이 된다.

예를 들어 1970년대 아프리카계 미국인 목사이자 제너럴 모터스 이사회 멤버 레온 설리번이 남아공의 인종차별주의 정책에 반대하며 그곳에 진출한 미국 기업들에게 행동강령을 제안했다. 그 당시 제너럴 모터스는 남아공에서 흑인을 가장 많이 고용한 기업이었다. 설리번의 행동강령은 처음에는 아파르트헤이트에 대한 것이었지만, 이 원칙들이 남아공에 진출하지 않은 미국 기업들 사이에서 인기를 얻었다. 설리번 원칙[30]은 점점 보편화된 가치들의 초기 버전이었다. 즉, 산업계는 기업의 사회적 책임 차원에서 자발적으로 이러한 기준을 차차 받아들이게 되었다.

미국 영화사들은 정부 규제를 피하기 위해 1930년에 자체 등급 기준을 채택했다. 그로부터 70년이 흐른 뒤 '블러드 다이아몬드'[31]에 대한 국제적인 비난 여론이 커지자, 해당 업체들은 블러드 다이아몬드의 시장 유입을 차단하기 위해 킴벌리 협약[32]이라는 기준을 채택했다.

2013년 방글라데시 공장 붕괴로 대형 참사가 빚어지자, 150개가 넘는 글로벌 의류 대기업들이 안전을 도외시한 하청 업체들에 대한 기준 위반을 조사하고, 개선하여, 이를 공개적으로 밝히는 내용의 협약에 서명했다.

이러한 방식의 연대는 위험을 미연에 방지하기 위한 일종의 자율적 규제다. 공동의 목표는 더욱 심각한 규제나 법률 변화 가능성을 줄이고, 사회문제로 비화되어 활동가나 소비자의 반발을 초래할 가능성을 차단하기 위한 것이다.

2. 적시에 경고와 조치를 취할 수 있는 훌륭한 시스템을 갖추고 있는가?

다음 단계는 '남아 있는 위험'을 적시에 발견하고 조치를 취할 경고 시스템을 개발하는 것이다. 7장에서 가시권 밖에 있는 위험들을 분석하기 위해 시나리오 짜기와 악마의 변호인과 같은 수단을 제안했다. 이와 반대로 경고 시스템은 문밖에서 노크하는 위험들을 다루기 위한 것이다.

국가안보 문제로 본다면 이것은 전략적인 혹은 전술적인 정보 분석의 차이다. 전략적 정보 분석은 "10년 후 이집트 민주주의의 전망은 어떤가?"처럼 아직 먼 미래의 문제를 들여다본다. 이에 비해 전술적 정보 분석은 "이번 주 시나이반도에 깔린 테러 조직의 폭발물들이 얼

정치가 던지는 위험

마나 될까?"처럼 지금 여기에 대한 질문을 검토한다.

이를 경영에 적용해보면, 전략적 위험 평가는 미래를 내다봄으로써 다양한 추세를 더욱 잘 파악하기 위한 것이다. 반면 전술적 위험 평가는 현재를 꿰뚫어 임박한 문제를 보는 것이다.

따라서 경고 시스템은 실시간 정보를 전술적으로 분석함으로써, 좋지 않은 사건이 일어나지 않게 방지하거나, 그것이 불가능할 경우 충격을 줄이기 위한 것이다. 효율적인 경고 시스템은 2가지를 잘 수행해낸다. 상황을 제대로 인식하는 것이 하나이고, 다른 하나는 그런 상황이 되면 특정 조치들이 자동으로 취해지도록 인계철선[33]과 프로토콜을 정하는 것이다.

상황 인식

상황 인식은 문 앞까지 다가온 정치적 위험을 역동적으로 이해하는 것이다. 예를 들어 가상의 미얀마 사례에서 키쿠텔레콤은 무슬림 노동자들의 평화로운 쟁의가 미얀마 군부의 이민족에 대한 폭력적인 대응을 촉발했다는 소식을 들었다. 군부는 키쿠텔레콤의 합작투자 파트너이기도 하다. 최초의 보고는 미얀마 정부가 그 지역 모든 통신 시스템을 차단하고, 키쿠텔레콤의 일부 무슬림 노동자가 부상을 당했으며, 일부는 체포되는 바람에 인권단체의 경고로 이어졌다는 것이었다.

하지만 최초의 보고는 거의 불완전하다. 위기가 전개될수록 정확한 이해가 필요하며, 신뢰할 수 있는 정보 출처와 협력이 뒷받침되어야 한다. 케네디 대통령은 피그스만 침공 당시 정부 내부의 상황 인식이 부족했음을 뒤늦게 깨달았다. 이런 각성이 그가 소통 및 협력 센터로서의 '상황실'을 백악관에 설치한 출발점이었다. 케네디에서 시작된 상황실은 지금까지 잘 작동하고 있다.

미얀마 사례에 대해 우리 MBA 학생들은 문제가 분명하지 않은데도 곧바로 해결책을 끌어내려 한다. 이럴 때 우리는 다음과 같은 몇 개의 질문으로 학생들을 진정시킨다.

- 현장의 상황이 안정되었나? 아니면 시위, 폭력, 정부 조처가 여전히 진행 중인가?
- 군부에 의한 의도적인 공격이었나, 아니면 질서를 회복하려는 노력이었나?
- 실제로 그 지역의 통신 서비스가 차단되었나? 그렇다면 어떤 권력에 의해 차단되었나? 그 결정을 뒤집을 권력자는 누구인가? 정부가 정세 불안에 통신 차단을 계속 강요한다면, 미얀마의 키쿠텔레콤 경영에 미치는 영향은 무엇인가?
- 지금 벌어지고 있는 사건에 대해 의회, 군대, 재야 그룹, 인권단체, 언론 같은 핵심 이해당사자들의 반응은 어떤 것인가?
- 며칠 뒤에는 어떤 상황이 펼쳐질 것인가?
- 이 사건이 미얀마의 정치적 위기에 대한 우리의 평가를 어떻게 변

화시켰나? 그렇다면 우리는 어떠한 추가 조치를 취해야 하는가?

학생들은 가상의 기업으로부터 애초에 상세한 정보를 제공받은 적이 없기 때문에 이러한 질문에 답변하느라 진땀을 빼야 했다. 우리는 한 발 앞서 생각하는 게 얼마나 중요한지 보여주려고 이 사례를 활용한다.

여기서 **교훈은 '흥미로운 기회'가 눈을 가리지 않는 것이다.** 기업은 협력 가능한 다양한 정보원을 통해 사건이 전개되는 양상을 따라잡을 수 있어야 한다. 위기가 닥치기 전에 그러한 역량을 개발하지 않았다면, 일단은 후회하는 것밖에 할 것이 없다.

위험관리의 최전선에 있는 기업들은 정보 또는 법률 전문가 출신들로 구성된 내부 위험 평가 조직을 발전시켜 왔다. 이들은 글로벌하게 전개되는 정치적 변화에 대한 상황 인식을 실시간으로 경영자에게 제공한다.

최고의 내부 위험팀은 상황 인식을 위한 4가지 핵심 능력을 갖추고 있다.

- 관련된 정치적 위험들을 판단하기 위해 엄청난 분량의 정보를 빠르게 꼼꼼히 살펴 추려내는 능력
- 사업에 대한 깊은 이해로 상사에게 가장 중요한 것이 무엇인지 빨리 파악할 수 있는 능력
- 명확하지 않거나 당장은 필요하지 않은 정보라도 수집 및 공유하

는 적극적인 접근 방식

• 그들이 얻은 정보와, 정보를 받은 시기가 인센티브에 어떤 영향을 줄 수 있을지에 대한 건전한 비판적 관점

무엇보다도 상황을 앞서서 대비해야 하고 시의적절해야 한다. 정치적 위험을 제대로 관리하는 기업들은 정부의 주의나 산업 보고서를 기다리며 물러나 앉아 있지 않는다. 그들은 자신의 경고 시스템에 꾸준히, 또한 창의적으로 뭔가 '먹이'를 줘야 한다는 사실을 안다. 쉐브론의 팻 도노반이 말한 것처럼, "세상 돌아가는 것을 알아야 한다. 매일 5가지의 신문을 읽어야 한다. 최고에 머물고 싶다면 스스로 최고가 되어야 한다."

어떤 기업은 위험분석가를 다른 지역에 배치한다. 어떤 기업은 특정 지역에 관한 전문지식을 지닌 분석가를 고용한다. 또 어떤 기업은 내부 정보팀이 특정 주제에 집중할 수 있도록 외부 자문을 영입한다. 많은 기업이 정보를 식별하고 수집하고 분석하기 위해 특화된 수단을 개발한다.

맥도날드의 경우 불매운동을 촉발하거나 영업을 방해하고 브랜드 훼손 활동을 벌일 가능성이 있는 그룹에 대한 언론 기사와 정보를 수집하기 위해 노스웨스턴 대학교에서 개발한 정교한 모델을 사용한다. 고도화된 기능을 수행하는 정치적 위험관리 조직들은 다양한 출처로부터 정보를 얻어 진단할 준비가 되어 있다. 여기에 정보망이 필수 역할을 한다. 네나드 파섹과 다니엘 소닐리가 쓴 것처럼, "이론에만 의

존하는 책임자는 빙산의 일각만 보는 배의 선장과 같다. 회사를 키우거나 부술 수 있는 엄청나게 큰 덩어리는 수면 아래 있다."

6장에서 우크라이나 군과 분리주의자들(러시아를 등에 업은) 간의 내전 중에 말레이시아 항공기가 격추된 이야기를 했다. 그런데 같은 날 160대 이상의 다른 민간항공기들이 전쟁 지역임에도 불구하고 우크라이나 상공을 비행했다. 우크라이나 영공은 열려 있었고, 대부분의 항공사들에게는 괜찮았다.

하지만 모든 항공사가 비행이 안전한지 여부를 확인하기 위해 우크라이나 정부에 의존한 것은 아니었다. 말레이시아 항공 여객기가 격추되기 몇 달 전, 지상에서 적대감이 커져갈 무렵, 콴타스 항공과 대한항공은 우크라이나 영공을 비행하지 않고 우회 항로를 이용하기로 했다. 두 항공사는 우크라이나 정부의 결정을 수동적으로 받아들인 수많은 경쟁사들과는 달리, 내전 중인 지역의 상공을 비행하는 정치적 위험을 제대로 평가했다. 두 항공사 모두 향후 전개될 위험을 줄이기 위해 일찍 움직였다. 결국 타이밍이 중요하다는 게 증명되었다.

인계철선과 프로토콜 설정

상황 인식은 인계철선 및 프로토콜 설정과 맞물려 있다. 인계철선은 정보를 가려내는 시스템이다. 프로토콜은 누군가 인계철선을 건드렸을 때, 어떤 조치들을 누가 취할 것인지를 명확히 한다. 그 목표는

'그때그때 봐가면서 하는 의사 결정'을 줄이기 위한 것이다.

인계철선과 프로토콜은 응급실이나 항공모함처럼 위험이 큰 환경에서 일반적으로 사용된다. 환자가 심장마비 증상으로 구급차에 실려 왔을 때, 의사와 간호사들은 무엇을 할지 결정하려고 주변에 둘러앉지 않는다.

심전도가 일직선을 그려 인계철선을 건드리면 자동으로 한 팀이 크래시 카트crash cart**34**를 몰고 와서 심폐소생술을 시작한다. 역할은 분명하다. 한 명은 필요 시 에피네프린(정맥혈관수축제의 일종─옮긴이)을 일정량 투입할 수 있게 준비한다. 다른 팀원은 심정지 원인을 식별하는 데 사용하는 연상법 'H와 T'**35**를 수행한다. 한 사람은 환자의 차트에 시간과 처치 과정을 기록한다. 모든 팀원은 어떤 데이터가 인계철선을 건드릴 경우 누가 무엇을 해야 할지 분명히 알고 있다.

같은 방식이 항공모함 작전에도 적용된다. 승선 중인 5200명의 병사들에게 치명적인 위험이 많기 때문에, 인계철선과 프로토콜이 분명해야 하고, 빠르게 작동해 모두가 이해하고 있어야 한다. 그러한 인계철선들 중 하나가 '파울 선'으로 불리는 것이다.

비행갑판을 따라 밝은 빨간색 페인트 선이 그려져 있다. 근무 조에 속하지 않은 모든 인력은 비행 작전 때 파울 선 뒤에 서 있어야 한다. 예외는 없다. 어떤 이유를 막론하고 이 선을 지나는 사람은 안전요원에게 잡혀 위험선 밖으로 끌려 나온다. 필요하다면 신체를 제압할 수도 있다.

그래도 누군가 파울 선을 넘으면 정해진 일련의 다른 움직임이 시작된다. 비행 작전이 갑자기 중단되고 적색등이 켜진다. 착륙하려는 전투기를 멀리 보내고, 비행 중인 다른 전투기는 경로를 재설정하며, 제트엔진에 빨려 들어가 결함을 일으킬 수 있는 외부 이물 손상Foreign Object Damage, FOD이나 작은 쓰레기 제거 같은 안전에 관한 조치들이 하나의 시스템으로 펼쳐진다.

응급실과 항공모함처럼 기업도 특정한 정치적 위험 표지들을 가려내는 인계철선은 물론, 표지에 불이 켜지면 해야 하는 특정 조치들을 식별하는 프로토콜을 개발할 수 있다. 확실히 정치적 위험의 표지들은 심장마비나 항공모함 비행갑판의 안전 문제 표지에 비해 명확하지 않다. 하지만 기본적인 목표는 같다. 즉, 경고 표지와 대응 프로토콜을 확실히 해놓은 조직은 그렇지 않은 조직보다 위험을 완화하는 데 훨씬 능숙하다.

기업은 인계철선 표지를 얼마나 정확히 만들 수 있을까? 우선 콘돌리자가 가장 좋아하는 질문으로 시작해보자. "인계철선 표지가 보일 때를 어떻게 아는가? 가설이 맞는지 틀리는지 어떤 근거로 증명하는가?"

트리톤 크루즈 선박회사 모의실험에서, 학생들은 인계철선을 설정하는 데 많은 노력을 쏟았다. 가상 크루즈 선박회사는 승객에 대한 '일어나지 않아야 할' 범죄로 이어질 수도 있는 멕시코 마약 관련 폭력의 증가에 어떻게 대응할지 결정해야 했다.

트리톤 경영진과의 이사회 회의에서 우리가 규명한 한 가지 핵심 주제는 콘돌리자의 질문이었다. "어떤 것을 보았을 때 어떻게 알 수 있는가? 마약 관련 폭력의 위험이 어느 정도에 이르면 한계점을 넘는 것인가?"

현실에서와 마찬가지로 우리는 학생들에게 정확하지만 모순되는 배경 정보를 제공한다.

- 2012년 2월 다른 크루즈 선박회사의 승객 22명이 푸에르토 바야르타 인근에서 총으로 위협받았다. 2013년 2월 복면 차림에 총으로 무장한 무리가 아카풀코에서 휴양 중이던 스페인 단체 관광객을 공격하고 강간했다. 2014년 이괄라 인근에서 43명의 학생과 교사가 행방불명되자 불안감이 아카풀코를 뒤흔들었다.

- 2015년 5월 미국 국무부가 할리스코주의 푸에르토 바야트라에 여행 경보를 발령했으며, 이곳은 멕시코에서 21번째로 이런 경고를 받았다.

- 현지 관광청이 멕시코에 대한 미국 매체의 부정적인 보도 가운데 상당 부분이 과장되었음을 강조했다. 멕시코 정부는 마약과의 전쟁을 최우선 순위로 두고 있으며, 4만 5천 명 상당의 경찰과 군대를 포함해 상당한 자원을 관광지 안전에 쏟아붓고 있다.

- 데이터는 멕시코 관광지가 미국 본토보다 미국인들에게 더 안전하다는 것을 보여준다. 국무부는 2013년에 멕시코를 방문했던 2천만 명 이상의 미국인 중에서 81명의 죽음을 보고했다. 미국 관광객 10만 명당 0.4명에 해당하는 수치다.

- 2013년 미국에서 가장 위험한 대도시로 기록된 디트로이트는 10만

명당 45명이 피살되었고 이것은 그해에 멕시코를 방문한 미국인 피살률의 100배를 훌쩍 넘는 수치였다. 미국에서 가장 위험한 10개 도시를 보면, 10만 명당 19명의 피살률을 기록하는 멕시코 국내 피살률보다 더 높았다.

- 멕시코가 매우 안전하다고 여겨져 2012년 4월 오바마 대통령의 큰딸 말리아 오바마가 오악사카로 봄방학 여행을 떠났다.

분석가들이 어떻게 이 정보를 이해할 수 있을까? 한마디로 말하자면 그들은 이해할 수 없다. 그들이 할 수 있는 최선은 학습된 추측을 하는 것이다. 이 책의 초반에 논의한 것처럼, 언론 보도를 바탕으로 학습된 추측은, 가령 피살률에 대한 다양한 추세보다 관광객 폭력에 대한 생생한 이야기를 더 많이 신뢰함으로써, 또는 각자의 선호와 반대되는 증거를 의식하지 못한 채 무시함으로써, 똑똑한 사람들까지 인지적 실수를 저지른다.

더 나은 접근법은 미리 인계철선을 개발하는 것이다. 안전 책임자가 지속적으로 모니터링하는 가운데 트리톤의 각 기항지별 안전 상황을 특정 표지들로 가늠할 수 있도록 말이다. 예를 들면 이런 것들이다.

아카풀코: 보안 환경이 개선되었다는 지표

- 낮 시간 동안 관광지, 육지 선택 여행 지역, 주요 상업지구에서 주민과 여행객 등 민간인에게 영향을 미치는 폭력에 대한 보고가

없음

- 폭력조직과 관련한 폭력의 전반적인 감소
- 살인과 폭력 범죄율 감소
- 관광 지역과 주요 상업지구에서 마약으로 인한 협박 사건 미발생
- 크루즈 선박회사 대표들과 협력하여 멕시코 항구 당국이 동의한 지속적인 안전 전략 개발

아카풀코: 안전 환경이 악화되고 있다는 지표/기항지 검토서

- 특히 낮 시간 동안 관광지, 육지 선택 여행 지역, 주요 상업지구의 폭력 증가
- 관광지에서 마약과 연관된 폭력 사건, 특히 2차 피해 가능성으로 커질 수 있는 경향
- 관광지와 육지 선택 여행 지역에서 마약 관련 협박 사건들
- 현지 항구 안전 기관들과의 관계 악화

이러한 예가 보여주는 것처럼, 인계철선은 지나치게 세부적일 필요는 없다. 기본적인 지표들도 도움이 될 수 있다. 무엇을 찾을지 미리 확실히 정해놓으면 인지적 편견에 맞서 자료 수집과 분석을 더 효율적으로 할 수 있다.

효율성을 극대화하기 위해 인계철선은 다음 대응이 무엇인지를 명확히 하는 프로토콜과 긴밀히 연관되어야 한다. 그것이 트리톤 기항

지의 안전을 검토하는 것이든, 메리어트 호텔이 추가 안전 조치를 취하는 것이든, 페덱스의 항공기를 파리로 더 보내는 것이든지 말이다. 인계철선과 프로토콜을 연계함으로써 경고와 대응 사이의 시간을 줄일 수 있다.

전쟁사는 사전 경고의 사례로 가득하지만, 제때 재난을 막은 경우는 그리 많지 않다. 더글러스 맥아더 장군은 1950년 6월 25일에 북한이 남한을 침략할 것이라는 경고를 3일 전에 받았던들 별 차이는 없었을 것이라고 증언했다. 일본에 주둔한 군대를 한반도로 움직이는 데는 3일이 아니라 3주가 필요했다.

일본 군대가 1941년 12월 7일에 진주만을 공격한 후, 필리핀 주둔 미국 공군은 경계 태세에 돌입해 방어에 나서라는 명령을 받았다. 필리핀 클라크 기지에 대한 공격은 9시간 후에 이뤄졌다. 이 또한 모든 B-17 폭격기들을 안전한 곳으로 옮기기에는 부족한 시간이었다. 일본의 미군기지 공격이 놀라운 일은 아니었지만, 그곳에 있었던 B-17 폭격기 19대 가운데 12대가 파괴되는 등 초토화됐다. 실행에 옮길 충분한 시간이 없었으므로 한국전쟁과 진주만 공습에 대한 경고는 소용이 없었다.

정치적 위험을 능숙하게 관리하는 기업은 인계철선과 프로토콜을 연계함으로써 경고와 대응의 시차를 줄이고 있다. 메리어트는 상시적으로 정보를 수집한다. 정보는 5단계 색깔 코드 시스템에 반영되어 모든 메리어트 호텔 책임자들에게 변화하는 위협들에 대해 경고를 보낸다.

각 단계에는 책임자들이 취해야 할 의무 조치 목록이 지정되어 있다. 예를 들어 '적색'으로 불리는 가장 높은 위험 수준에 해당하는 조치란 금속탐지기와 X-선을 모든 입구에 설치하고, 호텔로 들어오는 통로들을 제한하며, 폭발물 감지를 강화하는 등 비상이 걸리지만, 올롭의 말에 따르면 "호텔 손님들이 느끼기에는 마치 도청기 감지처럼 크게 티가 나지 않는 절차들"을 동원하는 것이다.

이것은 작은 작전이 아니다. 메리어트는 2016년 가을 스타우드 호텔을 인수함으로써 5700곳이 넘는 건물에 100만 개가 넘는 객실, 30개가 넘는 브랜드를 소유한, 세계에서 가장 규모가 큰 호텔 기업이 되었다. 매주마다 메리어트는 호텔별로 위험 등급을 올리거나 내린다.

앞에서 우리는 연좌농성, 시위, 혹은 다른 정치적 위험 가능성에 대한 정보를 수집하는 맥도날드의 노스웨스턴 대학교 모델을 살펴봤다. 이 모델은 필요 시 실행할 준비가 되어 있는 비상사태 계획과 짝을 이룬다. 페덱스 또한 인계철선과 프로토콜의 연계 가치를 잘 알고 있다. 멤피스의 GOCC는 필요할 경우 비행기를 우회시키며 경고하고 실행한다.

3. 위험 상황이 실제로 일어났을 때 어떻게 손실을 줄일 것인가?

위험 완화의 마지막 단계는 손실을 줄이는 것이다. 여기서 핵심은 필요하기 전에 협력 및 비상사태 계획을 구체적으로 개발해 조치를 해놓는 것이다. 이 덕분에 페덱스를 비롯해 회복력이 있는 조직들은 나쁜 일이 일어났을 때 부서지지 않고 구부러지는 놀라운 유연성을 갖출 수 있었다. 회복력의 핵심은 유연함이고 유연함의 핵심은 인재와 계획을 미리 배치하고 행동할 준비를 해두는 것이다.

관계 만들기 : 함께 커피 마시기!

에이미는 몇 년 동안 UCLA의 공공관리 수업에서 영화 「에린 브로코비치」의 한 장면을 활용했다. 이 영화는 브로코비치가 캘리포니아 남부 힝클리라는 작은 마을에서 대기업 퍼시픽 가스&일렉트릭을 상대로 식수오염 배상 소송을 성공적으로 이끌어낸 실제 이야기다. 영화에서 주인공 에린은 고등학교를 중퇴한 싱글맘인데 에드 매스리라는 변호사의 조수로 일하며 근근이 살아간다. 그러던 중 대형 에너지 기업을 상대로 집단소송을 벌이기 위해 한 가족을 설득한다.

그것이 성패를 좌우하는 순간이었다. 젠슨 부부의 동참을 끌어내지 못한다면 소송에서 질 수밖에 없었기 때문이다. 오랜 시간의 설득과 논쟁 끝에 에린은 부부의 서명을 받아내는 데 성공했다. 팽팽했던 긴장이 가시자 젠슨 부인이 집에서 만든 케이크와 커피를 내온다. 하지만 일밖에 모르는 변호사 에드에게 그런 것은 시간 낭비일 뿐이었다. "괜찮다"며 문으로 향하는 그의 팔을 에린이 붙들고 말한다. "에드, 빌어먹을 커피 한잔하고 가요." 에린은 에드가 모르는 것을 알고 있었다. 커피는 시간 낭비가 아니었다. 사람 간의 관계를 더욱 깊게 해주는 '황금 같은 기회'였다.

인간관계는 어떤 일에서든 중요하다. 믿음을 쌓으려면 노력, 시간, 그리고 경험의 공유가 필수적이다. 물론 어떤 순간은, 커피를 마시는 게 비효율적이라고 느낄 수 있다. 너무 많은 회의와, 너무 많은 우선순위, 너무 많은 일이 있는데 시간은 턱없이 부족할 때처럼 말이다. 하지만 이런 순간에도 전 국무장관 조지 슐츠를 참고할 필요가 있다. 그는 직원들에게 뭔가 힘든 일을 시키기 전에는 언제나 상대방과 좋은 관계를 만들어가는 '정원 가꾸기'에 시간을 들인다고 말한 적 있다.

정치적 위험을 효율적으로 관리하는 회사들은 이해관계자들과 우호적인 관계를 일찌감치, 그리고 자주 쌓는다. 많은 기업들이 지역단체, 비정부기구, 현지 공직자들과 긴밀히 일함으로써 프로젝트를 인정받는 것은 물론 나중에 나쁜 이웃으로 낙인찍힐 위험을 줄인다.

이것이 바로 2009년 알코아가 브라질 보크사이트 광산 개발을 시작하기 전에 지역에서 했던 일이다. 브라질 주루찌라는 시골에 세계에서 가장 큰 규모의 고품질 보크사이트(알루미늄을 얻는 광석)가 매장되어 있었지만, 알코아의 경영진은 이 지역의 정치적 위험에 대해 걱정했다. 그들은 앞서 브라질에 진출한 경쟁 업체가 현지의 격렬한 반대와 정치적 행동은 물론, 철로 및 광산 폐쇄, 심지어 활과 화살, 몽둥이를 사용한 물리적 공격에 고생하던 모습을 본 적이 있었다. 그래서 일찌감치 이해당사자들의 지지를 얻는 데 주력하기로 했다.

알코아는 통 크게 커피를 마셨다. 보크사이트 광산 개발을 시작하기 2년 전부터, 대규모 공공 봉사활동과 소통 캠페인을 시작해 지역

주민, 사회단체, 정부 관료들과 관계를 쌓았다. 또한 환경재단 및 단체와 제휴를 맺고 지역에 필요한 것이 무엇인지 파악하기 위해 설문조사와 토론을 거듭했다. 아울러 지역주민을 교육하고 참여시키기 위해 세 차례의 공청회를 연 데 이어 70차례의 회의를 이어갔다. 8천 명이 넘는 주민이 참석했다. 그 결과 2008년 실시된 설문 조사에서 지역주민의 89%가 광산 개발을 지지한다고 밝혔다.

하지만 알코아는 여기서 멈추지 않았다. 경영진은 주루찌 지역사회와의 협력 관계가 진정성 있게 계속되어야 한다고 믿었다. 회사, 정부, 시민사회 간의 열린 채널을 이끌어가기 위한 다자간 위원회를 창설했다. 위원회는 협력 사업의 진척 과정을 관리해 지속 가능하게 하는 계량적 분석법을 개발했다. 또한 지역사회가 제안한 계획을 위해 3500만 달러의 발전기금을 마련했다. 이러한 계획에는 병원 건축, 교실 증설, 깨끗한 수돗물 시스템 구축, 일자리 훈련 프로그램 창설 등이 포함됐다. 이러한 접근 노력이 광산에 대한 반대를 완전히 없애지는 못했지만, 큰 차이를 만들어냈다.

격렬한 반대자를 충실한 지지자로 만든 커피 한잔

월마트는 더 많은 커피를 마실 필요가 있었다. 회사는 1990년대부터 환경문제 등으로 인해 많은 활동가와 단체의 공격을 받았다. 2004년 「포춘」 선정 500대 기업에서 1위를 차지하기도 했지만, 고성장을 찾아

도시 지역으로 진입하면서 우려의 목소리도 커졌다. "성장이 쉬울수록 비판가들의 생각을 무시하기도 쉬웠다"고 CEO 리 스콧이 말했다. 하지만 성장이 둔화되자 더 이상 우려의 목소리를 못 들은 척할 수 없었다. 그래서 스콧은 이해당사자들과 우호적인 관계를 쌓으면서 비판가들을 직접 대응하는 전략을 선택했다.

그는 환경보호기금의 대표이자 월마트의 가장 혹독한 비판가였던 프레드 크룹과 함께 뉴햄프셔주의 야생으로 여행을 갔다. 그들은 기후 변화에 관해 대화를 나누었고 스콧은 월마트가 뭔가를 해야겠다고 확신하며 돌아왔다. 그리고 회사는 7년 이내에 매장 온실가스 배출량을 20%까지 줄이고 다른 환경 기준들을 개선하겠다고 약속했다. 이와 함께 환경단체 및 학자들의 참여로 전기제품에 지속 가능 등급 시스템을 도입했다. 스콧은 또한 환경에 대한 고려가 이윤을 창출할 수 있다는 것을 알게 되었다. 월마트는 에너지 절약 전구를 판매하고, 자체적으로 에너지 비용을 줄이기 시작했다.

커피를 마시는 일이 조금 더 진지해졌다. 그사이 격렬한 반대자였던 프레드 크룹이 스콧의 충실한 지지자가 되었다. 그는 나중에 다음과 같이 회상했다. "리는 월마트의 벽을 외부에 모두 공개하고 경영 방식을 바꾼 인물이기 때문에, 나는 리 스콧을 개방 정책을 이끈 고르바초프로 생각합니다."

좋은 인간관계를 맺는 것은 로얄캐리비안의 위기 완화 노력의 핵심이기도 하다. 이 회사는 '기항지 봉사자 접근법'을 회사 운영에 도입했는데 아이티의 라바디 같은 지역에서 문화적, 경제적, 환경적, 사회

정치가 던지는 위험

적 통합을 유지하기 위해 현지 단체, 주민, 정부, 비영리단체들과 협업하기 위한 아이디어였다. 로얄캐리비안이 이해당사자들과 좋은 관계를 맺기 위해 고안한 또 하나의 방법은 항구에 정박한 유람선에 현지인들을 초청하는 프로그램이었다.

"정치적 위험을 다루기 위해 잘했던 일 중 하나는 주민들을 크루즈 선박으로 초청해 둘러보게 한 것이었죠. 우리가 어떤지, 어떻게 일하는지, 직접 보는 것보다 나은 게 없죠." 아담 골드슈타인이 말했다. 주민들은 배를 둘러보며 회사에 대해 알게 되었고, 그 후 어떤 일이 생길 때마다 상황을 쉽게 이해할 수 있었다.

골드슈타인은 인간적인 만남이 필수적이라고 믿는다. "요즘은 기술이 발달해, 문자 메시지와 이메일, 영상 회의, 전화로 대화하는 게 쉽지만, 사람들을 직접 만나 어울리는 쪽을 훨씬 가치 있게 생각합니다. 시간이 쌓여야 가치가 생기고, 그래야 믿고 의지할 수 있으니까요. 어려운 상황이 닥치면 주고받았던 대화들이 신뢰의 기반이 되고, 힘든 상황을 헤쳐 나가는 데 매우 큰 도움이 되지요."

여기에서도 역시 타이밍이 중요했다. 좋은 관계는 위기가 닥치기 전에 쌓아놓을 필요가 있다. 로얄캐리비안은 아이티 정부 관계자 및 윤리 전문가, 비정부기구 등의 지지를 통해 2010년의 지진에 뒤따른 미디어의 폭풍을 막아냈다. 골드슈타인은 부정적인 뉴스들이 터져 나온 후에 생면부지의 사람들에게 도움을 요청하지 않았다. 오랜 친구들에게 전화를 걸었다. 그가 말한 것처럼, **좋은 관계란 필요할 때가 아니라, 원할 때 만드는 것이다. 필요할 때는 이미 늦었기 때문이다.**

비상 계획

19세기 프로이센의 사령관 헬무트 폰 몰트케는 유명한 말을 남겼다. "어떤 전투 계획도 적을 만나면 살아남을 수 없다."

이처럼 계획이란 흔히 무용지물이다. 하지만 중요한 것은 계획을 세우는 과정이다. **계획은 미래의 어떤 상황에 들어맞지 않더라도, 어떻게든 성공할 역량을 만들어준다.** 우리는 '3R'이라 부르는 것을 개발했다. 3R은 역할roles, 실행 목록repertoires of action, 협력의 루틴화routines of coordination이다. 역할은 '누가 무엇을 할지' 분명히 해준다. 실행 목록은 '무엇을 할지에 관해 다양한 선택 사항'을 제공한다. 협력의 루틴화는 '이 모든 것을 어떻게 잘해 낼 수 있을지' 정해준다.

규칙 1 : 역할이 분명해야 한다. 비상 계획은 정상적인 프로세스가 충분하지 않고, 상황이 이상적이지 않을 때 사용한다. 이러한 때는 압박도 매우 크고, 유동적인 부분이 너무 많으며, 누가 무엇을 해야 할지 논의할 시간이 충분하지 않다. 그러므로 역할이 미리 잘 짜여 있을수록, 조직은 비상 계획을 더 빠르고 효율적으로 실행할 수 있다.

규칙 2 : 실행 목록이 많을수록 좋다. 실행 목록은 '모든 상황에 관한 엄격한 계획'에 따른 소모적인 목록이 아니다. 현실은 매우 복잡하기 때문에 유연성이 더욱 중요하다. 엄격한 계획은 부적절한 실행으로 옮겨질 가능성이 크다. 하지만 풍부한 실행 목록은 예상치 못했던 일에 대한 근본적인 대응 기술을 발전시키고, 여러 조합과 방식으로 활용할 수 있는 선택 사항을 제공한다.

콘돌리자는 오랜 세월 피아노를 연주해왔고, 여느 음악가들처럼 목록을 가지고 있다. 그녀에게 연주 목록이란 다양한 상황에서 여러 조합으로 구성할 수 있는 음악 저장소이다. 연주 목록은 그녀가 공연을 할 수 있는 토대이지만 그것은 출발점에 불과하다. 어떤 때는 변화구를 섞어야 할 때도 있기 때문이다.

2010년 콘돌리자는 필라델피아 필하모닉과 공연했다. 그녀가 몇 달간 연습한 모차르트 피아노 협주곡 중 한 악장이 포함됐다. 이어진 프로그램의 다른 파트에서 콘돌리자는 '소울의 여왕' 아레사 프랭클린과 연주하기로 했다. 그들은 하루 전날 총연습을 하고 연주 목록에 대해 합의했다. 그런데 공연 당일 무대에 오르기 직전의 중간 휴식 때, 프랭클린의 프로듀서가 콘돌리자에게 "프랭클린이 다른 노래를 부르고 싶어 한다"고 말했다. 함께 맞춰보지 않은 곡이었다. 다행히 어렵지 않은 곡이었다. 악보를 한 번 보고도 연주할 수 있는 기술을 오랫동안 배웠고, 꾸준히 연습에 시간을 쏟았으며, 상당한 공연 경험을 쌓았기 때문에 콘돌리자는 "좋아요"라고 대답할 수 있었다. 공연은 만족스러웠다.

나의 목록에 숙달하고 기량을 유지하는 것도 필요한 관리이지만, 때로는 갑자기 바뀌는 계획처럼 변화구까지 처리할 수 있도록, 기본으로 돌아가 다양한 연습을 해두는 것도 중요하다는 것을 콘돌리자는 그때의 경험으로 절감했다.

실행 목록은 많은 영역에서 이러한 역할을 한다. 체스 챔피언들에 대한 연구 결과, 이들이 다른 선수들과 차별된 부분은 타고난 재능이나 더 많은 시간 투자가 아니라는 점이 밝혀졌다. 다른 점은 바로 패턴 인식이었다.

체스 챔피언들에게는 독특한 목록이 있었다. 그들은 상대의 새로운 동작을 보면, 그것을 머릿속에 저장된 패턴과 비교해 어떤 방식으로 대응할 것인지 결정했다. 이 과정은 챔피언들이 동시에 여러 게임을 치를 때도 몇 초 만에 놀라울 정도로 정확하게 이루어졌다.

우리는 대부분 새로운 것을 대하면 경험에 의존해 이미 알고 있던 것과 비교하며 해결하려고 애쓴다. 더욱 다양한 목록을 갖고 있을수록 새로운 상황에 더 잘 대처할 수 있다. 조직도 마찬가지다. 비상 계획을 세우면서 근본적인 대처 요령뿐만 아니라 다양한 선택을 개발할 수 있다. 이런 과정이 조직 전체가 '예측하지 못했던 상황'이 일어났을 때 대처하는 데 도움이 된다.

규칙 3 : 협력의 루틴화가 필수적이다. 역할을 배정하는 것이 시작이다. 실행 목록은 그다음이다. 협력은 '역할'과 '실행 목록'이 합쳐지는 곳이다. 협력의 루틴화가 되어 있으면 조직이 신뢰와 상호작용의 패턴을 형성해 압박 속에서도 유연하게 대응할 수 있다. 협력의 루틴화를 개발하는 가장 좋은 방법 또한 '연습'이다.

국방 분야에서 협력 실패는 치명적인 결과를 가져온다. 가장 널리 알려진 예는 이란에 억류되었던 53명의 미국인 인질을 구하려다 실

정치가 던지는 위험

패했던 이글클로 작전일 것이다. 1980년 4월 24일 치러졌던 이 작전은 진즉에 취소되었어야 했다. 그러나 사막에서 헬리콥터가 수송기와 충돌해 8명의 요원이 사망하고 나서야 중단되었다. 엉망이 된 작전은 당시 지미 카터 대통령이 겪은 가장 암울한 순간이었다. 35년 후 카터는 "재임 중 '다른 선택을 했더라면' 하고 아쉬웠던 일이 있느냐"는 질문에 즉시 "이글클로 작전을 바로잡았을 것"이라고 대답했다.

당시 두 차례의 조사가, 한 번은 상원의원에 의해, 다른 한 번은 특별위원회에 의해 이뤄졌다. 그리고 실패의 근본 원인이 '협력의 실종'에 있었다는 결론이 내려졌다. 육군, 해군, 공군, 그리고 해병대는 모두 구출 작전의 일부만을 알고 있었다. 어떠한 합동 훈련도 해보지 못한 상태에서 각 조직이 독립적으로 자기들 몫만 연습했을 뿐이었다.

협력은 '의지'가 아닌 '연습'으로 뿌리내린다

구출의 날이 다가왔을 때, 많은 구성원들이 서로 한 번도 만난 적 없는 사람들이었다. 작전 지휘관들은 서로 소통한 적이 없었다. 펜타곤의 어느 누구도 협력에 미리 주의를 기울이지 않았다.

결국 이글클로 작전 실패는 1987년 미국 특수작전사령부 창설로 이어졌다. 이 조직은 4성급 장군이 지휘를 맡아 각 군의 특수작전 수행 임무를 통합 운영한다. 그 이후 특수작전을 위한 각 군의 협력이 크게 개선되었다.

특수작전사령부는 비즈니스에도 소중한 아이디어를 준다. 위험이 크고, 임무가 분명하며, 성공 의지가 모두와 공유될 때도 협력이 잘 이뤄질 것이라고 낙관해서는 안 된다는 점이다. 협력은 단순한 결합이 아니다. 그것은 연습을 통해 뿌리내려야 하고 최상층 리더들의 지원을 받아야 한다. 모든 조직은 군사 조직이든 기업 부서든, 자연적으로 내부 칸막이 안에서 특화된 기능을 갖고 업무를 수행하는 것이 일반적이다. 조직 간 칸막이는 필요하다. 하지만 협력해야 할 때는 이런 칸막이가 생산적이지 않을 수 있다.

평소에는 부서를 넘나들며 일하는 게 부자연스럽게 보일 수 있다. 하지만 정치적 위험 관리는 부서를 넘나들며 일하는 연습이다. 정치적 위험은 단지 재무부서, 법무팀, 대관 업무 부서 또는 IT 직원들에게만 해당되는 것은 아니다. 정치적 위험은 기획에서 생산 및 마케팅에 이르는 모든 부서의 경계를 허문다. 정치적 위험에 대비해 비상 계획을 만드는 일은 협력을 연습하는 것이기도 하다.

페덱스는 분명한 역할 지정, 실행 목록 개발, 협력의 루틴화라는 3가지 규칙을 모두 준수한다. 페덱스에서 비상 계획은 일상생활이다. "우리는 예측 가능한 놀라움을 믿는다"고 폴 트론서는 말한다. 멤피스의 GOCC에는 언제나 플랜 B가 있다. 하지만 플랜 B를 막상 실제로 실행해야 할 때는 그것이 루틴화된 것이라고 하더라도 쉽지 않은 일이다.

우선 대체 공항을 이용하기 위해서는 정확한 시간에, 정확한 장소로, 충분한 휴식 규정을 지킨, 정확한 승무원을 데려가야 한다. 또한 변경된 목적지에 맞게 연료가 채워졌는지, 공항에 여유가 있는지, 목적지 공항에 착륙할 권한이 있는지 확인해야 한다. 화물은 세관에서 문제가 없을 경우에만 하역할 수 있고, 비행기가 착륙하는 곳에 트럭이 배치된 경우에만 트럭에 실을 수 있다.

페덱스에서 역할은 분명하다. '지상의 대장'으로 불리는 운항관리사는 비행경로와 조건을 평가한다. 화물 이동 센터는 화물이 어디로 옮겨지는지 끊임없이 확인한다. 승무원 일정 전문가는 규정을 준수하며 정확한 시간에 정확한 곳으로 승무원들을 데려가는 일을 맡는다. 비상 계획 또는 실행 목록은 가장 있을 법한 시나리오를 바탕으로 꾸준하게 개발된다. 예를 들어 파리 공항 허브가 차단되면 미리 짜인 비상 계획은 독일 프랑크푸르트로 화물을 보내는 것이다. 프랑크푸르트 역시 차단되면—2010년 4월 아이슬란드 화산 폭발로 서유럽에 거대한 화산재 구름이 퍼졌을 때 실제로 일어났다—페덱스는 다른 비상을 발동해 새로운 계획을 만들어낸다.

협력의 루틴화는 페덱스의 GOCC에서 만들어지고 강화된다. 하루하루의 성공에는 운항관리사와 화물 이동 센터, 승무원 일정 전문가, 국제 교역 부서 간의 복잡하고 조율된 노력이 필수적이다. 중요한 장애가 발생할 경우 여기서 얻은 교훈을 팀에서 발표하고 공유한다.

페덱스에서 비상 계획이란, 문제를 해결하는 간단 명료한 접근 방식이라는 의미가 아니다. 그럴 수 없으므로, 그렇게 하지 않는다. 아이슬란드 화산이 폭발했을 때, 상황이 매우 빠르게 바뀌는 바람에, 유럽 공항들이 순식간에 폐쇄되고, 개방되었다가 수분 만에 다시 폐쇄되었다. 프랑크푸르트로 변경하는 플랜 B는 좋은 선택이 아니었다. 그래서 GOCC는 파리 공항이 계속 폐쇄 상태일 경우, 툴루즈와 바르셀로나로 비행기와 승무원을 배치하는 또 다른 플랜 B를 개발했다.

하지만 파리의 샤를 드골 공항이 다시 개방되었고, 그 결과 플랜 A로 명명된 계획으로 다시 결정을 바꾸었다. 그런데 페덱스는 이 가능성에 대해서도 미리 염두에 두고 있었다. "우리는 그 가능성까지 공유했기 때문에 그 또한 준비되어 있었다"고 트론서가 말했다. 화산 폭발로 물류 대란이 일어난 와중에도 페덱스는 업무를 회복했고, 이틀 동안 약 3500톤의 재고 화물을 처리했다. 콘돌리자가 아레사 프랭클린과의 공연 때 즉흥 공연을 할 수 있었던 것처럼, 페덱스 역시 매일 기존의 실행 목록과 기술을 반복 연습함으로써 성공했다.

Essentials ━━━━━━━━━━━━━━━ **정치적 위험 완화**

- 예상치 못한 일에 대비하라.
- 어떤 자산이 가장 가치 있으며 가장 취약한지 파악하라.
- 핵심 자산을 분산하고, 빈 항공기를 운행하고, 업계의 다른 기업들과 제휴하여 위험에 대한 노출을 줄여라.
- 시의적절한 경고와 실행을 위한 시스템을 갖추도록 인계철선을 정하고 프로토콜을 개발하라.
- 커피 타임을 잊지 마라! 이해당사자들과 미리 좋은 관계를 쌓아서 나쁜 일이 일어났을 때 피해를 줄여라.
- '3R', 즉 역할, 실행 목록, 협력의 루틴화를 기반으로, 비상 계획 프로세스를 개발하라.

정치가 던지는 위험

28) 3대 핵전력은 대륙간 탄도미사일(ICBM, Inter-Continental Ballistic Missile), 잠수함 발사 탄도미사일(SLBM, Submarine Launched Ballistic Missile), 전략 폭격기를 가리킨다.

29) 2010~2011년 소니의 게임 장비인 플레이스테이션 네트워크에 대한 해킹으로 인해 1억 400만 건의 개인정보가 유출되었다. 소니는 사용자들을 상대로 현금 또는 쿠폰 등의 보상금을 지급하며 막대한 손실을 입었다.

30) 마틴 루터 킹 목사의 측근이자 인권운동가인 레온 설리반 목사가 1977년 인종차별 정책을 쓰는 남아공에서 미국 기업들에 대한 차별 금지 기준으로 제시, 압력을 행사할 목적으로 만들었다. 12개의 미국 기업들이 최초로 서명했던 이 원칙은 유색인 노동자의 지위 문제(평등한 고용)에 초점을 두고 있다.

31) '피 묻은 다이아몬드(Blood Diamonds)'라는 뜻으로 내전 중인 지역(주로 아프리카)에서 생산된 다이아몬드를 지칭한다. '레드 다이아몬드(Red Diamonds)'라고도 불린다. 군벌들이 이 판매 수입을 전쟁 비용에 쏟아붓고 있는 것으로 알려져 있다.

32) 블러드 다이아몬드에 대한 문제를 처음으로 제기한 것은 1998년 유엔이었으나, 이에 대한 규제에 나선 것은 생산자 협의체였다. 2000년 5월, 주요 다이아몬드 업체들이 남아공의 킴벌리에 모여 '폭력과 연관이 없다는 확인을 받은 다이아몬드만 유통하기로' 동의했다. 인증을 받지 않은 다이아몬드는 거래를 전면 금지하기로 했다.

33) 침입해 오는 적이 건드리면 폭발물이나 조명탄·신호탄 등을 터뜨려 적을 살상하거나 혹은 적의 침입을 알 수 있게 해주는 철선(鐵線).

34) 심장 정지를 비롯한 긴급 조처용 약품·기기 일체를 실은 손수레.

35) 심정지의 원인 가운데 H와 T로 시작되는 증상이 많은 데서 유래된 용어로 다음과 같은 것들이 있다. Hypovolemia(저혈량증), Hypoxia(저산소증), Hydrogen ions(수소이온산독증), Hypothermia(저체온증), Hyperkalemia(고칼륨혈증)/Hypokalemia(저칼륨혈증), Hypoglycemia(저혈당증), Tablets or Toxins(약물과다복용), Tachycardia(심계항진), Tension pneumothorax(긴장공기가슴증), Thrombosis(혈전으로 인한 심근경색).

9장

표준시 사용하기
위기 대응

POLITICAL
RISK

POLITICAL RISK

2009년 7월 16일, 알란 올롭은 JW 메리어트 호텔과 리츠칼튼 호텔 (메리어트의 계열사―옮긴이)의 보안을 점검하기 위해 자카르타에 도착했다. 이 도시의 안전이 개선됐다는 여러 보고가 있었다. 인도네시아는 한동안 이슬람 테러에 시달려왔지만, 그즈음에는 테러 조직 제마이슬라미야JI의 세력이 약해진 듯했다. JI는 2002년 200명 이상 사망에 이르게 했던 발리 나이트클럽 폭탄 테러로 악명 높은 집단이다.

그런데 지난 4년간은 눈에 띌 만한 활동이 없었다. 여러 전문가들은 JI 지도부가 대거 죽거나 체포되는 바람에 테러 활동을 자행할 역량을 상실했을 것이라고 믿었다. 이에 따라 미국은 1년 전 인도네시아 여행 경고를 해제했다. 게다가 인도네시아의 정치 전망도 좋았다. 방금 평화롭게 치러진 대통령 선거를 축하하는 분위기였다.

하지만 이런 분위기 속에서도 리츠칼튼 호텔과 JW 메리어트 호텔은 이 회사의 가장 높은 보안 등급인 '위험 상황'을 하향 조정하지 않았다.

다음 날 7시 30분 올롭이 폭발음을 들었을 때, 그는 샤워를 끝낸 참이었다. 그는 창밖 길 건너편의 JW 메리어트 호텔에서 연기가 치솟는 것을 보았다. 육군 특수부대에서 20년 넘게 복무했던 그는 위험으로부터 도망치지 않고 본능적으로 그 위험을 향해 뛰어들었다. 그러나 밖으로 나가기 전에 또 다른 폭발의 충격을 온몸으로 느꼈다. 이번에는 리츠칼튼 호텔 안이었다. 손님을 가장한 테러리스트들이 저지른 두 건의 자살 폭탄 테러였다. 나중에 경찰 조사를 통해 밝혀진 바에 따르면 테러리스트들은 호텔 내부자인 꽃집 점원을 통해 호텔의 보안 조치를 피하는 방법을 알아낸 것으로 드러났다. 이 공격으로 9명이 죽고 수십 명이 다쳤다.

메리어트 인터내셔널은 위기대응팀을 가동해 투숙객을 대피시키고 상황을 설명했으며, 희생자 가족을 지원하고, 당국의 조사에 협조하며, 직원을 보살피고, 또 다른 위협 가능성에 대비했다. 이 회사 언론 담당 직원은 사태가 분명해질 때까지 섣불리 보도되지 않도록 조심하면서 새로운 정보를 트위터에 자주 올렸다. 폭발이 일어나고 2시간 30분이 지나지 않아, CEO 빌 메리어트가 희생자에게 위로를 표하고, 회사가 희생자와 투숙객들을 지원하기 위해 착수한 일들을 블로그에 게시했다.

회사의 반응은 신속하고, 결단력 있고, 온정적이었다. 메리어트의 경험은 사건이 발생하고 내일까지 대응을 미룰 수 없을 때, 어떻게 '표준시 zulu time'를 활용하는지 보여준다. 세계 곳곳에 흩어져 각자의 일에 몰두하던 조직이, 자카르타에 큰일이 터지자마자 그곳 시간을

'표준시' 삼아 일사불란하게 움직였던 것이다. 모든 사람이 위기 대응은 시간대와 직무를 초월해 협력이 이루어져야 한다는 것을 안다. 이처럼 순식간에 발생한 위험의 와중에도 효과적인 시스템과 소통은 다른 결과를 만들어낸다.

다만 한 가지 문제가 있었다. 뉴스들이 테러 사건을 집중 보도하는 가운데, 그중 상당 부분이 메리어트의 보안에 대한 비난이었던 것이다. "책임자 입장에서 절망적이었죠. 내가 처음부터 그곳에서 본 것을 언론은 조악한 추측성 보도로 되풀이하더군요." 이런 가운데 일부 경영진이 직원들의 언론 접촉을 원하지 않았다.

사실 리츠칼튼 호텔과 JW 메리어트 호텔은 세계에서 가장 안전한 호텔이다. 메리어트는 업계의 선두로 널리 인정받고 있었다. 이 호텔은 비즈니스를 위해 방문하는 곳, 특히 자카르타 같은 도시에서 안전을 중요한 경쟁우위로 고려했다. 1990년대부터 메리어트 인터내셔널의 영향력이 커지면서 안전에 대한 투자도 함께 증가했다. 2009년에 이 회사는 70개국에서 수천 곳의 호텔을 운영하고 있었다.

올롭이 언급한 것처럼, 철벽같은 안전이야말로 소비자와 투자자를 위해 반드시 갖춰야 할 덕목이었다. 폭발 당시 리츠칼튼 호텔과 JW 메리어트 호텔은 가장 높은 단계인 '위험 상황condition red'을 발효했다.

당시 두 호텔의 보안은 자카르타에서 최고임에 틀림이 없었다. 이를테면 JW 메리어트에서는 호텔 건물과 떨어진 도로의 검문소에서 진입하는 차량들에 대한 보안 검사가 이루어졌다. 그곳과 호텔 사이에는 폭발에 대비한 두꺼운 벽이 설치되어 있었고, 무장 경찰이 지키고 있었다. 회사는 폭발 연기 감지 장치는 물론 호텔 시설 전체에 보안 카메라를 설치했고 폭약 탐지견을 도입하는가 하면 특수 훈련을 받은 안전요원까지 추가 배치한 상태였다. 호텔로 들어오는 사람은 안전요원이 감시하는 금속탐지기를 지나야 했고, 짐은 따로 건물 밖에서 X-선 검사를 받아야 했다.

올롭은 이러한 상황에 관한 어떤 것도 뉴스에서 다뤄지지 않았다는 사실에 좌절해 대담한 결정을 내렸다. CNN에 근무하는 그의 친구가 인터뷰를 요청하자 "하겠다"고 대답했다. 그 인터뷰가 흐름을 바꾸었다. "우리 호텔의 보안에 대해 얘기하고 싶어서 인터뷰를 활용했습니다. 우리에 대한 부정적인 언론 보도를 듣고만 있는 대신, 우리 이야기를 외부 사람들에게 전할 기회였지요." 그러자 호텔 경영진이 좋아했고 올롭에게 "더 해보라"고 권했다. 그 후 며칠 동안 올롭은 20회 가까이 인터뷰를 했다. 그가 전달한 메시지는 이것이었다. '메리어트의 보안은 견고했지만, 회사는 이번 공격 이후 완벽한 재점검을 하는 데 전력을 기울이고 있다. 만약 추가적인 보안 조치가 필요하다면 지체 없이 실행에 옮길 것이다.'

기업들은 최근의 위기로부터 배우고, 어려운 일을 용감하게 해낸 직원에게 보상을 하며, 핵심 가치를 주도하고, 위기 대응 역량을 갈고 닦을 토대를 만들어야 한다. 이런 '골방'의 연습이 정치적 위험이 현실로 다가왔을 때, '거실'의 성공을 가능하게 해준다.

이 장에서 우리는 최악의 위기 상황에서 최선을 이끌어낼 수 있는 3가지 질문을 제시한다.

1. 최근의 실수들을 활용하고 있는가?

모든 조직은 실패로부터 배우고 싶어 한다. 하지만 '아슬아슬했던 순간'에서 배우려는 노력으로는 충분하지 않다. 형편없이 끝날 수도 있었는데, 운이 좋아서 그렇지 않았던 경험 말이다. 개인과 조직은 위기일발에서 거짓 위안을 얻으려는 경향이 있다. 그러한 위기를 잠재적 실패에 대한 경고라기보다는 성공의 예고로 여기면서 말이다. 그래서 그런 사건들이 '곧 우리에게 닥칠 재앙'이 아니라 종종 '구사일생' 또는 '천신만고의 행운'으로 불린다.

"아슬아슬했던 순간은 2가지의 증거일 수 있습니다. 시스템 복원력의 증거이거나, 시스템 취약성의 증거일 수 있죠." 조지타운 대학교 교수 캐서린 틴슬리의 말이다. 사람들은 현실에서 운이 따랐을 때, 너무 자주 '시스템의 효과'라고 결론을 내린다. 왜 그럴까?

우리 모두 '일을 잘한다'고 생각하고 싶어 하고, 반대로 운이라고 하기에는 겁이 나기 때문이다. 틴슬리와 동료들은 기업과 정부기관 등을 대상으로 연구한 결과, 사람들이 간발의 차이로 지켜낸 평온을 무시하거나 오해한다고 밝혔다. 즉, **"사람들은 성공적인 결과를 얻었을 때, 그것에 이르는 과정이 옳았다고 생각하는 본능적 경향이 있다. 단지 운이 따랐을 뿐인 경우에도 말이다."**(캐서린 틴슬리, 로빈 딜런, 피터 매드슨, 「하버드 비즈니스 리뷰」, 2011.)

예를 들어 애플은 초기 소비자들의 불만을 기술적 결함의 경고 표시가 아닌 고객 충성도를 가늠하는 잣대로 삼아 일축했기 때문에, 2010년 아이폰4 출시 이후에 어려움을 겪었다. 소비자들은 아이폰의 안테나 부분을 만지면 신호 세기가 줄어든다고 불만을 제기하면서도, 여전히 줄을 서서 아이폰을 구매했다. 애플은 이러한 불만 사항을 해결하는 대신 소비자를 무시했다. 그러다 결국 아이폰4가 출시됐을 때는 전화기를 손에 쥐고 있는데 전화가 끊긴다는 불만까지 제기됐다. 스티브 잡스와 경영진은 "전화기를 잘못 잡았다"고 소비자를 비난했고, 이 문제를 "이상 없음"으로 분류했다. 틴슬리와 동료들이 지적한 대로, "애플이 소비자들의 관용을 현재 진행 중인 위기로 인식해 아이폰에 대한 지적을 적극적으로 수용했더라면 문제를 피할 수 있었을 것이다." 「컨슈머 리포트」는 아이폰 시리즈가 출시된 후 처음으로 아이폰4를 추천하지 않았다.

챌린저호의 비극은 '아슬아슬하게 비켜갔던 위기'에 책임자들만이라도 관심을 가졌더라면 피할 수 있었던 재난의 전형적인 예이다. 1986년 1월 28일, 챌린저호는 보통 때와 달랐던 추운 날씨가 고체 연료 로켓 부스터 중 한 곳에서 O-링 결함을 일으키는 바람에 이륙 즉시 폭발했다. O-링 문제는 과거 우주선 발사 때도 흔히게 일어났고,

정치가 던지는 위험

발사에 실패하지는 않았지만 비슷한 경우가 많았다. 사고 1년 전쯤 챌린저호가 우주선 발사 기록상 가장 낮은 섭씨 11도에서 발사되었을 때, 임무를 마친 엔지니어들은 양쪽 로켓 부스터의 O-링이 상당히 훼손되었다고 밝혔다. O-링 제조업체인 모턴 시오콜의 엔지니어들은 "추운 날씨가 원인"이라면서 "기온이 11.7도 이하로 내려가면 우주선 발사를 하지 않는 게 좋다"고 했다. 이것은 엄청난 일촉즉발의 위기였지만, NASA는 간과하고 말았다. 결국 한랭전선으로 인해 플로리다 기온이 섭씨 2.2도까지 내려갔는데도, NASA는 챌린저호 발사를 밀어붙였다. 시오콜 엔지니어들이 가장 두려워했던 것이 현실이 됐다. 최초의 교사 출신 우주인 크리스타 매콜리프를 비롯해 7명의 탑승자 전원이 사망했다.

항공모함 무사고의 비밀: "늘 실패를 염두에 둔다"

챌린저호 재난을 조사한 로저 위원회는 NASA가 '지난번에 위기를 모면했기 때문에' 점점 커진 위험을 감수했던 것이 문제였다고 결론을 내렸다. NASA의 책임자들은 간발의 차이를 취약함이 아닌 회복의 표시로 오인했다. 로저 위원회 위원이자 물리학자인 리처드 파인만은 "부식된 O-링이 장착된 우주선이 비행에 성공하고 아무 일도 일어나지 않을 때마다 NASA는 다음 비행에서도 위험이 그렇게 크지 않을 것으로 생각했다"면서 러시안룰렛[36]에 비유했다.

애플과 NASA는 아슬아슬한 상황이었는데도 이를 진지하게 받아들이지 않았다. 그런데 항공모함 작전은 이와 반대 양상이다.

2016년 여름 에이미는 항공모함 칼 빈슨호에 탑승해 비행 훈련을 지켜본 적이 있다. 항공모함이 '세계에서 가장 위험한 4.5에이커(약 5500평)'로 묘사되는 데는 이유가 있다. 칼 빈슨호의 길이는 332m이고, 각 활주로는 약 100m밖에 되지 않는다.(런던 히스로 공항의 활주로는 이보다 10배나 길다.) 전투기가 비행갑판에서 발진하고, 2초 내로 165마일로 가속한다. 비행기들은 1분 이하의 간격으로 이륙하고 착륙한다. 가끔은 착륙과 이륙이 동시에 일어난다. 착륙할 때도 속도를 많이 줄일 수 없다. 조종사가 비행기 뒤에 달린 테일훅을 비행갑판에 뻗어 있는 어레스트 와이어arresting wire[37]에 거는 데 실패하면 다시 이륙해야 할 수도 있다. 게다가 혼란 그 자체인 환경이다. 귀가 터질 것 같은 소음 때문에 수병들은 수신호로 소통한다. 날씨도 중요한 변수다. 밤에는 가시거리가 줄어 착륙이 매우 어렵다. 항공기는 물론 지상 요원, 급유 호스, 부품, 조종사의 움직임이 끊임없이 이어지는 가운데 미세한 오류라도 위협이 될 수 있다. 렌치, 동전, 떨어진 서류 클립 등 사소한 물건이 제트기 엔진 속으로 빨려 들어가 심각한 손상을 일으킬 수 있다.

칼 빈슨호에서는 모든 착륙이 일촉즉발의 위기로 간주된다. 실제로 그렇기 때문이다. 어떤 상황이든 밤낮 상관없이 모든 착륙을 확인하고, 등급을 매기고, 기록하고, 보고한다. 비행대대의 안전 담당관은 조종사가 착륙을 시도하기 전에, 마지막 30초 동안 모든 상황을 분석해 조종사를 지원한다. 항공모함에 착륙하는 일은 외과의사의 확신과 정확성에 덧붙여 성직자의 겸손까지 요구된다. 조종사는 최선을 다해 갑판 위의 가로세로 60cm 크기에서 줄 3개를 성공적으로 잡아채야 '오케이' 등급을 받을 수 있다.

항공모함을 보유한 나라는 세계적으로 손꼽힐 정도로 적다. 항공모함을 건조하기가 어려워서가 아니다. 비행 작전을 수행하기가 어렵기 때문이다. 항공모함 비행 작전 수행이야말로 일촉즉발의 위기를 통해 역량을 키워가는 궁극적인 훈련이다.

칼 빈슨호를 통해 우리는 3가지 팁을 얻을 수 있다.

조언 1: 성공이 아닌 실패에 대비한 계획을 짜라

아슬아슬한 위기로부터 배우는 조직은 기본적으로 의심이 많다. 그들은 실패가 언제나 주변에 있다고 간주하고, 이 실패를 막기 위해 구조, 프로세스, 성과 보수, 문화, 기술적 수단들을 개발하는 데 투자한다. 그들은 오늘의 좋은 결과가 내일도 지속되리라고 가정하지 않는다. 항공모함에서는 누가 조종석에 앉든, 얼마나 많은 비행 경험을 가졌든, 상황이 어떻든 간에 상관없이 착륙이 세밀하게 조사된다.

메리어트와 페덱스도 언제나 실패에 대비해 계획한다. 알란 올롭이 자카르타에 도착했을 때, 인도네시아의 안전 환경에 대해 희망적인 여러 분석이 있었다. 그러나 그는 여전히 의심을 풀지 않았고, 이것이 JW 메리어트 호텔과 리츠칼튼 호텔이 4년 동안 테러가 발생하지 않았음에도 불구하고 엄격한 안전 조치를 더욱 강화했던 이유였다.

페덱스는 프레드 스미스가 말한 것처럼 "꽤 자주 위험에 이르기 때문에" 비상사태를 끊임없이 계획한다. 예를 들면 페덱스가 중국 광저우에 대규모 허브 건설을 착공한 직후, 스미스는 당시 장쩌민 주석과 만날 것을 이사회에 제안했다. 하지만 그후 미 · 중 관계의 긴장이 커지자, 방향을 과감하게 전환해 일본 오사카, 알래스카 앵커리지, 싱가포르 지역에도 허브를 짓기 시작했다. 스미스는 위기가 뚜렷해질 때까지 기다리지 않았다. 실패에 앞서 플랜 B를 실행에 옮겼다. 그는 "미 · 중 관계가 어떻게 전개될지 확신하지 못하지만, 우리는 자신을 보호할 단계를 밟으려고 노력하는 중이다"라고 말했다.[38]

'실패에 대비한 계획'을 선택하는 조직은 아슬아슬한 순간을 예상할 기회가 더 많고, 위기를 진지하게 받아들임으로써 배운다.

조언 2 : 희미한 신호를 찾아라

칼 웨익과 캐슬린 서트클리프가 논문에 쓴 것처럼, 아슬아슬했던 순간을 통해 배우는 조직은 문제점의 '약한 신호'를 찾아내는 데 능숙하다. 그들은 잠재적인 문제를 더 빨리 인식할수록, 재난에 대비할 수 있는 시간과 선택이 훨씬 많아진다는 것을 안다. 생각대로 되지 않는 부분이 나중에 빚어질 심각한 문제의 초기 지표가 될 수 있다. 이것이 약한 신호를 발견할 때마다, 가능한 시스템 결함과 연관 지어 깊이 들여다봐야 하는 중요한 이유이다.

제너럴 일렉트릭이 하니웰 인수를 망쳤던 일을 떠올려보자. 유럽연합 감독기관의 반대로 인해 미국 대기업의 합병이 좌초된 것은 그때가 처음이었다. 물론 이런 일이 일어날 가능성은 희박하지만, 실제로 일어나지 않는다는 보장 또한 없다. 게다가 그 전조로 보일 만한 사건이 과거에도 있었다. 4년 전 유럽연합 위원회가 미국의 거대 항공기 제조업체 보잉과 맥도널 더글러스의 합병에 반대한 적이 있었다. 이 합병 건은 몇 달 동안 암울해 보였다. 위원회는 합병 반대를 권고했고, 유럽연합 15개국 출신의 독점규제 전문가들이 만장일치로 동의했다. 하지만 보잉이 11시간의 협상 끝에 몇 가지 굵직한 양보에 합의함으로써 합병이 극적으로 승인되었다.

사실 보잉의 사례는 유럽연합의 감독기관이 앞으로는 미국의 기업 합병을 살펴보지도 않고 승인하던 '도장 찍어주기' 관행에서 벗어나겠다는 신호였다. 이처럼 희미하지 않은 신호를 잭 웰치가 간과한 것뿐이었다.

딥워터 호라이즌호 재난에서, 브리시티 페트롤륨BP과 연안 석유 시추 소유 및 운영사 트랜스오션은 '약하지 않았던 신호'에 형편없이 반응했다. 2010년 4월 20일, 멕시코만 마콘도 유전의 시멘트 밀폐 부분 결함으로 폭발이 발생해 11명의 현장 직원이 목숨을 잃었고, 미국 역사상 가장 심각한 환경 재난 사고가 발생했다. 수백만 배럴의 원유가 87일간 멕시코만으로 흘러들어 생태계를 오염시켰고, 텍사스에서 플로리다에 이르는 지역 경제에 피해를 줬다. 5년 후 BP는 미국 정부에 208억 달러를 내기로 합의했는데, 이 역시 미국 역사상 가장 큰 환경 오염 벌금이었다.

조사 전문가들은 딥워터 호라이즌호의 재난에 복잡한 원인이 있었지만, 가장 큰 원인은 책임자들이 깅고 신호를 알아차리지 못한 것이

정치가 던지는 위험

었다고 결론 내렸다. BP의 내부 문건을 분석한 결과, 엔지니어들은 2009년부터 안전과 설계 지침 위반에 대한 우려를 표명해온 것으로 드러났다. 하지만 책임자들은 받아들이지 않았다. 사고가 일어나기 한 달 전에, 석유 시추 장치가 폭발성 있는 메탄가스에 의해 타격을 받았다. 해안경비대의 합동조사에 따르면, 이 또한 위험을 알리는 '중요한 신호'였지만 대다수 관리자들이 무시했다.

이 무렵 안전을 위한 최후의 보루, 유전 폭발 차단 장치에서 최소한 세 번가량 원유가 샌 것으로 밝혀졌다. 이처럼 문제가 너무 흔하게 발생하는 바람에 딥워터 호라이즌호의 직원들은 마콘도 유전을 '지옥 유전'으로 부르기도 했다. 문제의 4월에 들어서는, 시멘트 하청 업체 핼리버튼 직원들이 "BP의 유전 설계가 우리의 기술을 훼손했으며, 심각한 가스 누출 문제로 이어질 수 있다"고 경고했다. 그럼에도 BP의 시추 엔지니어 브렛 코칼레스는 내부 이메일에 이렇게 썼다. "누가 신경 쓰겠어? 이미 끝난 일인데. 아마 괜찮을 거야."

가장 중요한 부분은 안전하지 않다는 사실이 드러났던 음압 테스트 결과를 현장 책임자들이 고의로 무시했던 대목이다. 이것은 시멘트를 완성한 뒤에 유전의 견고성을 평가하는 매우 중요한 테스트였다. 첫 시험에서 곧바로 시추관에 압력이 누적되어 있음이 드러났다. 이는 가스가 유전에 침투했으며 폭발할 수 있다는 위험 신호였다. 하지만 심각한 테스트 결과는, '받아들여질 만한 이례적인 사건'으로 '해명되었다'. 해안경비대 합동조사팀의 책임자 제임스 다이케스는 의회 청문회에 참석해 "음압 테스트에 대한 직원들의 집단적인 오해가 폭발,

화재, 그리고 침몰로 이어진 결정적인 실수였다"고 증언했다. 간과했던 신호들이 위험을 축적했고, 재난으로 한 번에 터졌다. 누군가 유전에서 누출된 탄화수소가 굴착 장치로 유입되고 있다는 사실을 알아차렸을 때는 이미 너무 늦었다.

반대로 메리어트는 약한 신호를 끊임없이 찾아서 강력하게 그 신호에 대응하고 있다. 알란 올롭이 감독하는 세계 곳곳의 호텔은 보안 절차를 충분히 따르고 있는지 불시에 감사를 받는다. 지적을 받은 직원은 징계 처분을 받는다. 보안팀의 요구 사항을 준수하는 것은 선택이 아닌 의무 사항이다. 매우 까다롭다. '블루'는 보안 단계 중에서 가장 낮은 급인데도 40여 가지의 다양한 절차가 필수적이다.

웨익과 서트클리프는 미국 동부 해안의 한 전력 회사가 '약한 신호'를 감지하기 위해 벌을 이용한다는 사실을 알게 되었다. 현장의 전력선 작업원이 벌에 쏘이는 빈도가 올라갈 경우, 관리자들은 작업자들이 전기 선로 작업에서 주의가 산만해졌음을 나타내는 신호로 받아들인다. 그들은 막연한 기준으로 작업이 "아마 괜찮을 것"이라고 낙관하지 않는다. 벌에 쏘이는 경우가 늘어나면 회사는 더욱 나쁜 일을 방지하기 위해 안전 위협 요소들에 관심을 기울이며 현장 분석에 나선다.

조언 3 : 용기 있는 행동에 보상하라

아슬아슬했던 위기를 통해 배우는 조직은 용기 있는 행동에 보상하는 문화를 발전시킨다. 간발의 차이로 벗어났던 위기를 통해 배우려면, 누군가 "잠깐! 여기 문제가 있는데, 우리는 왜 전속력으로 질주해야 하는 거지?"라고 말할 수 있어야 한다. 물론 일정과 예산에 맞춰야한다는 압박은 어디서나 상당하다. 그럼에도 '약한 신호'를 검증하기위해 시간을 쓰는 것은 분명 용기 있는 일이다. 이러한 순간들을 감지해냄으로써 큰 차이를 만들 수 있다.

챌린저호를 발사하기 전날 밤, 모턴 시오콜의 엔지니어 5명은 쌀쌀해진 날씨가 치명적인 O-링 결함을 일으킬 수 있다는 우려에 "발사를 연기하자"고 제안했다. 이에 NASA의 로켓 프로그램 책임자 로렌스 뮬로이는 "세상에! 그러면 언제 발사하는 게 좋을까요? 내년 4월요?" 하고 소리를 질렀다. 그는 사고 이후 '안 좋은 쪽으로' 유명해졌다. 시오콜의 책임자들이 엔지니어들의 만류를 무릅쓰고 발사에 동의했다. 로저 위원회는 "발사 일정이 더 이상 미뤄져서는 안 된다는 압박이 NASA 관리자들의 뇌리 속에서 매우 큰 부분을 차지했다"고 분석했다. 그 결과 시오콜 엔지니어들의 용기 있는 반대 의견은 주목도보상도 받을 수 없었다.

"발사를 막으려고 미친 듯이 매달렸습니다. 지금까지 그 일이 마음속에 사무쳐서 말하고 싶지도 않아요." 챌린저호 재난 20주년 기념일에 한 엔지니어가 회고했다.

모턴 시오콜의 엔지니어들과 칼 빈슨호 승조원의 경험을 비교해보자. 칼 빈슨호에서 일어났던 일을 마틴 랜도와 도널드 치즈홀름이 기록하고 분석했다. 에이미가 이 항공모함을 경험한 때로부터 20년 전의 일이다.

칼 빈슨호의 수병이 항공 출동 작전 중 공구를 분실했다. 그는 잃어

버린 공구가 전투기 엔진으로 빨려 들어가 사고를 일으킬 수도 있다고 걱정했다. '이물질 파편의 위험'에 대해 수없이 경고를 들어왔던 것이다. 수병은 공구를 찾지 못하자 곧바로 상관에게 보고했다.

이에 큰일이 벌어졌다. 발진했던 수십 대의 전투기가 지상 비행장으로 방향을 바꿔야 했다. 비행갑판도 폐쇄되었다. 수백 명의 해군들이 하던 일을 중단하고 갑판 위를 걸어 다니며 이 잡듯 공구를 찾아야 했다.

공구를 분실하고도 칭찬을 받은 항공모함 수병

다음 날 공구를 분실한 수병에 대한 공식 절차가 열렸다. 그는 처벌받지 않았다. 그 대신 상을 받았다. 용기 있는 행동에 대한 보상이었다. "이물질 파편을 보고해야 한다"고 수병들에게 전할 수는 있지만, 당사자들이 그것을 진심으로 실천에 옮기는 것은 또 다른 문제이기 때문이다.

직원들에게는 그들만의 아이디어가 있다. 예컨대 실수하지 않는 법이나 성능을 향상하는 방법을 알고 있더라도 상사에게는 말하지 않았을 수 있다. 코넬 대학교 연구소가 2009년 설문 조사 결과 응답자 중 53%가 "아이디어나 문제를 윗선에 보고하지 않았다"고 답했다. 그 이유를 묻자 많은 사람들이 "시간 낭비이거나 자신에게 해가 될 수도 있다는 생각에서"라고 답했다.

실패를 하고 나면 사후 조시에서 '중요한 정보를 사전에 공유할 수 있었지만 그렇지 않았다는 사실'이 드러날 때가 많다. **사전 검토 문화—뭔가 잘못되기 전에 잘못될 수 있다는 정보를 자발적으로 알리는—가 시작되는 지점이 바로 용감한 행동에 보상하는 시스템이다.**

운이 좋아서 넘어갔던 일을 통해 배우는 것은 결코 쉽지 않다. 여기에 익숙한 조직들은 늘 실패에 대비한 계획을 짜고, 약한 신호를 찾아 강력히 대비하며, 구성원의 용기 있는 행동에 보상함으로써 그들에게 힘을 실어주어 모두가 함께 재난을 피할 수 있도록 한다.

2. 위기에 효율적으로 대응하고 있는가?

조직이 아무리 열심히 하더라도, 놀라운 일은 일어날 수 있다. 조직의 대응이 위험을 경감시킬지, 아니면 되레 악화시킬지를 결정한다. 워런 버핏의 말대로, **"평판을 쌓는 데 20년이 걸리지만, 잃어버리는 데는 5분이면 충분하다. 이 점을 염두에 둔다면 당신은 달라질 것이다."**

타이레놀 독극물 사망 사건에 관한 존슨앤존슨J&J의 대처는 지금까지도 '위기 대응의 살아 있는 교과서'로 평가받고 있다. 1982년 타이레놀 캡슐에 투입된 청산가리로 7명의 희생자가 발생했을 때, 타이레놀은 처방전 없이 살 수 있는 가장 잘나가는 통증 치료제였다. 미국 내 시장점유율이 35%에 이르렀다. 또한 타이레놀은 존슨앤존슨의 제품을 통틀어 가장 잘 팔리는 제품이었다. 그런데 존슨앤존슨의 언론 홍보 임원은 언론을 통해서야 독극물 사건을 알게 되었다. 위기가 전개되는 최악의 방법이었다. 뉴스는 빠르게 퍼졌다. 한 언론사에 따르면 케네디 대통령 암살 이후 가장 큰 뉴스였다.[39]

하지만 회사는 과감하게 대응했다. 먼저 타이레놀 복용에 대해 경고하는 동시에 소비자를 위한 무료 핫라인을 설치했다. 전국 점포에 깔려 있는 모든 타이레놀 캡슐을 회수해 알약으로 무상 교환해주었다. 독극물 살인 관련자 체포를 위해 정보를 제공하면 보상하겠다고 약속했다.[40] 뉴스와 광고를 통해 이를 지속적으로 알렸다. 그로부터 10주일 뒤 회사는 업계의 새로운 표준이 된 타이레놀 밀봉 포장을 새롭게 선보였다. 리콜에만 1억 달러 이상의 비용이 들었고, 위기로 발생한 총 비용은 5억~10억 달러로 추정됐다. 많은 사람들이 존슨앤존슨은 이제 회복할 수 없을 것이라고 생각했다. 하지만 두 달 뒤 회사에 대한 긍정적 전망이 반영되어 주가가 연중 수준으로 회복됐다. 1년 뒤에는 타이레놀이 통증 완화제의 왕좌를 탈환했다.

타이레놀 위기는 30년도 더 지난 일이지만 존슨앤존슨의 접근 방식을 분석해보면, 위기에 직면한 기업의 입장에서 여전히 금과옥조의 교훈을 얻을 수 있다. 이를 위기에 대응하는 다섯 단계로 요약한다.

1단계 : 상황을 평가하라

위기관리의 첫 단계는 지금 일어나는 일에 집중하는 것이다. 위기 초기 단계에서는 불확실성이 소용돌이친다. 문제가 무엇인가? 얼마나 심각한가? 위기가 시작 단계를 지났나, 아니면 시작 단계인가? 그 기준은 무엇인가? 결론으로 뛰어넘지 말고 상황을 면밀하게 평가하

정치가 던지는 위험

Frizzle

는 것이 최우선이다.

상황을 평가하는 데는 원칙과 시간이 필요하다. 하지만 현대의 통신기술은 원칙에 부담을 주고 시간을 압박한다. 트위터, 유튜브, 페이스북, 그리고 '시민 기자'의 인터넷 보도가 마치 기다렸다는 듯 빠르게 움직인다. 과거의 방식으로는 따라가기 쉽지 않다.

우리는 모의실험을 할 때마다 이런 압박을 만나게 된다. 모의실험에는 '프리즐Frizzle'이라 불리는 가상의 기업이 활용된다. 이 회사는 검색, 이메일, 클라우드 컴퓨팅, 모바일 결제, 드론 배송 등 인터넷 관련 서비스와 제품을 공급한다. 동독 출신의 이민자가 설립한 프리즐은 본사가 캘리포니아에 있지만 글로벌하게 운영되며, 해외에서 수익의 75%가 창출된다. 다른 실리콘밸리 기업처럼 프리즐은 사용자의 개인정보 보호에 심혈을 기울인다. 회사 사명 선언문은 "프리즐에서 올바른 일을 하는 것이란 사용자, 사용자의 정보, 회사에 대한 소비자의 신뢰를 보호할 용기를 갖는 것을 의미한다"는 것이다.

경영진이 프리즐의 이메일 시스템에서 체첸 해커의 침입 흔적을 찾아냄으로써 위기가 시작된다. 프리즐 보안팀은 동유럽에서 공격자가 방어벽을 뚫은 것으로 생각한다. 미 국방부는 자국 기업과 정부기관을 상대로 한 수많은 공격의 배후에 러시아 정부가 있는 것으로 보인다고 공공연하게 인정해왔다. 초기 단계에서 프리즐 보안팀은 범죄에 사용된 동유럽 특정 지역의 컴퓨터를 확인했으나 이 공격의 배후가 개인인지 단체인지 판단할 수 없었다. 강탈당한 회사 정보는 아직 그 컴퓨터에 있었다.

경영진은 이제 결정해야 한다. 미국 정부에 신고하고 협력할지, 해커의 컴퓨터에 '보복 해킹'을 시도할 것인지, 해킹당한 사실을 소비자와 협력사, 대중에게 어떻게 전할 것인지, 그리고 회사의 사이버 보안 및 정치적 위험 관리를 개선하기 위한 장기적 대응책을 어떻게 마련할 것인지.

스탠퍼드 대학교 경영대학원 외에 언론이나 의회 보좌진을 대상으로도 이 모의실험을 운영한다. 각기 다른 출신과 배경을 갖고 있는 '프리즘 경영진'은 매번, 가능한 한 빨리, 이 사건의 주도권을 쥐고 싶어 한다. 자연스러운 본능일 수 있다. 하지만 너무 빨리 움직였다가는 복병과 마주칠 수도 있다. 가장 큰 복병은 기술팀이 무엇을 해야 할지 아직 모른다는 점이다. 게다가 지금이 최악인지, 아니면 최악의 상황이 오지 않았는지도 알 수 없다. 일반적으로 해킹 후 몇 시간 동안은 이를 감지하기 어렵다. IT 대기업의 정보보안 책임자는 우리에게 이렇게 전해주었다. "대규모 공격을 받고 나면, 처음 24~48시간은 정신이 하나도 없어요. **우리는 엔지니어들이 하는 일을 그대로 둬야 해요. 출혈부터 막을 수 있게요. 모든 게 매우 희미합니다. 이럴 때 진정하려면 원칙이 필요하죠.**"

사이버 위기에서는 특히 침착성을 유지하는 자세가 중요하다. 회사가 섣불리 방어를 보깅했다가는 그보다 빠른 해커가 침투 방법을 바

정치가 던지는 위험

꾸거나 더욱 커다란 손실을 끼칠 수 있기 때문이다. 게다가 회사는 피해 보고와 복구에 따른 요구 사항을 충족하느라 씨름해야 하는데, 이런 규정이 미국의 주마다 혹은 나라마다 제각각이어서 때로는 회사 사무실이 범죄 현장으로 간주되기도 한다. 이 모든 현실이 공격에 대한 회사의 대응을 더욱 혼란스럽게 만들 때도 있다.

게다가 공격받은 사실을 대중에게 빨리 알리는 게 좋은 것처럼 보이지만, 소비자들과 회사를 오히려 힘들게 만들 수도 있다. 빠른 대응은 물론 중요하다. 그러나 오늘날의 경영진은 빠르게 대응했다가 부정확한 정보를 제공하는 바람에 손실을 더욱 키우거나 지킬 수 없는 약속을 하게 될 수도 있다.

대형 유통사 타겟이 이 조언을 따랐더라면 좋았을 것이다. 이 회사는 2013년 크리스마스 쇼핑 시즌에 사이버 공격을 받았다. 이 해킹은 소비자 정보 탈취의 분수령이 된 사건이었다. 타겟에서 이용된 4천 만 건의 신용카드 정보와 구매자 7천만 명의 개인정보가 도난당했다. 이에 따른 부정적인 여론이 형성되었는데, 회사의 섣부른 대응이 이를 더욱 악화시켰다. 여론 흐름의 주도권을 잡고 싶었던 타겟은 최신 정보를 자주 공개했다. 하지만 일부는 일관되지 못한 정보여서 경영진이 현 상황을 파악하지 못하고 있다는 인상을 심어주었다. 소비자들은 타겟에 질문과 불평을 쏟아냈고, 전화가 먹통이 된 데 이어 회사의 신용카드 사이트까지 중단되어 버렸다. 정보를 제공하려던 노력이 역효과를 낳았고 소비자들을 안심시키려는 노력이 그들을 도리어 화나게 했다. 주가가 요동쳤고 얼마 안 가 CEO 그렉 스타인하펠이 사임했다.

흔히 홍보 전문가들은 "즉각적으로 성명을 발표하는 것이 중요하다"고 강조한다. 연구를 통해 온라인 뉴스의 20%가 사건 발생 8시간 이내에 기사화된다고 밝혀졌다. 이 연구는 또한 "경영진이 최종적으로는 도덕적인 결정을 내리더라도, 조치를 취하는 데 오래 걸릴수록 덜 도덕적으로 인식된다"고 분석했다.

하지만 타겟의 사례는 발 빠른 대응이 언제나 좋은 것은 아니라는 점을 보여주었다. 다음에 논의하는 것처럼, 이것을 헤쳐 나가는 가장 좋은 방법은 경영진의 생각을 밝히고, 어떤 조치들을 취할 것인지를 설명하면서, 회사가 어떠한 가치를 추구하는지를 대중에게 빨리 전달하는 것이다.

결론은 이렇다. 안다고 말하지 말라. 틀렸을 수도 있다. 그 대신 위기의 진상을 파악하기 위해 어떤 조치들을 취할 것인지를 전달하라. 당신이 믿는 가치를 강조하라. 그 사이 상황을 파악할 수 있을 것이다.

2단계 : 팀을 가동하라

1982년 존슨앤존슨에는 위기대응팀이 없었다. 그래서 CEO 제임스 버크는 사건이 뉴스에 터지자마자 팀을 꾸렸다. 하지만 21세기의 위기는 더 많은 것을 요구한다. 오늘날에는 어떤 회사도 위기가 터진 이후에 위기대응팀을 임명하거나 계획을 수립해서는 안 된다. 기업은 위기를 보고하는 시스템을 이미 갖추고 있어야 하며, 관련 정보를 수집해 공유하는 계획을 마련해놓고 있어야 한다. 또한 세밀하게 설정된 각자의 역할을 업데이트하는 것은 물론 훈련해야 한다. 모든 것을

정치가 던지는 위험

기대할 수는 없지만, 이 같은 기본 역량을 갖추는 것만으로도 유리하게 시작할 수 있다.

메리어트의 알란 올롭은 기업의 위기 대응을 군사훈련에 비유했다. 그는 이렇게 쓴 적이 있다. "군대는 적을 마주쳤을 때, 생각할 필요조차 없도록 병사들을 훈련하는 데 많은 시간을 보낸다. 군사들은 훈련받은 대로 반응한다."

메리어트는 다양한 시나리오를 실험하는 모의훈련을 통해 프로세스를 다듬고, 역할을 규정하고, 새로운 교훈을 배우도록 한다. 자카르타의 JW 메리어트 호텔이 2003년 테러범들에게 공격을 받은 직후, 본사의 위기대응팀은 물론 주요 국가의 체인별 보안 담당자, 홍콩과 워싱턴의 정보분석가 등이 전화 회의로 소집되기까지 30분이 채 걸리지 않았다. 역할과 임무가 명확했기 때문에 빠르게 반응할 수 있었던 것이다.

3단계 : 가치로 주도하라

평판 전문가 다니엘 디어마이어는 "위기가 발생했을 때, 책임자들이 너무나 자주 옆길로 새어 누구의 잘못인지를 따지는 데만 골몰한다"고 지적했다. 그것은 소비자나 이해관계자들이 듣고 싶어 하는 것이 아니다. 그들은 당신의 회사가 어떻게 할 것인지, 그 이유는 무엇인지를 듣고 싶어 한다. 아울러 당신의 회사가 신뢰를 되찾기 위해 이제부터 무엇을 할지 궁금해한다. 그들은 당신이 신경 쓰는 것, 실행하려는 것, 아쉽게 생각하는 것을 알고 싶어 한다. 당신이 추구하는 가치가 중요한 까닭이 여기에 있다.

독극물 사건 때 존슨앤존슨의 CEO 제임스 버크는 무엇을 해야 하는지 금방 깨달았다. 1943년 이래 회사의 신념에는 변함이 없었다. 그것은 "우리의 제품과 서비스를 이용하는 모든 의사, 간호사, 환자, 어머니, 아버지, 그리고 소비자들을 위해 책임을 진다"고 명시되어 있다. 버크는 회사의 가치를 진지하게 받아들였다. 독극물 사건이 회사의 잘못으로 발생한 일은 아니었지만, 그에게 있어 회사의 사훈은 고객들의 안녕을 지켜야 한다는 의미였다. 가장 중요한 우선순위는 주주 가치가 아니라 사람들의 건강을 지키는 일이었다. 나중에 버크는 이렇게 회고했다.

"'제품 회수에 1억 달러를 써야 한다'고 주주들과 다른 관계자들을 설득하는 데 회사의 신념이 도움이 되었습니다." 주요 주주들만 제품 회수에 반대한 게 아니었다. FBI와 식약청 또한 "회수 조치가 범인을 더욱 기세등등하게 만들고 대중의 불안을 부추길 수 있다"며 부정적인 의견을 냈다. 그럼에도 불구하고 전국적인 타이레놀 회수를 밀어붙인 것은 버크였다.

버크의 두 번째 목표는 타이레놀이란 브랜드를 위험에서 구하는 것이었다. 그는 정면으로 위기에 대응해야만 목표 달성이 가능하다고 믿었다. 제품 회수에 엄청난 비용을 쏟아부어야 했고, 대중의 두려움을 신속하고 충분하게 해소해야 했다. 그러면서도 최대한 빨리 밀봉 포장 형태의 타이레놀 대체품을 선보여야 했다.

당시 버크의 접근 방식은 위기가 잠잠해질 때까지 낮은 자세를 유지하며, 방어에 급급하던 전통적인 마케팅 관행에 도전하는 것이었다. "1982년 이전에는 어느 누구도 그런 것을 생각해내지 못했다"고 존슨앤존슨에 조언했던 홍보 회사 버슨마스텔러의 상무가 말했다.

'신뢰'라는 인생 단어

더구나 존슨앤존슨은 범죄의 피해자였다. 그런데도 모든 책임을 스스로 떠안았다. 이 회사의 성공 사례를 통해 기업들이 배울 수 있는 교훈은 '책임을 인정하는 힘'이다. 자신이 만든 위기가 아니라 해도, 책임을 온전히 떠안으면서 진심을 보여주는 회사가 오랫동안 신뢰를 유지할 수 있다. 실제로 의료 분야의 경우 실수를 솔직히 인정하는 쪽이 소송 제기를 크게 줄여준다는 사실이 연구를 통해 밝혀진 바 있다. 반대로 책임을 성급하게 회피하거나 우려에 대해 성의 없이 표현할 경우 역효과는 물론 더욱 큰 분노를 불러올 가능성이 크다.

그것이 2017년 4월, 유나이티드 항공의 CEO 오스카 뮤노즈가 책임을 회피하고 나서 배운 교훈이다. 그는 초과 예약된 유나이티드 항공기에서 보안요원들이 69세의 승객을 강제로 내리게 했던 장면을 본 뒤, "이 승객들을 재배치했어야 했는데"라고 애매한 반응을 보였다.

피해자 데이비드 다오는 의사였다. 다오 박사는 그날의 마지막 비행기에 탑승했다. "내리지 않겠습니다. 저는 의사이고 내일 아침 8시에 환자를 진료해야 합니다." 그가 자신의 입장을 설명했는데도 보안요원들이 그를 강제로 끌어내려 했다. 다오 박사는 뇌진탕을 입었고, 코뼈와 이가 부러졌다. 이 과정이 고스란히 찍힌 동영상에서 어떤 승객이 소리쳤다. "세상에! 당신들이 이 사람한테 어떤 짓을 했는지 봐요!"

몇 시간 후에 뮤노즈는 다오 박사를 두고 '호전적이며 폭력적'이라고 비난하는 내용의 메일을 직원들에게 보내는 바람에 불길에 기름을 붓고 말았다. 그 내용이 곧바로 유출됐다. 수세에 몰린 뮤노즈는 결국 "누구든 그런 식으로 차별을 받아서는 안 된다"고 말을 바꾸었고, 회사의 정책을 재검토하겠다고 약속했다.

뮤노즈의 부주의한 태도는 온라인과 여론에서 분노를 샀고, 항공사의 초과 예약 관행에 대한 개선은 물론 승객을 보호하는 새로운 입법에 대한 요구로 이어졌다. 하지만 그보다도 회사가 입은 이미지 손상이 더욱 심각했다.

이 이야기의 교훈은 '진정한 뉘우침'이 중요하다는 것이다. 기업의 위기는 궁극적으로 신뢰에 관한 것이다. 신뢰를 회복하는 가장 좋은 방법은 책임을 떠안고, 회사의 핵심 가치를 이해하며, 그것을 잘 관리하는 것이다. 특히 요즘에는 말이다. 기업 경영진에 대한 믿음이 중고차 판매원의 그것보다 높지 않다는 설문 조사가 나오는 현실에서는 더욱 그렇다.

존슨앤존슨의 제임스 버크는 2012년 타계하기 전에 이렇게 회상했다. "신뢰는 인생 단어입니다. 이 단어가 여러분이 얻으려고 매달린 모든 것을 구체화하고, 마침내 여러분이 성공하도록 만들어주지요. 결혼이든, 우정이든, 사회생활이든, 신뢰 없이 형성되는 인간관계가 있는지 생각해보세요. 장기적인 안목으로 보면 경영도 마찬가지지요."

정치가 던지는 위험

4단계 : 자신의 이야기를 들려주어라

앞서 논의한 것처럼, 혼란을 서둘러 끝내고 싶은 욕심에 잘못된 해명을 했다가 신뢰를 무너뜨릴 수 있다는 점에 유의해야 한다. 그렇다고 "정보를 모으는 데 시간이 필요하다"면서 침묵을 지켜야 한다는 의미는 아니다. 언론을 회피하지 말고 자신의 이야기를 들려줘야 한다. 페덱스의 프레드 스미스가 말한 것처럼, **"우리는 유례없이 실시간으로 확산되는 소통 환경에서 살고 있고, 앞장서고 싶어 하는 누군가의 말을 통제할 수도 없다. 다만 그것을 잘 다루려면 그러한 환경에 능숙해져야 한다."**

2017년 1월 26일, 페덱스의 배송 기사가 아이오와의 한 쇼핑몰 밖에서 성조기를 태우는 시위자들을 막으려 했다. 배송 기사의 이름은 매트 어린이었다. 어린은 소화기로 불을 끄는 과정에서 시위자들을 밀쳐내고 성조기 하나를 가져갔는데 그 모습이 동영상에 찍혀 온라인으로 퍼졌다. 그 와중에 어떤 지방 매체가 인터넷에 잘못된 기사를 게재했다. 페덱스가 이 택배 기사를 징계하거나 해고하기로 했다는 내용이었다. 분노가 끓어올랐다. 온라인 청원에 수천 명이 서명했다. "매트 어린을 계속 페덱스에서 일하게 하자."

페덱스의 위기관리 조직이 대응에 뛰어들었다. 회사는 배송 기사를 지지한다는 사실을 밝혔고 위기는 빠르게 가라앉았다.

이런 돌발적인 상황을 어떻게 효율적으로 다뤄 위험으로 불거지기 전에 차단할 수 있을까? 어떻게 타겟과 같은 덫에 빠지지 않으면서도 빠르게 반응할 수 있을까?

그렇게 할 수 있다. 정답은 '사실'과 '가치'를 세밀히 구별하는 것이다. 사실이 드러나려면 시간이 걸린다. 하지만 가치는 즉시 전달할 수 있다.

2009년 자카르타에서 메리어트가 운영하는 두 곳의 호텔에 테러 공격이 일어났을 때, 몇몇 경영진은 회사가 가능한 한 언론과 거리를 유지하기를 바랐다. 그게 일반적인 반응이다. 하지만 보안을 책임지고 있던 알란 올롭은 세상의 눈이 메리어트로 몰렸을 때, 미디어의 파도를 타고 들어가 직접 대화하는 쪽이 유리하다고 생각했다. 이를 통해 메리어트가 얼마나 보안을 중요하게 다루고 있는지 제대로 전할 자신이 있었다.

올롭은 사실이 아닐 수도 있는 일에 관해 추측하거나 언급하지 않으려고 조심했다. 그 대신 문제를 찾아내고 해결하려는 결심을 전하는 데 집중했다. 그는 메리어트의 스토리를 전했다.

아이티의 지진 이후 로얄캐리비안이 부정적인 여론으로 타격을 입었을 때, 아담 골드슈타인은 신속하게 자신에게 중요한 가치와 그 이유를 대중에게 전달했다. 그의 메시지는 이랬다. "크루즈 선박이 아이티의 라바디에 정박한 것은 우리만의 파티를 열기 위해서가 아니었다. 충격에 빠진 아이티를 돕기 위한 구호물품을 전달하는 동시에, 현지 주민들을 위한 지속적인 관광 수익을 가져다주기 위한 것이었다."

골드슈타인은 전통적인 미디어와 블로그를 통해 그러한 메시지를 전달했다. 그는 기업의 인간적인 면모를 강조하며 로얄캐리비안이 아이티를 돕는 방법을 설명했다. 기자들이 그의 블로그에서 글을 따다가 기사를 작성했다. 골느슈타인이 위기 상황에서 소통하기 위해 자신의 블로그를 사용한 것은 이때가 처음이었다. 반면 2014년 연구 결과, 「포춘」 선정 500대 기업 CEO의 3분의 2가 소셜미디어 계정조차 갖고 있지 않은 것으로 분석됐다.

NGO, 외국 정부 책임자, 학계 전문가 같은 제3자들 또한 당신의 이야기에 신뢰를 부여함으로써 중요한 역할을 해줄 수 있다. 로얄캐리비안도 이러한 도움을 받았다. 지진 이후 아이티가 매우 혼란스러웠기 때문에, 이 크루즈 운항사는 아이티 정부로부터 즉각적인 지지 성명을 받지 못했다. 하지만 골드슈타인은 레슬리 볼테르라는 아이티 고위 공직자가 뉴욕에 들렀다는 소식을 듣고 그에게 부탁을 했다. 아이티 정부를 대신해 로얄캐리비안의 선박이 계속 입항하기를 원한다는 짧은 성명을 발표해줄 수 있는지 의사를 타진한 것이다. 볼테르는 그렇게 해주었다. "그게 큰 도움이 되었죠. 우리만의 문제에서는 벗어난 셈이었으니까요."

올롭도 곤경에 처했을 때 같은 것을 찾아냈다. 이슬라마바드의 메리어트 호텔이 테러 공격을 받은 후, 싱가포르의 테러 전문가 로한 구나라트나 교수에게 부탁해 유명 블로그SITE Intelligence Group에 글을 올리도록 했다. 교수는 호텔을 겨냥한 테러 위협에 대해 분석한 뒤, 이슬라마바드 메리어트 호텔을 "세계에서 가장 안전한 호텔"이라고 추천했다.

공격 직후 많은 미국 기업과 고위 공직자들은 더 이상 이슬라마바드의 메리어트 호텔을 이용하지 않겠다고 결심했다. 이에 올롭은 구나라트나 박사의 글을 인용해, 그들에게 메리어트가 테러 위협에 맞서 도입 중인 보안 시스템을 보여주었다. "이야기하는 것은 내가 아니라 외부 전문가였다"고 올롭이 말했다. 이런 스토리의 활용이 상당한 차이를 만들어냈다.

5단계 : 불난 곳에 부채질하지 말라

마지막으로 우리는 다양한 사람들을 상대해야 한다는 점을 명심해야 한다. 그들 중 누구라도 불난 곳에 부채질을 해댐으로써 새로운 위험을 안겨주고, 어려움을 가중시킬 수 있다. 예를 들면 다음과 같은 요인들이다. 언론 기사, 지방 또는 중앙정부의 성명서, 불매운동, 의회 청문회 또는 입법 제안, 연방 조사와 규제, 국제기구의 조치.

이러한 행동과 반응이 여러 사람들에게 영향을 미칠 수 있다. 다니엘 디어마이어가 쓴 것처럼, "일단 기업이 악당으로 묘사되고 나면, 많은 공직자들이 영웅 역할을 놓고 경쟁한다."

딥워터 호라이즌호의 석유 유출 사고가 일어난 뒤 브리시티 페트롤륨BP에게도 이런 일이 일어났다. 지역주민부터 언론, 주지사, 백악관 대변인까지 '악당 BP와 경영자'를 상대로 십자포화를 퍼부었다. 당연히 BP의 CEO 토니 헤이워드가 잘못 대응했던 탓이 컸다.

기름띠가 해안을 휩쓸고, 바닷속에 설치된 비디오가 콸콸 쏟아져 나오는 원유를 보여주는데도, 그는 "폭발이 우리의 잘못이 아니고, 환경에 대한 영향이 매우 양호하며, 모든 것이 통제되고 있다"고 발표했다. 확신을 주려 했던 시도가 끔찍한 역효과를 낳았다. 차분한 지질학자였던 헤이워드는 졸지에 냉혹한 기업 악당으로 몰리는 신세가 됐다.

그래서 이번에는 직접 사과하는 동시에, BP의 대응에 인간적 면모

정치가 던지는 위험

를 불어넣으려는 생각으로 루이지애나를 방문했다. 하지만 그곳에서 했던 말이 문제를, '더한 문제'로 만들고 말았다. 그는 "이 일이 끝나기를 나보다 더 원하는 사람은 없다. 내 삶을 되찾고 싶다"고 많은 기자들과 카메라들이 모여 있는 가운데 말했다. 대중의 분노가 끓어올랐다. 그들을 대표해 격분한 루이지애나 주지사 보비 진달이 외쳤다. "내가 들어본 것 중 가장 멍청한 소리다. 내가 이사회 멤버라면, 그런 말을 내뱉는 사람에게 경영을 맡기지 않을 것이다." 결국 헤이워드는 사과 방문에 대해 다시 사과를 해야 했다.

또한 BP가 기름 유출을 잘 수습하고 있다는 내용으로 포장한 광고 캠페인도 사실과 다른 것으로 드러나는 바람에 사람들의 심기를 건드렸다. 헤이워드는 한 텔레비전 프로그램에 출연해 "우리는 잘해 낼 겁니다. 바로잡을 겁니다"라고 장담했다. 위기관리 컨설턴트 글렌 셀리그는 "죽어가는 사람으로 가득 찬 응급실에서 가족에게 '괜찮을 것'이라고 말하는 의사 같았다"고 비유했다.

곧 토니 헤이워드는 미국 최악의 악당이 되었다. 모든 일간신문이 매일 그의 실수를 다뤘다. 그의 실수가 부풀려져 농담과 조롱의 대상이 되었다. 당시의 백악관 대변인 로버트 깁스까지 브리핑에서 헤이워드를 공격했다. 의회의 양당 대표들 또한 BP와 경영진을 마구 두들겨 팼다. 헤이워드는 6월 17일 의회 청문회에 출석했는데 이 장면은 '공개 처형'으로 묘사됐다. 다음 날 헤이워드는 회사의 비상관리 보고 라인에서 배제되었다. 그리고 7월에 사임을 발표했다.

정찰기 위기와 콘돌리자가 겪은 '다수가 지켜보는' 문제

다수가 지켜보는 위험은 기업뿐만 아니라 정부에게도 매우 민감한 문제다. 콘돌리자가 국가안보 보좌관을 맡은 직후, 중국 전투기가 공해상에서 미국 정찰기와 충돌, 중국인 조종사가 사망하고 미국 비행기는 중국에 비상착륙하는 사고가 일어났다. 미국인 조종사와 승무원들이 중국의 하이난섬에 억류되었고 두 정부 간에 협상이 시작됐다.

부시 대통령의 목표는 분명했다. 미국 군인들은 부당한 대우를 받지 않아야 하며, 석방되어야 한다는 것이었다. 공해상의 정찰이었으므로 사과할 일도, 미국의 가치를 훼손하는 일도 없어야 했다. 그러면서 중국과의 관계도 유지해야 했다. 양쪽 어느 나라도 상황을 악화시키고 싶어 하지는 않았다.

하지만 협상은 구경꾼들로 인해 복잡해졌다. 콘돌리자가 회상했다. "모두가 듣고 있었지요. 그래서 성명을 낼 때마다, 모든 이들을 염두에 둬야만 했어요." 백악관은 새로운 뭔가를 말하고 싶었지만, 그런 성명이 다른 이해관계자들의 입장을 악화시킬 가능성이 있었다. 그러다 보니 위기를 해결하기가 한층 어려워졌다. 그래서 위기팀은 매일 하루에 두 차례씩 만나 두 정부가 문제를 악화시키지 않으면서 협력하고 있음을 보여주기 위한 소통 전략을 짰다.

7일간 강도 높은 협상이 이어진 뒤 미국과 중국은 협상을 매듭지었다.[41] 조종사와 승무원들은 풀려났고, 중국은 조종사의 죽음에 유감을 표명하되 사과는 하지 않은 중국 주재 미국 대사 조지프 프루어의 편지를 받았다.

유나이티드 항공의 입장에서도 지켜보는 다수가 위기를 증폭시키는 원인이 됐다. 승객이 끌려 나간 지 48시간도 되지 않아 사건이 소셜미디어에서 주류 언론으로 옮겨 갔고, 의회 청문회가 소집되고 연방 차원의 조사가 시작됐으며, 유나이티드 항공의 가장 중요한 해외 시장인 중국(이곳에서 1억 명이 넘는 중국인이 사건 동영상을 시청했다)의 분노와 2억 5500만 달러의 주가 손실을 불러왔다. 오른쪽 그림에 48시간 동안의 위기 악화 과정을 담았다.

유나이티드 항공의 비우호적인 분위기: 정치적 위험 악화

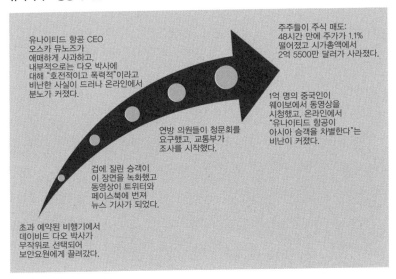

세계적인 벤처투자가 마크 안드레센이 '기업인에서 악당이 되는 과정'을 코믹하게 묘사한 적이 있다.

"세상에는 항상 어떤 일들이 벌어져. 그중 어떤 일은 언론이 크게 다뤄. 이에 대한 반응이 줄을 잇지. 이제 언론에서 크게 다뤄진 어떤 일, 그 일과 관련해 정부가 당신을 추적할 거야. 어쩌면 그 반대일 수도 있어. 당신을 추적하는 정부가 언론에 뭔가를 흘려 어떤 일이 벌어질 수도 있지. 이런 게 바로 당신 회사가 정치적인 동네북이 되는 역학이야. 좀처럼 벗어나기 어렵지."

3. 지속적인 학습을 위한 체계를 개발하고 있는가?

위기에 순간적으로 잘 대응했다면 순발력이 좋기 때문일 수도 있다. 하지만 그 위기로부터 올바른 교훈을 얻어내고 기억하는 메커니즘을 만드는 것은 또 다른 문제이다.

학습에 실패했던 NASA의 비극적인 이야기로 돌아가 보자. 챌린저호의 비극이 일어난 지 17년 후, 컬럼비아호가 폭발해 7명의 우주비행사가 사망했다. 이번에는 외부 연료 탱크에 생긴 거품이 원인이었고, 이것이 떨어져 나가 날개의 일부분을 훼손시켰으며 재진입 실패의 원인으로 작용했다. O-링의 결함(챌린저호)처럼, 거품 또한 놀라운 일은 아니었다. 그전까지 79차례의 비행 중 65회에 걸쳐 발생한 일이었다. 물론 처음에는 거품이 위험하게 여겨졌다. 하지만 그런 일이 자주 일어나자 차차 덜 위험하게 인식됐다. NASA의 책임자는 65차례의 '아슬아슬한 모면'을 '65차례의 성공'으로 여기면서, 챌린저호의 재난 때와 똑같은 인지적 덫에 빠지고 말았다. 결국 NASA는 위기일발에서 배우는 데 실패한 것만이 아니었다. 과거의 비극으로부터 배우는 데도 실패한 것이었다.

스탠퍼드 대학교가 자랑하는 세계적인 명성의 사회학자 제임스 마치는 조직이 어떻게 학습하는지 연구하는 데 그의 경력을 쏟아부었다. 그는 꾸준한 학습에는 2가지 기술, 즉 '새로운 가능성 탐색과 기존 확실성 활용'이 필요하다는 이론을 내놓았다. 탐색은 어떤 것에 대한 새로운 방법을 찾는 것이다. 반면 활용은 그 일을 실행하는 과정이

정치가 던지는 위험

다. 탐색과 활용은 자주 경쟁하고 충돌한다. "탐색의 본질은 새로운 대안으로 실험하는 것입니다. 활용의 본질은 기존의 능력, 기술, 패러다임을 가다듬고 확장하는 것이고요." 한 과정은 창의적이지만 분열을 초래하고, 불확정적이다. 다른 하나는 효율적이고, 질서를 유도하며, 예측이 가능하다. 꾸준히 학습하는 기업은 탐색과 활용의 생산적인 긴장 관계를 유지하는데, 이 부분은 상당히 어려운 일이다.

존슨앤존슨도 탐색과 활용의 균형을 맞추는 데 애를 먹었다. 1982년 제임스 버크는 전통적인 생각에서 벗어나 위기를 관리하는 새로운 방법을 개발했다. 그러나 버크의 탐색 결과물을 꾸준히 활용하기는 쉽지 않은 일이었다. 2012년 와튼 경영대학원은 소논문을 통해 "길을 잃었나?"라고 존슨앤존슨을 꼬집었다. 회사가 장점을 유지하지 못하고 있다는 비판이었다. 2000년대 들어 존슨앤존슨은 주요 제품들에 대한 대규모 리콜에 나서는 고통을 겪었다. 콘택트렌즈부터 제산제 롤레이드, 항히스타민제 베나드릴과 어린이용 타이레놀, 심지어는 인공 고관절에 이르는 다양한 제품이 리콜 대상이었다.

CEO 윌리엄 웰든은 감독기관의 정밀 조사와 비판적인 의회 청문회에 시달린 데 이어 향정신성 약물 리스페달의 부적절한 마케팅을 놓고 몇몇 주 정부와 소송에 휘말렸다. 이 회사의 리콜 대상 품목은 최소 11개에 이르는 것으로 집계됐다. 이 정도 규모는 건강 분야 공룡 기업 화이자나 세계 최대의 생활용품 업체 P&G보다 2배가량 많은 것이었다. 이런 품질관리 문제로 인해 10억 달러에 이르는 손실이 발생했다.

적지 않은 전문가들이 존슨앤존슨 쇠퇴의 이유를 '핵심 가치에서 멀어졌기 때문'이라고 생각했다. 자회사 수가 급증하고, 해외 영업이 확장되고, 이윤 압력이 증가함에 따라 사훈의 가치에서 배웠던 것들을 잊어버렸다는 얘기다. 「포춘」은 윌리엄 웰든의 시대를 '연쇄적인 평판 위기와 품질관리 위기의 시대'로 묘사했다.

2012년 2월, 웰든이 물러나고 알렉스 고르스키가 후임 CEO 자리에 올랐다. 고르스키는 이사회 발표를 통해 다시 사훈에 중심을 둔 장기적인 비전을 제시했다. 그는 250개의 해외 자회사들을 통합하는 한편 경영적 판단이 회사의 가치에 부합하는지 평가하는 제도를 도입하겠다고 밝혔다.

최고의 조직은 '실패에서 배운다'

우리가 꼽은 학습을 잘하는 조직이 있는데 아마도 들으면 놀랄 것이다. 바로 상위권에 랭크된 미식축구팀이다. 우리는 둘 다 미식축구를 매우 좋아한다. 콘돌리자의 아버지는 대학 소속의 스포츠 행정가였는데, 휴일마다 뒷마당에서 '라이스 볼'이라 불리는 게임을 시키곤 했다. 에이미의 할아버지는 판사였지만, 그보다는 여가 시간을 훨씬 즐겼다. 펜실베이니아 서쪽에 살았던 그는 여가 시간마다 모교 미시간 대학교에서 미식축구 선수로 뛸 만한 젊은 학생들을 고르느라 여념이 없었다.

몇 년 전 마틴 랜도와 도널드 치즈홀름[42]은 미식축구를 최고의 학습 조직으로 꼽았다. "미식축구는 꾸준하게 실수들을 줄여나가는 데 따라 성공이 좌우되는 게임"이라고 이들은 정의했다. 미식축구에서 실수는 모든 곳에 있고, 성공과 실패는 명확하다. 모든 경기에서 한 팀만이 승리한다. 자주 패하는 감독은 그들의 직업을 유지하지 못한다. 대부분의 성공한 감독들은 실패뿐만 아니라 성공도 연구한다. 계획의 모든 면과 실행을 세밀히 분석해야 한다.

훌륭한 감독은 탐색과 활용의 균형을 잘 맞추고, 꾸준하게 두 과정에 몰두한다. 경기 동영상을 보고, 상대의 약점과 우리의 강점을 파악함으로써, 작전을 짜며 선수를 배치하는 게 탐색의 실행이며 이기기 위한 혁신이다. 빠른 공격을 연습하고 포지션의 기량을 연마하는 동시에 대체 투입될 선수를 고려하는 게 활용이다.

주목할 만한 것은 랜도와 치즈홀름이 "감독직을 맡은 많은 사람들은 자신의 일을 '교육'이라고 여긴다"고 쓴 대목이었다. 실제로 미식축구팀은 학습 조직이다. 미식축구프로연맹NFL이든, 전미대학체육협회NCAA든 최고의 팀이 최고의 재능을 가진 멤버들은 아닐 수 있지만, 확실히 이들이 최고로 잘하는 것은 학습이다.

우리가 가장 좋아하는 이야기가 있다. 스탠퍼드 감독을 지냈던 짐 하보우가 NFL에서도 큰 성공을 거둔 스토리다. 그가 2011년 샌프란시스코 포티나이너스(49ers)에 합류했을 때, 이 팀은 8년 동안 처참한 기록을 이어가고 있었다. 짐 하보우는 수석 코치를 맡았는데 선수 교체도 거의 없이 13번의 경기에서 승리를 따냈다. 그 여세를 몰아 지구 타이틀을 거머쥐는 것은 물론 NFC 챔피언에 올랐다. 하보우는 무엇으로 이런 차이를 만들어낸 것일까?

팀에 동기를 부여하는 뛰어난 능력, 그리고 학습에 대한 지치지 않는 집중력이었다. 끝없이 앞으로 나아가야 한다는 게 그의 지론이었다. 그는 이렇게 말하기를 좋아한다. "여러분은 더 좋아지거나, 아니면 더 나빠질 것이다. 여러분은 절대 같은 자리에 머무르지 않는다." 그는 새로운 것을 시도하고 반복을 지겨워하지 않는다.

하보우의 사례는 꾸준한 학습에 효과적인 지도력이 꼭 필요하다는 점을 보여준다. 좋은 학습 체계는 머리와 가슴이 만나는 지점에서 자리 잡는다. 즉, 무엇을 시작하며, 무엇을 계속할지, 또는 무엇을 그만둘지, 냉정하게 평가하는 한편 여정에 함께하는 동료들과 영감을 주고받는 과정이다.

Essentials ━━━━━━━━━━━━━━ 위기에 대응하기

- 위기에 대처하는 최고의 방법은 위기를 겪지 않는 것이 아니다. 실패에 대비하고, 희미한 위기 신호들을 예의 주시하며, 용감한 행동에 보상함으로써 일촉즉발의 위기들을 활용해야 한다.
- 위기에 대응하기 위해 5가지 황금 규칙을 따르자.
  1. 상황을 평가한다.
  2. 팀을 가동한다.
  3. 가치로 주도한다.
  4. 나의 이야기를 들려준다.
  5. 불난 곳에 부채질하지 않는다.(상황을 악화시키지 않는다.)
- 새로운 아이디어를 창의적으로 찾는 것(탐색)과 증명된 최선의 방법을 체계적으로 실행하는 것(활용)의 균형을 이루는 꾸준한 학습 체계를 개발해야 한다.

정치가 던지는 위험

36) 회전식 연발 권총에 총알을 한 발만 넣고 총알의 위치를 알 수 없도록 탄창을 돌린 후 몇 사람이 차례로 자기 머리에 총구를 대고 방아쇠를 당기는, 목숨을 거는 내기.

37) 항공모함의 비행갑판 위에는 보통 3~4개의 어레스트 와이어가 설치되어 있다. 전투기는 착륙할 때 후크라는 갈고리를 아래로 내려 와이어 중 하나를 낚아챈다. 그 와이어가 전투기를 뒤로 잡아당겨 착륙 거리를 획기적으로 줄일 수 있다.

38) 그 후 중국에서는 시진핑이, 미국에서는 도널드 트럼프가 집권함으로써 양국 간의 무역전쟁이 본격적으로 시작되었다. 중국에 대규모 투자를 하고도 연연하지 않은 채 플랜B를 모색한 페덱스의 선택이 옳았음이 시간이 지난 뒤에야 드러난 것이다. 물론 페덱스는 광저우 허브도 완공해 활용하고 있다.

39) 처음에는 시카고에서 타이레놀 복용 후 7명이 사망했는데 그 후 사망자 수가 약 250여 명으로 늘어났다. FBI는 누군가 소매 단계에서 청산가리를 투입했다고 발표했다.

40) FBI와 경찰은 수천 명의 인력을 투입해 범인 검거에 나섰지만 찾을 수 없었다. 30년이 지난 뒤에야 제임스 루이스라는 남자가 용의자로 떠올랐지만 확실한 물증이 없어 지금까지 미제 사건으로 남아 있다.

41) 이른바 '하이난섬 사건'으로 불린다. 2001년 4월 1일 일본 오키나와에서 이륙한 미국 EP-3 정찰기가 중국 J-8 전투기와 충돌했다. 이 충돌로 중국 전투기 조종사는 사망하고, 미국 정찰기는 하이난섬 링수이 비행장에 불시착했다. 중국 정부는 미국이 고의로 충돌했다며 조종사와 승무원 총 24명을 억류했다. 미국은 공해상에서 중국 측이 근접 비행으로 사고를 유발했다며 인질 송환을 요구했다. 중국 정부는 미국의 유감 표시를 받고서야 조종사 등을 풀어주었다.

42) UC버클리의 정치학 교수들로, 공동 연구 성과를 소논문 「실패를 피하는 관리」로 발표했다.

10장

정치적 위험 관리용
근육 강화하기

POLITICAL
RISK

POLITICAL RISK

몇 년 전 정치적 위험 관리 수업을 시작했을 때, 미래의 어떤 경향이 선명히 보이기 시작했다. 북한의 김정은이 점차 심각한 핵 위협을 제기할 것이었다. 중국의 부상이 아시아태평양 지역에서 미국의 영향력을 어렵게 할 것이었다. 아슬아슬한 중동 지역이 불안정과 고통을 계속 만들어낼 것이었다.

하지만 이런 상황이 어떻게 전개될 것인지는, 그 당시에는 분명하지 않았다. 러시아가 문제될 것은 알았지만 크림반도를 합병하리라고는 생각하지 못했다. 유럽연합EU이 어려움에 직면하리라는 것은 알았지만 브렉시트를 예상하지는 못했다.

지금의 많은 사건들을 그때는 상상하기 어려웠다. 도널드 트럼프가 미국의 대통령에 당선되리라고 대체 누가 생각이나 했겠는가? 프랑스가 국민전선(극우 집단—옮긴이)의 승리를 가까스로 모면할지 누가 생각했겠는가? 필리핀에서 독재자가 권력을 잡아 중국 편으로 돌아설지 누가 생각했겠는가?

이해	분석
1. 우리 조직의 정치적 위험 수용 범위는 어디까지인가?	1. 우리가 직면한 정치적 위험에 관한 양질의 정보를 어떻게 얻을 것인가?
위기 수용 범위를 명확히 정하고 업데이트하기 위해 프로세스를 개발한다.(예: 위기 설정 워크숍)	구체적인 정보를 수집한다.(핵심 이해당사자들의 인식과 감정을 포함한다. 이를 위해선 올바른 질문이 필요하다.)
2. 위험 수용 범위에 대한 이해를 공유하는가? 그렇지 않다면 어떻게 발전시킬 것인가?	2. 어떻게 철저한 분석을 할 것인가?
위기에 대해 토론하는 공통의 언어를 가지고, 위험을 감지하고 공유하며 책임을 다하기 위한 꾸준한 프로세스를 만든다.	시나리오 짜기, 레드팀, 다른 사람의 입장에서 생각하기 같은 수단을 활용한다. 목적은 미래를 예측하는 것이 아니라 '다시 인식'함으로써 더 나은 결정을 하는 것이다.
3. 어떻게 사각지대를 줄일 것인가?	3. 정치적 위험 분석을 경영상의 의사 결정에 어떻게 활용할 것인가?
상상력을 활용하고, 타인의 견해를 이해하며, 집단사고를 방지하기 위한 '진실 말하기' 등의 과정들을 강화한다.	경영상의 의사 결정에 위기 분석을 끼워 넣지 말고, 필수 과정으로 만든다. 정치적 위험 분석가는 경영 조직에 밀접하게 닿아야 하고, 각 팀이 필요로 하는 것을 이해하며 유용한 정보를 전달해야 한다.

완화	대응
1. 우리가 식별한 위험에 대한 노출을 어떻게 줄일 것인가?	1. 최근의 실수들을 활용하고 있는가?
자산 가치와 취약성이 수렴되는 곳이 어디인지 식별하고, 3대 핵전력을 만들며(중요 자산 분산), 빈 항공기를 운행하고(초과 용량의 유연성 개발), 업계의 다른 회사와 제휴한다.	성공이 아닌 실패에 대비한 계획을 수립한다. 약한 신호를 찾고 용감한 행동에 보상한다.
2. 적시에 경고와 조치를 취할 수 있는 훌륭한 시스템을 갖추고 있는가?	2. 위기에 효율적으로 대응하고 있는가?
'코앞에 닥친' 위험에 대한 적극적이고 시의적절한 상황 인식과 대응을 촉발할 인계철선을 개발한다.	5가지의 핵심 단계를 따른다. 출혈을 멈추고, 팀을 활성화하고, 자신에게 중요한 것과 그 이유를 전달하고, 자신의 이야기를 들려주고, 다양한 청중이 있다는 것을 잊지 않는다.
3. 위험 상황이 실제로 일어났을 때 어떻게 손실을 줄일 것인가?	3. 지속적인 학습을 위한 체계를 개발하고 있는가?
함께 커피를 마셔라. 필요한 일이 생기기 전에 핵심 이해당사자들과 관계를 형성한다.	반사실적 추론법을 활용한다. 연습하고, 연습하고, 연습한다. 대응을 위한 시금석으로 기업 가치를 강화한다.

정치는 언제나 불확실한 영역이다. 기술 혁신, 정부기관들, 리더들, 기타 인간의 야심과 감정, 열망 등이 모두 거대한 힘으로 움직인다. 이런 요소들은 꾸준히 점증적으로 움직이다가 돌연 갑작스럽고 심하게 요동치기도 한다. 아무도 인간의 역사가 어떻게 전개될지 정확하게 알 수 없다.

하지만 정치적 위험 관리가 단순히 추측하는 것일 필요는 없다. 준비가 잘되어 있다면, 정치적 위험이 정확히 어디에서 오는지 알 필요가 없다. 즉, 모든 방향을 돌아보고, 가장 높은 수준의 위험들을 고려하고, 조직 전체에 걸쳐 생각하고 계획하는 시스템을 만든다면 말이다.

세계적인 운동선수가 힘과 컨디션 조절 훈련을 통해 기량을 키우는 것처럼, 기업은 전방위의 정치적 위험 관리용 근육을 단련해 기량을 향상할 수 있다.

우리는 조직이 보다 나은 상태가 되도록 우리의 틀을 실행 계획이나 훈련 지침으로 여기기를 바란다. 위험을 이해하고 분석하고 완화하고 대응하는 게 핵심 요소다. 우리의 안내 질문들이 당신의 정치적 위험 관리 기량을 연마하기 위한 더 자세한 실행 방법을 제공한다. 우리는 왼쪽의 표에 중요한 내용들을 정리해놓았다.

효율적인 조직들은 3가지 공통적 특징을 가지고 있다. 이들은 정치적 위험을 진지하게 받아들이고, 체계적으로 그 위험에 접근하고, 상부에 의해 주도된다.

로열더치셸은 1960년대 경영진이 중동 지역 정세가 불안정한 가운데 OPEC까지 등장하자, 향후 석유 가격의 향배를 예상할 수 있는 수단을 필요로 했기 때문에 시나리오 짜기를 고안해냈다. 페덱스는 프레드 스미스가 첫 번째 택배를 배송한 이후로 정치적 위험을 관리해왔다. 소비자의 좋은 경험에 방해가 될 수 있는 모든 사건—유럽의 노조 파업이든, 베네수엘라의 식량 폭동이든, 오클라호마의 토네이도든—까지 이 회사의 일이 된다. 스미스가 강조하는 것처럼, 페덱스가 배송하는 가장 중요한 상품은 '신뢰'다. 그는 위기에 대한 기업의 문화와 접근 방식을 반세기 동안 만들어왔다.

언뜻 보기에 영화나 완구 분야에서 정치적 위험 관리가 절실해 보이지는 않는다. 하지만 현실은 전혀 다르다. 소니 픽처스는 북한의 사이버 공격에 전산망이 엉망이 되고 난 후에야 정치적 위험에 주의를 기울이기 시작했다. 레고 그룹은 파산 직전까지 몰린 뒤에 정치적 위험 관리 시스템을 만들기 시작했다.

어떤 회사들은 뭔가 일어날 것이라는 전조를 너무 늦게 확인하는 바람에 고전한다. 씨월드의 경영진은 그들의 사업이 동물권리단체들로부터 자주 비난을 받아온 가운데 범고래 쇼로 인해 상당한 위험을 안고 있음을 인식하고 있었다. 하지만 그런 위험을 충분히 받아들이지 않았고, 체계적으로 관리하지 않았으며, 문제가 불거졌을 때도 리더 집단이 주도적으로 대응에 나서지 않았다. 그 대신 미래 역시 과거와 비슷할 것으로 낙관했으며, 그들의 브랜드 '샤무'가 앞으로도 회사의 가장 소중한 자산이 되어줄 것이라고 장담했다.

놀랍고 반갑지 않은 일은 언제든 일어나게 마련이다. 하지만 경영

정치가 던지는 위험

진이 책임을 지고 위험관리에 나서는 조직은 덜 놀라고 더 잘 회복할 것이다. 반면 이 같은 기본이 제대로 안 된 기업은 기습에 당할 가능성이 크다. BP의 토니 헤이워드와 유나이티드 항공의 오스카 뮤노즈가 그랬던 것처럼 말이다.

이런 경영자는 궁지에 몰려서야 알게 될 것이다. 매우 안 좋은 일이 정말로 일어나면, 그것에 대답해야 하는 사람이 '위기관리 담당자'는 아니라는 사실을 말이다.

KI신서 8252
예측 불가능한 소셜 리스크에 맞서는 생존 무기
정치가 던지는 위험

1판 1쇄 인쇄 2019년 10월 20일
1판 1쇄 발행 2019년 10월 27일

지은이 콘돌리자 라이스, 에이미 제가트 공저 **옮긴이** 김용남
펴낸이 김영곤 박선영 **펴낸곳** (주)북이십일 21세기북스

콘텐츠개발본부 1팀 김지수
마케팅1팀 왕인정 나은경 김보희 정유진
마케팅2팀 이득재 한경화 박화인
출판영업팀 한충희 최명열 윤승환 김수현
제작팀 이영민 권경민

출판등록 2000년 5월 6일 제406-2003-061호
주소 (우 10881) 경기도 파주시 회동길 201(문발동)
대표전화 031-955-2100 **팩스** 031-955-2151 **이메일** book21@book21.co.kr

(주)북이십일 경계를 허무는 콘텐츠 리더

21세기북스 채널에서 도서 정보와 다양한 영상자료, 이벤트를 만나세요!
페이스북 facebook.com/jiinpill21 포스트 post.naver.com/21c_editors
인스타그램 instagram.com/jiinpill2 홈페이지 www.book21.com
유튜브 www.youtube.com/book21pub

서울대 가지 않아도 들을 수 있는 명강의! 〈서가명강〉
네이버 오디오클립, 팟빵, 팟캐스트에서 '서가명강'을 검색해보세요!

ISBN 978-89-509-8209-6 (03320)
책값은 뒤표지에 있습니다.